卓越涉外法治人才培养系列教程

丛书主编 ◎ 苗连营

# 国际私法
## 案例教程

主　编 ◎ 马志强
副主编 ◎ 宋纪萍　李晓楠

知识产权出版社
全国百佳图书出版单位
—北京—

图书在版编目（CIP）数据

国际私法案例教程/马志强主编；宋纪萍，李晓楠副主编.—北京：知识产权出版社，2024.12.—（卓越涉外法治人才培养系列教程/苗连营主编）.—ISBN 978-7-5130-9625-6

Ⅰ.D997

中国国家版本馆CIP数据核字第2024L36Y62号

### 内容提要

随着我国国际交流与合作的进一步加强、"一带一路"倡议的走深走实、全球治理体系改革的加速推进，国际私法的作用愈加凸显。本书结合国内外国际私法的最新理论和实践，在解析知识要点的基础上，精心选择具有代表性、启发性、真实性、新颖性的典型案例，提炼主要法律问题和主要法律依据，从理论分析与实操分析的层面，对我国涉外审判中的常见问题、疑难问题进行梳理、挖掘和系统归纳，并设置思考题学以致用，旨在帮助学生更好地理解国际私法的原则、规则和制度，开拓国际视野，提升涉外法律素养，提高学生解决国际民商事争议的实际操作能力。

责任编辑：李芸杰　　　　　　　　　责任校对：潘凤越
封面设计：戴　鹏　　　　　　　　　责任印制：刘译文

卓越涉外法治人才培养系列教程

## 国际私法案例教程

主　编◎马志强
副主编◎宋纪萍　李晓楠

| | | | |
|---|---|---|---|
| 出版发行：知识产权出版社 有限责任公司 | | 网　　址：http://www.ipph.cn | |
| 社　　址：北京市海淀区气象路50号院 | | 邮　　编：100081 | |
| 责编电话：010-82000860转8739 | | 责编邮箱：liyunjie2015@126.com | |
| 发行电话：010-82000860转8101/8102 | | 发行传真：010-82000893/82005070/82000270 | |
| 印　　刷：天津嘉恒印务有限公司 | | 经　　销：新华书店、各大网上书店及相关专业书店 | |
| 开　　本：787mm×1092mm　1/16 | | 印　　张：13.75 | |
| 版　　次：2024年12月第1版 | | 印　　次：2024年12月第1次印刷 | |
| 字　　数：302千字 | | 定　　价：59.00元 | |
| ISBN 978-7-5130-9625-6 | | | |

出版权专有　侵权必究
如有印装质量问题，本社负责调换。

# 本书作者简介与分工

**马志强** 郑州大学法学院教授、博士生导师，编写第一章、第三章

**宋纪萍** 郑州大学法学院副教授、硕士生导师，编写第四章、第五章、第九章、第十二章

**李晓楠** 郑州大学法学院讲师、硕士生导师，编写第六章、第十九章

**陈芳华** 北京大成（南京）律师事务所高级合伙人，法学博士，编写第十五章

**李佳佳** 河南省贸促会法律事务部副主任，编写第十八章

**肖 川** 新密市人民法院苟堂法庭庭长，编写第二十章

**张梓良** 郑州大学法学院博士研究生，编写第八章

**杨 荣** 郑州大学法学院硕士研究生，编写第二章、第十三章

**张凤弛** 郑州大学法学院硕士研究生，编写第七章、第十四章

**张 煦** 郑州大学法学院硕士研究生，编写第十章、第十一章

**齐佳鑫** 郑州大学法学院硕士研究生，编写第十六章、第十七章

# 总　序

习近平总书记指出："加强涉外法治建设既是以中国式现代化全面推进强国建设、民族复兴伟业的长远所需，也是推进高水平对外开放、应对外部风险挑战的当务之急。"涉外法治工作不仅是全面依法治国的重要组成部分，也是统筹"两个大局"在法治领域的具体体现。作为中国特色社会主义法治体系的重要组成部分，涉外法治事关全面依法治国的实现，有利于更好地在法治轨道上全面建设社会主义现代化国家。

涉外法治人才在涉外法治建设中具有源头性、基础性和战略性的地位和作用。涉外法治的建设离不开涉外法治人才的培养。党的二十届三中全会通过的《中共中央关于进一步全面深化改革　推进中国式现代化的决定》更进一步强调，加强涉外法治建设，建立一体推进涉外立法、执法、司法、守法和法律服务、法治人才培养的工作机制，完善以实践为导向的法学院校教育培养机制。教育部高等教育司《关于开展2024年度普通高等学校本科专业设置工作的通知》也支持高校面向涉外法治领域布局相关专业，有的放矢培养国家战略人才和急需紧缺人才。加强涉外法治人才培养是系统工程，高校是人才培养的主阵地，要充分发挥高校在涉外法治人才培养中的"主力军"作用，大力推进涉外法治人才培养的教育改革和要素配置，加强制度设计和资源协同。学科体系、教学体系、课程体系和教材体系是涉外法治人才培养的核心要素，这些要素解决的是培养什么样的涉外法治人才的问题，需要合理配置，统筹考虑。

郑州大学法学院一直以来高度重视涉外法治建设和涉外法治人才培养。特别是2023年12月入选全国首批涉外法治人才协同培养创新基地（培育）名单后，学院打破学科院系壁垒、整合相关校内外资源，重构人才培养方案，联合共建单位的特色涉外法治资源，组织出版这套"卓越涉外法治人才培养系列教程"。该系列教程坚持以实践为导向，以其独特的编纂理念与方法，力争为涉外法治人才培养的困境提供破局之策。该系列教程以精炼的知识要点为引领，化繁为简，有效帮助学生搭建所学知识的思维框架。采用经典案例，通过介绍基本案情，提炼存在的主要法律问题及其法律依据，同时对案例进行理论和实操分析，以针对性地回应所学知识，并设置思考题，鼓励、启发学生持续性学习。一些具有丰富实践经验的涉外实务部门专家也参与了该系列教程的编写，所选案例均改编自司法实践中的真实案例。

当今世界正经历百年未有之大变局，我国正以前所未有的广度和深度参与国际竞争和全球治理。无论是推动贸易和投资自由化、便利化，建设更高水平开放型经济新体制，还是积极参与全球治理体系改革和建设，都对涉外法治人才的实践能力和综合素质提出了更高要求。郑州大学法学院将以该系列教程的出版为契机，致力于培养出一批政治立场坚定、专业素质过硬、通晓国际规则、精通涉外法律实务的涉外法治人才，为中国式现代化的稳健前行筑牢人才基石，为全球法治的进步与发展中的中国智慧、中国方案贡献郑大力量。

需要说明的是，由于编者的能力和水平有限，教程中的错讹之处在所难免，敬请诸位方家批评指正。

是为序。

苗连营

郑州大学法学院院长、教授

2024 年 8 月 23 日

# 目　录

## ▌第一编　国际私法总论 ▌

### 第一章　国际私法的调整对象 ………………………………………………… 003

案例一　某救助局海难救助合同纠纷案／004
案例二　广东某国际旅行社有限公司与陆某等人侵权责任纠纷上诉案／006
案例三　某国际贸易公司与上海某有限公司申请承认和执行外国仲裁裁决案／008

### 第二章　国际私法的渊源 ………………………………………………………… 013

案例一　海南某公司诉中国某保险分公司海上货物运输保险合同纠纷案／015
案例二　外国某冶金公司与某国际（新加坡）公司国际货物买卖合同
　　　　纠纷案／018
案例三　新加坡某银行与无锡某电力公司信用证纠纷案／021

### 第三章　国际私法的主体 ………………………………………………………… 024

案例一　高某返还原物纠纷案／026
案例二　郭某、李某与青岛某有限公司股东资格确认纠纷案／028
案例三　成都某进出口集团公司与格鲁吉亚司法部信用证欺诈纠纷案／030
案例四　朱某与某国际组织劳动争议案／032

## ▌第二编　冲突规范相关制度 ▌

### 第四章　识　别 …………………………………………………………………… 037

案例一　高某英与冯某辉案外人执行异议之诉特殊程序案／038
案例二　黄某明、苏某弟与周大福代理人有限公司等合同纠纷案／041

## 第五章 反 致 ·················································································· 047

案例一 广州某文化教育投资有限公司与吴某邦旅游合同纠纷案 / 049

案例二 浙江某企业管理有限公司与广州某投资有限公司等保证合同纠纷案 / 052

## 第六章 公共秩序保留 ·································································· 058

案例一 石某军与陈某宏民间借贷纠纷案 / 060

案例二 谢某诉某公司、张某代孕服务合同纠纷案 / 062

## 第七章 法律规避 ·········································································· 067

案例一 香港某金融服务有限公司与某中小企业投资有限公司关于民生银行股权纠纷案 / 069

案例二 鲍富莱蒙王子离婚案 / 072

## 第八章 域外法的查明 ·································································· 077

案例一 杨某宙诉堀某朗损害股东利益责任纠纷案 / 079

案例二 某国家银行诉瓦伦公司金融借款合同纠纷案 / 082

案例三 王某诉郭某、杨某民间借贷纠纷案 / 084

## 第三编 涉外民商事关系的法律适用

## 第九章 自然人权利能力与行为能力的法律适用 ·················· 091

案例一 郭某闵、李某珍与某文具有限公司股东资格确认纠纷案 / 092

案例二 梁某与庞某坚股权转让纠纷案 / 095

## 第十章 婚姻家庭关系的法律适用 ············································ 100

案例一 毛某与陈某婚姻无效纠纷案 / 102

案例二 符甲与丙离婚后财产纠纷案 / 104

案例三 崔某诉朴甲等赡养费纠纷案 / 105

案例四 胡某某与余某某申请撤销监护人资格案 / 106

## 第十一章 继承关系的法律适用 ·················································· 110

案例一 吴乙诉吴甲等继承纠纷案 / 112

案例二 关某与张甲、张乙遗赠纠纷案 / 114

案例三 刘甲与张某法定继承纠纷案 / 116

## 第十二章　物权关系的法律适用 ········· 119

案例一　李某昇诉邹某租赁合同纠纷案 / 120
案例二　重庆某汽车销售有限公司诉重庆某物流公司等物权纠纷案 / 123

## 第十三章　合同关系的法律适用 ········· 128

案例一　上海某公司与希腊某公司承揽合同纠纷案 / 130
案例二　胡某与海南某航空公司航空旅客运输合同纠纷案 / 132
案例三　德某诉上海某餐饮管理公司、吕某劳务合同纠纷案 / 135

## 第十四章　侵权关系的法律适用 ········· 138

案例一　贝科克诉杰克逊案 / 140
案例二　羊某某等与英国某邮轮有限公司等海上人身损害责任纠纷案 / 142
案例三　孙某诉杨某等身体权纠纷案 / 145

## 第十五章　知识产权关系的法律适用 ········· 148

案例一　天津某广播公司与深圳某科技公司、香港某科技公司等侵害著作权纠纷案 / 150
案例二　瑞典某公司与天津某模具公司侵害发明专利权纠纷案 / 152
案例三　重庆某服饰公司与香港某国际投资公司商标使用许可合同纠纷案 / 154

# 第四编　国际民事诉讼与商事仲裁

## 第十六章　国际民事诉讼管辖权 ········· 161

案例一　康某森公司与某通讯股份公司标准必要专利许可纠纷管辖权异议上诉案 / 162
案例二　国泰某银行与高某合同纠纷管辖权案 / 166

## 第十七章　国际民事司法协助 ········· 171

案例一　某航运公司诉某物流公司申请承认外国法院判决案 / 172
案例二　某江南集团与张某案 / 176
案例三　唐某与某开发银行等保证合同纠纷上诉案 / 179

## 第十八章　国际商事仲裁协议 ········· 183

案例一　某裕公司与某城公司申请确认仲裁协议效力纠纷案 / 184
案例二　某星公司与某丰公司等申请确认仲裁协议效力纠纷案 / 188

案例三　某育公司与某运公司、上海某运公司海上货运代理合同纠纷案／190

**第十九章　国际商事仲裁中实体问题的法律适用** ················· 193

案例一　韩国某公司与广州某机电有限公司申请确认仲裁协议效力纠纷案／194
案例二　北京某进出口有限公司与罗纳德公司合同纠纷案／197

**第二十章　国际商事仲裁裁决的承认与执行** ················· 201

案例一　某仕中国公司与四川某公司申请承认和执行外国仲裁裁决案／203
案例二　艺术某公司申请承认和执行乌兹别克斯坦工商会国际商事仲裁院仲裁裁决案／206

第一编

# 国际私法总论

# 第一章
# 国际私法的调整对象

## 本章知识要点

任何法学学科或法律部门都应有自己的调整对象，国际私法也概莫能外。国际私法调整的是涉外民事关系，或称之为涉外民商事关系、国际民事关系、国际民商事关系，虽表述不一，但内涵基本一致。国际私法的调整对象具有以下三个基本特征：

第一，具有涉外因素。涉外性是国际私法调整对象最基本的特征之一。这种民事关系至少具有一个涉外因素，或称外国成分，具体表现为：（1）主体涉外，即法律关系主体的一方或双方是外国的自然人、法人或者无国籍人、外国国家、国际组织，或者一方或双方是住所、经常居所或营业场所在国外的自然人、法人。（2）客体涉外，即法律关系的客体是位于外国的物或者财产。（3）法律事实涉外，即法律关系产生、变更或消灭的事实发生在外国，如合同缔结地、合同履行地、侵权行为地、遗嘱订立地等在外国。对于具体案件而言，有的可能只具有一个涉外因素，有的可能具有两个或者两个以上，但涉外因素的多少并不影响涉外民事关系的判断，只需具备其中之一，即可称之为涉外民事关系。

第二，属于广义的民事关系。国际法包含国际公法、国际私法和国际经济法三个重要分支，而"民事关系"则是国际私法相对于国际公法和国际经济法而言的重要特征。国际私法不同于国际公法调整国家与国家之间的各种权利义务关系，[1] 也不同于国际经济法调整的横向的"国际经济流转关系"与纵向的"国际经济统制关系"，[2] 其有着强烈的"私人性"和"平等性"。国际私法中的涉外民事关系是广义的民事关系，涉及两个或两个以上国家（国际组织）或不同法域的自然人、法人之间的一切人身关系和财产关系，既包括传统意义上的涉外婚姻家庭关系、涉外继承关系、涉外物权关系、涉外债权关系等一般的民事关系，也包括涉外公司关系、涉外票据关系、涉外海商关系、涉外保险关系、涉外破产关系等商事关系。

第三，属于可能引起法律冲突的民事关系。根据国家主权平等原则，各国均可

---

[1] 梁西：《国际法》，武汉：武汉大学出版社，2000年，第3页。
[2] 董世忠：《国际经济法》，上海：复旦大学出版社，2004年，第3页。

以基于自己的政治制度、经济制度、社会制度、文化传统、道德观念等制定符合本国国情的民商事实体法规范。对于同一涉外民商事纠纷，适用不同国家的民商法可能会得出不同的判决结果。例如，判断一起涉外婚姻的法律效力，需考虑是否满足结婚的实质要件（包括是否达到法定婚龄、双方当事人是否自愿、有无禁止结婚的疾病或生理缺陷等）和形式要件（包括民事婚姻登记方式、宗教婚姻方式、普通法婚姻方式等），而这些要件在不同国家的民商事实体法中有着不同的规定，从而引起法律适用上的冲突。当然，在某些特殊情况下，国际私法所解决的法律冲突可能仅为"虚假冲突"。例如，一个国家为实现重大社会和经济利益而制定的、直接适用于涉外民商事法律关系的、具有强制力的实体性法律规范，既不允许当事人通过约定排除适用，也无须通过冲突规范指引适用，对于这种强制性规定是直接予以适用的。也就是说，尽管在某些领域，不同国家的民商事法律仍存在歧义、存在冲突，但为了法院地国家的主权、安全和社会重大利益，不予考虑外国的民商事法律，从而直接适用本国的强制性规定，使这种法律冲突成为一种"虚假冲突"。

民事关系可以分为国内民事关系和涉外民事关系。我国采取的也是"内外有别、分而治之"的进路，即国内民事关系不发生法律选择的问题，直接适用国内相关民商事实体法，而对于涉外民事关系，除强制性规定的范畴外，一般需要根据冲突规范的指引确定准据法，这也是必要且正当的解决方式。由此，判断民事关系的"国内性"和"涉外性"就成为一个重要前提。《中华人民共和国涉外民事关系法律适用法》（以下简称《法律适用法》）回避了这一重要问题，《最高人民法院关于适用〈中华人民共和国涉外民事关系法律适用法〉若干问题的解释（一）》（以下简称《法律适用法解释（一）》）第1条①对此予以明确，成为司法实践中认定涉外民事关系的重要依据。该条第1项和第2项属于主体涉外的两种情形，主要考虑了国籍和经常居所地因素；第3项是客体涉外的情形；第4项是法律事实涉外的情形；第5项是兜底条款。该规定对于涉外民事关系的判定属于要素分析，其优点是简单明了，便于法官操作，但弊端是可能会引起"形式上非涉外而实质上涉外"及"形式上涉外而实质上非涉外"的误判。

## 案例一　某救助局海难救助合同纠纷案[②]

### 【基本案情】

2011年8月，一艘希腊籍油轮在琼州海峡附近搁浅，导致船舶及船载货物均处于

---

[①]《法律适用法解释（一）》第1条规定："民事关系具有下列情形之一的，人民法院可以认定为涉外民事关系：（一）当事人一方或双方是外国公民、外国法人或者其他组织、无国籍人；（二）当事人一方或双方的经常居所地在中华人民共和国领域外；（三）标的物在中华人民共和国领域外；（四）产生、变更或者消灭民事关系的法律事实发生在中华人民共和国领域外；（五）可以认定为涉外民事关系的其他情形。"

[②]〔2016〕最高法民再61号判决书。

危险状态。意外发生后，某外国投资公司（油轮的所有人）立即授权某公司上海代表处（油轮的船舶代理人）就该油轮搁浅事宜向我国某救助局发出紧急求助，请求我国某救助局依经验实施救助行为，并同意我国某救助局提出的救助报价。在我国某救助局对该希腊籍油轮提供了救助、交通、守护等服务后，出于种种原因，某外国投资公司一直未支付救助费用，我国某救助局便诉至法院，请求法院判令某外国投资公司和某公司上海代表处连带支付救助费用及利息。再审法院认为：本案系海难救助合同纠纷，中国加入了《1989年国际救助公约》（以下简称《救助公约》），《救助公约》所确立的宗旨在本案中应予遵循。由于各方当事人在诉讼中一致选择适用我国法律，因此根据《法律适用法》第3条的规定，应适用我国法律对本案进行审理。《中华人民共和国海商法》（以下简称《海商法》）作为调整海上运输关系、船舶关系的特别法，应优先适用，《海商法》没有规定的，适用《中华人民共和国合同法》（以下简称《合同法》）等相关法律的规定。虽然《救助公约》和我国《海商法》均规定"无效果无报酬"的救助报酬支付原则，但都允许当事人另行约定如何确定救助报酬。

从我国某救助局和某外国投资公司签订的合同内容来看，双方当事人明确约定无论救助是否成功，该外国投资公司均需支付相应救助报酬，且无论该希腊籍油轮在被救助过程中发生何种意外，我国某救助局均无须负责。由于救助报酬计算标准是以救助船舶每马力小时、人工投入等已事先约定好的固定费用为根据，而与被救助财产价值并无任何关联，故该救助合同并不属于《救助公约》和我国《海商法》所规定的"无效果无报酬"救助合同，而属于由我国《合同法》调整的雇佣救助合同。

【主要法律问题】

（1）本案所涉纠纷为国内民事关系还是涉外民事关系？为什么？
（2）本案中所涉海难救助合同的性质为何？

【主要法律依据】

（1）《法律适用法解释（一）》第1条。
（2）《救助公约》第12条、第13条。
（3）《法律适用法》第3条。
（4）《海商法》第179条。
（5）《合同法》（已失效）第8条、第107条。

【理论分析】

涉外性的认定是涉外民商事纠纷能否得到公平公正解决的一个关键环节，直接影响管辖权、法律适用和判决的承认与执行等问题。2010年颁布的《法律适用法》无疑是我国国际私法立法的里程碑，但遗憾的是，其未对"涉外性"的判定作出明确规定。《法律适用法解释（一）》第1条以列举的方式作出了回应，主要从主体、客体、法律事实三要件来判断案涉法律关系的涉外性,并用"可以认定为涉外民事关系的其他情形"为可能出现的其他涉外状况预留了空间。这些要素是否具有涉外性在通常情况下都是可以客观判断的,因此较少涉及法官自由裁量权的运用,相应地也就可以避免因自由裁量权的运用而产生主观不确定因素的干扰。但是,要素分析法的最大缺陷也在于它的客观化判定方法。判定准则的客观化必然借助于客观性因素进行识别,而客观性因素容易为当事人所利用,从而杠杆性地改变民事关系的内外属性,产生一种隐秘的法律规避或者形成偶然涉外的现象。[1]

### 【实操分析】

就我国涉外司法实践而言,正确处理涉外民事纠纷的前提是准确定性案涉法律关系的性质。根据《法律适用法解释(一)》第1条的规定,法律关系涉外性的认定只需满足主体、客体、法律事实涉外三要件标准之一即可,由于本案一方当事人为外国公司,且案涉油轮为希腊籍,符合《法律适用法解释(一)》第1条关于主体涉外的认定情形,故本案含有涉外因素,应认定为涉外民事关系。本案所涉海难救助合同属于雇佣救助合同,而不属于《救助公约》和我国《海商法》所规定的"无效果无报酬"救助合同。虽然《救助公约》第12条规定有效果的救助作业方有权获得报酬,第13条规定报酬金额不得超过获救船舶和其他财产的价值,但法院经审理查明,当事人在签订救助合同时明确约定"无论救助作业是否成功,某外国投资公司均应支付我国某救助局救助报酬",且合同约定救助报酬以救助船舶每马力小时及人工投入等为固定标准,与被获救油轮价值无关。因此,该合同已超出《救助公约》和我国《海商法》所规定的"无效果无报酬"救助合同范畴,属于雇佣救助合同,并应依照我国《合同法》的相关规定加以调整。

## 案例二  广东某国际旅行社有限公司与陆某等人侵权责任纠纷上诉案[2]

### 【基本案情】

2017年,广东某国际旅行社有限公司(以下简称广东国际旅行社)与珠海某国际旅行社有限公司(以下简称珠海国际旅行社)签订旅游者委托接待合同,约定:珠海国际旅行社作为广东国际旅行社的旅游者(团)委托接待社,需严格根据本合同规定接待广东国际旅行社招徕的游客;珠海国际旅行社在接待游客期间必须提供符合旅游目的地国家质量标准的旅游汽车,若因其所提供旅游汽车及驾驶人员的问题而产生交

---

[1] 张春良:《涉外民事关系判定准则之优化——要素分析的形式偏谬及其实质修正》,《法商研究》2011年第1期,第114页。

[2] 〔2020〕粤04民终3945号判决书。

通事故造成损失的，由珠海国际旅行社承担相应的民事及刑事责任；本合同期限内珠海国际旅行社代表广东国际旅行社所实施的代理行为有效。

2018年，中国大陆公民陆某所在的工作单位甲公司与广东国际旅行社订立《大客户团队出境旅游合同》，约定由广东国际旅行社组织甲公司员工共计100人（陆某为其中一员）前往柬埔寨进行为期五天的国际旅游。广东国际旅行社委托珠海国际旅行社提供相关的旅游接待。

在柬埔寨旅游期间，陆某因旅游大巴爆胎致脚受伤，回国后经伤残等级评定，认定为十级伤残，遂向法院提起诉讼，要求广东国际旅行社和珠海国际旅行社承担相应的赔偿责任。

【主要法律问题】

（1）本案涉外性如何判定？应适用哪国法律？
（2）本案中广东国际旅行社是否为侵权责任主体？是否应对陆某承担赔偿责任？

【主要法律依据】

（1）《法律适用法解释（一）》第1条。
（2）《法律适用法》第44条。
（3）《最高人民法院关于审理旅游纠纷案件适用法律若干问题的规定》（以下简称《旅游纠纷规定》）第7条。

【理论分析】

我国法律对涉外民事关系中"涉外"的认定经历了一个不断发展完善的过程。1985年《中华人民共和国涉外经济合同法》（以下简称《涉外经济合同法》）将主体涉外作为判断法律关系涉外的唯一标准，认为只有发生在具有不同国籍的当事人之间的民事法律关系才能界定为涉外民事法律关系。之后在1988年《最高人民法院关于贯彻执行〈中华人民共和国民法通则〉若干问题的意见（试行）》（以下简称《民通意见》）中将涉外因素判定标准扩大至客体涉外和法律事实涉外，即对于双方均为中国国籍的当事人之间的民事法律关系，若标的物在外国或法律事实发生在外国，亦可将其认定为涉外民事法律关系。尽管判定涉外性的标准从主体涉外拓展至客体和法律事实涉外，但对主体涉外的判定仍以国籍这一要素为准。《法律适用法解释（一）》第1条是在既有认定标准上对主体涉外的认定因素进行扩大，增加了"经常居所地"作为除国籍外判定主体涉外的另一考量因素。而法律事实涉外是当事人之间法定的权利义务产生、变更或消灭的事件或行为发生在国外，此类涉外因素在司法实践中也较为常见，本案即为典型一例。

【实操分析】

涉外性的准确判定是保证公平公正解决涉外民事纠纷的基本前提。本案中，虽然当事人均为中国国籍,但侵权行为发生地在柬埔寨,因此属于"产生民事关系的法律事实"发生在国外,符合涉外性的判定标准。

在确定属于涉外民事案件后,便是依照法院地的冲突规范确定案件的准据法。根据我国《法律适用法》第 44 条的规定,侵权行为发生后,当事人协议选择适用法律的,依其选择;若无选法的合意,但当事人有共同经常居所地的,适用共同经常居所地法;既无协议又无经常居所地的,适用侵权行为地法。本案中,陆某在侵权行为发生后并未与广东国际旅行社和珠海国际旅行社达成任何关于选择准据法的协议,但陆某同广东国际旅行社、珠海国际旅行社经常居所地均为中国大陆,因此应当以当事人共同经常居所地法为准据法,即以中国大陆相关法律为本案准据法。

2010 年,最高人民法院出台了《旅游纠纷规定》,而本案属于侵权纠纷下的旅游侵权纠纷,应适用《旅游纠纷规定》作为具体解决本案纠纷的裁判依据。

根据《旅游纠纷规定》第 7 条第 1 款,对于因旅游经营者、旅游辅助服务者未尽到安全保障义务,造成旅游者人身损害、财产损失的,旅游经营者、旅游辅助服务者应对此承担相应责任。在广东国际旅行社和珠海国际旅行社签订的旅游者委托接待合同中约定,珠海国际旅行社在本合同约定期间代表广东国际旅行社所从事的代理行为有效,因此珠海国际旅行社后续所从事提供旅游大巴的行为应认定为广东国际旅行社的行为,因旅游大巴爆胎而对陆某所造成的人身及财产损害,也应归于广东国际旅行社,故广东国际旅行社为侵权责任主体,应对陆某负相应的赔偿责任。

## 案例三　某国际贸易公司与上海某有限公司申请承认和执行外国仲裁裁决案[①]

### 【基本案情】

2005 年,上海某有限公司(以下简称 G 有限公司)与某国际贸易公司(以下简称 A 国际贸易公司)通过招标的形式订立了一份货物供应合同。该合同约定:A 国际贸易公司应于 2006 年 2 月 15 日之前将设备运至工地,若双方就合同事项发生争议,应提交新加坡国际仲裁中心解决。事后,在合同的履行过程中,双方发生争议,G 有限公司向新加坡国际仲裁中心提出仲裁申请,要求停止支付货款并解除合同。在仲裁程序中,A 国际贸易公司提出反请求,要求 G 有限公司支付全部货款及利息,并赔偿因此产生的其他损失。

2011 年,新加坡国际仲裁中心作出仲裁裁决,驳回 G 有限公司的仲裁请求,支持 A 国际贸易公司的反请求。之后,根据该仲裁裁决,G 有限公司支付了部分货款,但仍欠 A 国际贸易公司货款及利息共计人民币 500 多万元。

---

① 〔2013〕沪一中民认(外仲)字第 2 号裁定书。

2013年，A国际贸易公司向我国上海某中级人民法院提出执行新加坡国际仲裁中心裁决的申请。G有限公司得知后对此提出抗辩，认为不应该承认和执行新加坡国际仲裁中心作出的仲裁裁决，理由为：鉴于双方当事人均为中国法人，合同履行地亦在国内并非国外，本案不具有涉外因素，故双方在货物供应合同中约定将纠纷提交新加坡国际仲裁中心仲裁的协议无效。

法院经审理查明：当事人A国际贸易公司和G有限公司均为具有中国法人资格的外商独资企业，注册地均在上海；根据双方所签订的货物供应合同，案涉货物需先从我国境外运至上海自由贸易试验区内进行保税监管，后再依合同履行需要办理清关完税手续并从区内流转至区外。

【主要法律问题】

根据我国相关法律，本案是否为涉外民事案件？

【主要法律依据】

(1)《法律适用法解释（一）》第1条。
(2)《承认及执行外国仲裁裁决公约》（又称《纽约公约》）第3条。

【理论分析】

关于民事关系涉外性的判定标准，《法律适用法解释（一）》第1条在列举主体、客体、法律事实的基础上预留了一项兜底条款"可以认定为涉外民事关系的其他情形"。但实践中关于如何认定属于该"其他情形"却存在着诸多困难，因为其是作为一项兜底条款而出现的，不能用过于僵化的、固定的参考标准对其束缚，这导致法官难以把握，不敢贸然适用该条款认定案件的涉外性。

本案关于涉外性"其他情形"的认定为实践开创了一个重要先例，在结案后的2016年，《最高人民法院关于为自由贸易试验区建设提供司法保障的意见》（以下简称《意见》）中专门对自贸区域外仲裁案件放宽了涉外性认定标准。《意见》第9条第1款承认了自贸区内的外商独资企业选择将争议提交域外仲裁的有效性；第2款以"禁止反言"作为限制标准实质性扩大了可域外仲裁争议的范围，即对于将争议提交域外仲裁的条件，从双方当事人均为在自贸区内注册的外商投资企业放宽至仅需一方为在自贸区内注册的外商投资企业。对于双方当事人约定将争议提交域外仲裁且未在仲裁程序中对仲裁协议效力提出异议的案件，在仲裁裁决作出后，一方当事人仅以仲裁协议无效或争议不具有涉外性为由主张拒绝承认和执行仲裁裁决的，法院不予支持。当然，《意见》中设置关于自贸区有关案件可以提交域外仲裁的规定，目的在于加快对外开放的脚步、加大对外开放的广度和深度，但在具体适用中应限定"自贸区"这一前提，一般不能将此随意扩大至我国境内的其他非自贸区域。

**【实操分析】**

本案为涉外民事案件，实质上合同当事人及合同的履行特征均具有涉外性，符合《法律适用法解释（一）》第 1 条"可以认定为涉外民事关系的其他情形"。首先，涉案当事人 A 国际贸易公司和 G 有限公司虽为中国法人，注册地均在上海自由贸易试验区内，但其性质均属于外商独资企业。外商独资企业属于完全由外国投资者所有、由外方参与经营管理的企业，其中没有任何中国投资者的参与。A 国际贸易公司和 G 有限公司中国法人的身份只是为了便于在我国国内进行生产经营等活动，实际上公司投资、运营及管理等活动均由外国投资者全权负责，因而具有涉外因素。其次，双方当事人所签合同的履行特征具有涉外因素。根据货物供应合同，货物需先从境外运至上海自由贸易试验区进行保税监管，之后，根据合同履行的需要办理清关完税手续、从区内运至区外，货物流转涉及出入境，因而该流转过程也足以证明货物供应合同具有一定的国际货物买卖合同特征。

需要说明的是，对于另一类似案件"北京某体育休闲有限公司申请承认和执行外国仲裁裁决案"，[①] 法院并未将其作为涉外案件看待。2007 年，北京某体育休闲有限公司（以下简称 D 公司）与北京某投资咨询有限公司（以下简称 F 公司，其为在北京注册成立的外国独资公司）签订合同，约定由双方合作经营 D 公司所有的位于北京市朝阳区的高尔夫球场，并就 D 公司所持股权比例、投资数额等相关事项达成协议。合同明确签订地为中国北京，此外还约定，如就合同事宜发生纠纷，双方应首先进行友好协商，协商不成的部分可诉诸大韩商事仲裁院进行仲裁，仲裁结果对 D、F 两公司具有同等法律约束力。

合同履行过程中，由于高尔夫球场土地租赁合同解除导致土地被收回，最终获得 1800 万元补偿款。在补偿款分配问题上，D 公司和 F 公司因分配比例问题发生纠纷，协商未果，F 公司于 2012 年向大韩商事仲裁院提起仲裁，请求 D 公司支付补偿款 248 万元，而 D 公司在此期间亦提出反请求，请求 F 公司支付补偿款 1000 万元及利息。最终，大韩商事仲裁院作出裁决：F 公司向 D 公司支付补偿款 1000 万元及利息。D 公司于 2013 年 6 月 17 日向北京市某法院提出申请，要求承认该仲裁裁决。

该案乍看和前述案例三情形相似，但法院认为不具有涉外因素，不属于涉外案件。有些涉外商事案件，当事人可选择域外仲裁，但对于不具有涉外因素的争议不允许域外仲裁。根据案件事实，该案双方当事人均为中国法人，双方签订的合同主要关乎在我国境内经营高尔夫球场，诉讼标的在我国境内，案涉合同订立及履行也均在我国境内，因此，从传统的主体、客体、法律事实等典型涉外因素看，该案均不具备。综合全案，唯一可能被认定为具有涉外因素的便是合同当事人之一的 F 公司。F 公司注册地在中国北京，为中国法人，是外商独资企业，貌似符合一方为在自贸区注册的外商投

---

① 〔2013〕北京二中民特字第 10670 号裁定书。

资企业可以进行域外仲裁的条件,但适用该规定有一个重要前提——在自贸区内注册。当时北京并非我国自贸区,最高人民法院彼时尚未发布《意见》,故该案唯一可能的涉外因素也被排除。虽然 F 公司和 D 公司所签合同约定了由大韩商事仲裁院进行裁决,我国和大韩民国也均加入了《承认及执行外国仲裁裁决公约》,但我国不允许国内当事人将不具有涉外因素的争议提交域外仲裁,此举一来是避免资源浪费,二来是确保法律体系的统一。而对于涉外案件,法律赋予涉外民商事关系的当事人很大程度上的选择权,允许其就争议解决方式、仲裁机构、仲裁程序规则、准据法等作出一定选择。由于该案不具有涉外因素,因此法院认定仲裁条款无效,对该仲裁裁决不予承认。

从上述几则案例可以看出,对于涉外因素的认定,虽然《法律适用法解释(一)》第 1 条已有较为明确的判定标准,但仅以主体、客体、法律事实为依据难免力有不逮,以《法律适用法解释(一)》第 1 条兜底条款为依据产生的隐性涉外因素也应予以充分考量。这些隐性涉外因素又常被称为"非典型涉外因素",已逐渐走入大众视野。"非典型涉外因素"的出现加大了法院判定案件是否涉外的难度,但实践推动理论发展,正是由于此类案件的出现,使涉外性的认定标准得到了进一步的丰富和发展,未来或许会出现更多的"非典型涉外因素",旧有的"非典型涉外因素"不断经过实践的检验证成亦可能变成"典型涉外因素"。一般而言,在涉外实务中,对于"非典型涉外因素"的认定应考虑以下几点:

第一,与自贸区有关的案件,应遵循《意见》相关规定,准确认定不具有典型涉外因素的案件能否选择域外仲裁。《意见》第 9 条对自贸区相关案件能否约定选择域外仲裁作出了明确规定,实践中应结合"禁止反言"规则准确认定双方当事人约定提交域外仲裁的协议效力,对于符合条件应当予以承认与执行的仲裁裁决,应及时承认与执行,以保护当事人的正当权益;对于不符合承认与执行条件的仲裁裁决,则应在作出拒绝承认的裁定后告知其正确的争议处理办法,避免司法资源的浪费。

第二,与综合保税区有关的案件,应综合全案事实判定是否具有涉外因素,尤其是查明合同履行过程是否具有涉外因素。综合保税区和自贸区在一定程度上有着相似之处,因而实务中同样容易产生非典型涉外因素的纠纷。实际上,综合保税区和自贸区可以比照进出境对货物实施管理,对于区内未进行清关手续的货物按照未入境货物处理,在货物流转上具有一定的国际货物买卖合同特征。如在青岛信某达与天津某服装公司案中,法院就以保税区内未清关货物属未入境货物为由认定此案具有涉外因素。[①]

第三,对于合同约定内容中存在境外连结点的案件,应注意审查境外连结点的数量和质量是否足以使案件符合涉外性判定标准。随着我国对外开放步伐的逐渐加快,涉外民商事案件数量猛增,为了保障当事人的合法权益,法院在实践中对于涉外民商事案件的认定也要与时俱进,除传统主体、客体、法律事实三要件外,还要更多地考

---

① 〔2018〕京 04 民特 217 号裁定书。

虑案件的实际情况。法院在综合考量的基础上，如果认为连结点对案件涉外性的影响程度较大，可以将并不具有传统涉外因素的案件认定为涉外案件。如在美某斯海洋公司与上海某船公司仲裁协议效力案中，法院认为：由于案涉合同类型属船舶建造合同，而合同中有关船舶建造、交接、入籍、加入船旗国等内容均与境外存在连接，且合同亦明确买方应在卖方交船前在境外成立单船公司，这些要素足以认定案涉合同具有涉外因素。①

# 思考题②

2019年，被告我国T公司欲购买原告泰国G公司位于泰国的一批合成橡胶混合物，双方在泰国签订一份橡胶混合物买卖合同。该合同约定，由卖方G公司向买方T公司提供一定数量的泰国橡胶混合物，装运港为泰国或马来西亚主港；交货日期为2020年3月船期，买方在收到船期资料5日内可提出异议，逾期未提视为接受；全部货款由银行托收，买方应在合同签订之日起5日内支付保证金。2020年3月，G公司交付第一笔货物，于泰国林查班港装货，在中国青岛港交货。之后G公司多次催促T公司支付第一笔货物款项，T公司以各种理由推诿拖延，并构成逾期赎单。在后续几笔货物的交付过程中，T公司多次出现逾期付款的情形，G公司在发函催告无果的情况下，为维护自身权益，将合同项下的货物转卖给H公司。事后，G公司向我国法院起诉，请求判决T公司支付货款及违约金、解除合同并赔偿G公司橡胶处理差价损失。

问题：本案是否属于国际私法调整的涉外民事关系？如果属于，其所含有的涉外因素是什么？如果不属于，请说明理由。

---

① 〔2017〕沪72民特181号裁定书。
② 本书"思考题"中的案例多为自编或改编案例，此部分案例无案号或来源，特此说明。——编者注

# 第二章
## 国际私法的渊源

### 本章知识要点

法的渊源有广义和狭义之分，广义上法的渊源是指所有能够"影响司法裁判的真实因素"，狭义上法的渊源则仅指"对法官具有法律拘束力的规定"。[①] 国际私法的渊源通常是指狭义上法的渊源，即在国际私法领域具有法律拘束力的所有原则、规则、规章和制度。鉴于国际私法调整对象具有涉外性，国际私法的渊源也具有国内、国际的双重属性。

国际私法的渊源包括国内渊源和国际渊源两大部分，其中国内渊源包括国内立法和判例，国际渊源包括国际条约和国际惯例。至于学说能否成为国际私法的渊源，一直以来备受争议。关于何为学说，王泽鉴在其《民法概要》中提出："学者关于成文法的解释、习惯法的认知、法理的探求等所表示的见解，是为学说。"[②] 实践中，各国对于学说是否为国际私法渊源的规定大相径庭。在成文法典较少的普通法系国家，当判例、先例缺乏时，将学说作为一种补充方法据以作出裁决的情况十分普遍；而在以成文法为主的大陆法系国家，出于对法律稳定性、本国法律文化和法律适用的实际情况等综合考虑，大多数国家不承认学说作为国际私法渊源的地位，但其中也有个例，如瑞士、意大利这些传统大陆法系国家，亦与时俱进地通过立法将学说纳入国际私法渊源的范畴。我国并不承认学说作为国际私法渊源的地位，但在学理上，也有学者认为学说或法理作为国际私法的渊源应当予以考虑。

1. 国内渊源

国内立法和判例是国际私法国内渊源的重要组成部分，其中国内立法是国际私法规范的最早发源地，判例则是国际私法进一步发展的重要推动力。

从1756年的《巴伐利亚民法典》、1794年的《普鲁士普通邦法》，到对国际私法发展影响较大的1804年的《法国民法典》，再到20世纪60年代以来国际私法的法典化运动，国内立法一直是国际私法最主要的渊源，是各国行使涉外民商事管辖权、解决涉外民商事纠纷的直接法律依据。国际私法的国内立法模式主要有三种：散见式、专章或专

---

[①] 雷磊：《重构"法的渊源"范畴》，《中国社会科学》2021年第6期，第149-150页。
[②] 王泽鉴：《民法概要》，北京：中国政法大学出版社，2003年，第14页。

篇式、单行法规式。单行法规式通常被认为是国际私法发展较为成熟的标志，较前两种立法模式，其不仅有助于司法实务效率的提升，更极大程度上避免了散见式可能产生的法条冲突及专章或专篇式可能存在的法律漏洞。需要说明的是，法典式将外国人的民事法律地位规范、民事关系的法律适用规范、商事关系的法律适用规范、国际民事诉讼程序规范和国际商事仲裁规范等规定在一部法律中，是国际私法立法的最高目标。

判例在国际私法的国内渊源中也有着举足轻重的地位。英美法系国家主要以判例法为法律渊源，判例的重要性自不待言。对于没有判例法传统的欧洲大陆法系国家而言，由于其成文立法已较为完善，且为维护整个法律体系的完整性和稳定性，一般不认为判例是法律的渊源。然而在国际私法领域，判例可谓是一个例外，大陆法系多数学者认为很少有哪个部门法像国际私法那样，由法官判决承担了重要任务。我国是成文法国家，判例不是国际私法的渊源，但不容置疑的是，案例对涉外审判有重要的指导作用。这是因为：首先，在国际私法领域，情况错综复杂，仅仅依靠成文法不足以应对涉外司法实践的需要，在没有成文立法的情况下，法院可以通过判例来弥补立法缺漏；其次，在准据法为英美法系国家的法律时，也需要援用他们的判例作为法院判决的依据；最后，国际私法的原则和制度也需要通过判例加以发展。

2. 国际渊源

国际私法的国际渊源包括国际条约和国际惯例。

国际私法方面的国际条约有五大类：（1）关于外国人民事法律地位的国际条约；（2）关于法律适用的国际条约（海牙国际私法会议主要致力于法律适用的统一）；（3）关于实体法的国际条约（国际统一私法协会主要致力于实体法的统一）；（4）关于国际民事诉讼程序的国际条约；（5）关于国际商事仲裁程序的国际条约。

国际私法方面的国际惯例有两种：（1）依据国际法原则，各国所公认的具有法律效力的强制性规范，强制性国际惯例具有直接的、普遍的约束力；（2）商事方面的任意性的国际惯例，任意性的国际惯例不具有直接的、普遍的约束力，一般只有在当事人选择适用时才具有法律效力。

目前，我国国际私法的渊源是国际条约、国内立法和国际惯例，对于三者的效力关系，《中华人民共和国民法通则》（以下简称《民法通则》）第142条有明确的规定。然而，在《中华人民共和国民法典》（以下简称《民法典》）取代《民法通则》之后，《民法典》既没有延续《民法通则》第142条的规定，也没有作出新的规定。事实上，国际条约、国际惯例的国内适用条款被删除并非因其不合时宜，而是一个单纯的立法技术问题。自2024年1月1日起施行的《最高人民法院关于审理涉外民商事案件适用国际条约和国际惯例若干问题的解释》（以下简称《条约和惯例解释》）继承了《民法通则》第142条的精神，将其重新激活，明确了适用国际条约、国际惯例的裁判依据，即我国缔结或者参加的国际条约同我国法律有不同规定的，适用国际条约的规定，但我国声明保留的条款除外，我国法律和我国缔结或者参加的国际条约没有规定的，可以适用国际惯例。

## 案例一　海南某公司诉中国某保险分公司海上货物运输保险合同纠纷案[①]

**【基本案情】**

1995年11月，海南某公司在中国某保险分公司为一艘印度尼西亚籍"甲"油轮所运载货物投保，所投险别为一切险。据悉，该"甲"油轮共装载近5000吨桶装棕榈油，是海南某公司以CNF（Cost and Freight，成本加运费）价格向新加坡某公司购买，始发地为印度尼西亚杜迈港，目的地为中国洋浦港，货价总计357万美元，海南某公司为其投保的保险金额为396万美元，保险费为19000美元。海南某公司在支付保费后，中国某保险分公司向海南某公司发出了起运通知，签发了海洋货物运输保险单，并将海洋货物运输保险条款附于保单之后。根据该货物运输保险条款，海南某公司投保的一切险范围不仅包括平安险、水渍险所承保的各项责任，还包括被保货物在运输途中因外来原因所导致的全部或部分损失。此外，该保险条款还规定了5项保险除外责任。

次日，"甲"油轮的期租船人、该批棕榈油的实际承运人印度尼西亚PT公司签发了已装船提单，提单载明船舶、装卸港、货物，并注明清洁、运费已付。经查，发货人新加坡某公司与某国际代理公司签订了一份租约，约定由"甲"油轮负责将案涉棕榈油运至中国洋浦港，之后，新加坡某公司将运费付给某国际代理公司，某国际代理公司又将运费付给PT公司。同年12月，海南某公司向其开证行付款赎单，取得所投保货物的全套正本提单。在"甲"油轮启航后，由于"甲"油轮所属BS公司与该轮的期租船人PT公司因船舶租金问题发生纠纷，"甲"油轮中止了提单约定航程并对外封锁了其动态情况。

为避免货物受损，新加坡某公司、海南某公司和中国某保险分公司多次派人参与BS公司与PT公司的协商，但BS公司一直以未收到租金为由不肯透露"甲"油轮的行踪。其后，新加坡某公司、海南某公司通过多种渠道最终查询到了"甲"油轮的行踪。据悉，"甲"油轮船长1996年4月受BS公司指令将该轮上2100多吨的棕榈油转载到同一船公司下的"乙""丙"两货船上运走销售，之后又将"甲"油轮改名为"丁"油轮，将剩余的棕榈油走私至我国汕尾。我国海警在查获"丁"油轮上剩余棕榈油后，已将其作为走私货物没收上缴国库。1996年6月，海南某公司向中国某保险分公司递交索赔报告书，并于8月下旬再次提出书面索赔申请，而中国某保险分公司明确表示拒赔。海南某公司遂向我国海口海事法院起诉。

**【主要法律问题】**

本案应该以哪国法律为准据法？

---

[①] 〔2003〕最高法民四提字第5号判决书。

**【主要法律依据】**

(1)《涉外经济合同法》第 5 条。

(2)《民法通则》(已失效) 第 145 条。

**【理论分析】**

国内立法作为国际私法的重要法律渊源,在涉外民商事案件的法律适用中一直占有较大比例,世界上很多国家都在其国内立法中规定了解决涉外民商事纠纷的国际私法规范。如今各国关于国际私法的国内立法已逐步完善,其规定主要集中于以下几个方面:

第一,关于外国人民商事法律地位的规范。其主要包括国民待遇、最惠国待遇、普遍优惠待遇、非歧视待遇和特别优惠待遇。国民待遇的比较对象为外国人和本国人,指一国给予外国人与本国人同等的民事法律地位,可以分为无条件的国民待遇和有条件的国民待遇。最惠国待遇的比较对象为不同国家的外国人,指一国将其在本国领域内已经给予或将要给予第三方的优惠和待遇给予缔约他方,通常包括单方面无条件的最惠国待遇、互惠有条件的最惠国待遇和互惠无条件的最惠国待遇三种形式。普遍优惠待遇是指发达国家单方面给予发展中国家减免关税的一种优惠。非歧视待遇又称为无差别待遇,是指不把对其他多数国家不适用的限制仅对个别国家实施。特别优惠待遇通常出现在关税同盟、自贸区及边境贸易中,是一种特定条件下实行比最惠国待遇更为优惠的待遇。

第二,冲突规范。冲突规范是用来援引涉外民事法律关系应适用何种法律的规范,是国际私法规范中最基础、最重要的一部分。长久以来,不少国际私法学者都持冲突规范为间接规范的观点,认为冲突规范的作用在于指引所应当适用的实体法,其本身并不直接规定当事人的权利和义务,只有借助其他实体法律规范,才能最终解决涉外民商事纠纷。但也有学者对此提出了质疑,认为实际上本不存在间接规范一说,冲突规范同其他法律规范一样,均有属于自己的直接调整对象,只不过冲突规范所调整的并非传统意义上的法律关系,而是法院、仲裁机构、涉外民事关系当事人等主体依法确定涉外民事关系准据法的行为,可称为确法行为。[①]

无论冲突规范应归属于哪个范畴,其规范内容本身存在僵固性毫无争议。为了缓解冲突规范的这种僵固性,各国也都采取一定的措施对传统冲突规范进行软化处理。软化可分为消极的软化和积极的软化。消极的软化是在不改变原有连结点数量的基础上,通过设置公共秩序保留、法律规避、反致等制度以克服冲突规范原有的僵固性;积极的软化则是通过改变传统冲突规范中单一、固定、刚性的连结点,增加多个不同的、可供选择的连结点来达到软化目的。

---

① 袁海英,刘海燕:《冲突规范若干理论问题新探》,《河北学刊》2010 年第 6 期,第 158-161 页。

第三，国际民事诉讼程序规范和国际商事仲裁规范。这两类多为程序性规范，无论诉讼程序还是仲裁程序，均属国家司法主权范畴，因而各国通常都规定涉外民商事纠纷的程序性事项适用法院地法。虽然《纽约公约》第 2 条规定，当事人选择仲裁便意味着排除诉讼的管辖，但实践中仍有较多仲裁、诉讼平行情况的出现。

【实操分析】

本案涉及多个法律关系：海南某公司与中国某保险分公司之间的保险合同法律关系；海南某公司与新加坡某公司之间的国际货物买卖合同法律关系；新加坡某公司与某国际代理公司之间的国际货运代理合同法律关系；某国际代理公司与实际承运人 PT 公司之间的国际货物运输合同法律关系；期租船人 PT 公司与船舶所有人 BS 公司之间的船舶期租合同法律关系。

就海南某公司与中国某保险分公司海上货物运输保险合同纠纷而言，应以中国法为准据法。根据当时的《涉外经济合同法》第 5 条和《民法通则》第 145 条，涉外合同准据法的确定主要有两大基本原则，即意思自治原则和最密切联系原则。现行的《法律适用法》第 41 条对于涉外合同的法律适用，在上述两部法律的基础上增加了特征性履行标准。由于当事人未在保险合同中约定发生纠纷时应适用何种法律，因而应适用最密切联系原则来确定合同的准据法。由于本案属于国际海上货物运输保险合同纠纷，且被保险人、保险货物的目的港等均在中国境内，因而案涉保险合同与中国具有最密切联系，应当以中国法作为本案应当适用的准据法。

一般而言，案件进入实体审判阶段后，准确定位其准据法至关重要。在我国审判实务中，对案件准据法的确定依照下列顺序：

第一，依法院地法准确定性涉外民商事法律关系的性质。其包含两个阶段：对案涉法律事实和法律问题进行识别，确定其应适用何种冲突规范；对冲突规范本身进行识别，即对于其内容中有关"系属""连结点"等法律概念正确解释。定性的目的在于解决因不同国家对同一法律概念赋予不同内涵或同一法律事实进行不同分类而产生的识别冲突。

第二，确定是否属于我国强制性规定适用的范畴。根据《法律适用法》及《法律适用法解释（一）》的规定，对于涉及我国社会公共利益的某些法律关系，应直接适用我国法律相关强制性规定，当事人不能通过约定加以排除，且无须通过冲突规范指引，如劳动者权益保护、环境安全、食品或公共卫生安全、金融安全等。强制性规定不同于公共秩序保留：前者不经冲突规范指引而直接适用，为法院主动适用；后者则是经冲突规范指引后适用外国法的结果，对本国社会公共利益有所损害，由法院被动适用，并需在裁判文书中加强说理。

第三，根据冲突规范确定准据法。目前，意思自治原则和最密切联系原则是国际私法的两大基石。我国的《法律适用法》赋予意思自治原则突出地位，允许当事人协议选择法律的范围从合同扩展至代理、信托、夫妻财产关系等领域，但对于法律没有明确规定赋予当事人自由选法权利的领域，当事人即便选择了所适用法律，法院也应当认定选择无效。对于当事各方在庭审中援引相同国家法律且均未提出法律适用异议的，按默示选法处理，认定选择有效。由于最密切联系原则赋予法官较大的自由裁量权，我国尚缺乏自由裁量的传统，因此，我国《法律适用法》仅在多法域国家准据法的确定、国籍积极冲突的解决、有价证券的法律适用、合同的法律适用中引入该原则。但是，最密切联系原则在我国有一个补缺的功能，根据《法律适用法》第 2 条第 2 款的规定，最密切联系原则作为最后补充手段，对于法律没有规定涉外民事关系所应适用法律的，以最密切联系原则确定所应适用法律。

## 案例二　外国某冶金公司与某国际（新加坡）公司国际货物买卖合同纠纷案[①]

### 【基本案情】

2008 年，外国某冶金公司与某国际（新加坡）公司签订一份石油焦采购合同，合同约定由买方某国际（新加坡）公司向卖方外国某冶金公司购买石油焦共计 2.5 万吨，并明确约定该批石油焦的 HGI 指数（石油焦 HGI 指数为研磨指数，与石油焦硬度、研磨难度成反比）应在 36~46 之间。合同订立后，某国际（新加坡）公司依约支付了全部货款，外国某冶金公司在装货港装运全部货物后对货物进行了石油焦 HGI 指数检验，检验结果为 32，但外国某冶金公司并未将该结果告知某国际（新加坡）公司，亦未同该公司商讨其是否愿意接受 HGI 值为 32 的石油焦，而是径行发货。待该批石油焦运至约定交货地点后，某国际（新加坡）公司对该批货物进行检验，检验报告上显示石油焦 HGI 指数仅为 32，达不到合同约定的最低标准。某国际（新加坡）公司立即函告外国某冶金公司，告知其所交付石油焦 HGI 指数严重偏离约定范围，下家用户无法使用，并拒绝接货，要求其尽快给出处理意见。其后，为进一步核实石油焦品质，某国际（新加坡）公司对该批货物再次复检，结果仍显示 HGI 值为 32，遂告知卖方，称货物质量严重影响其在中国市场销售，故要求以根本违约为由解除合同。外国某冶金公司迟迟不予回复，某国际（新加坡）公司遂诉至法院要求解除合同。

法院经审理查明：双方在采购合同中明确约定石油焦 HGI 指数应在 36~46 之间；经双方确认的独立检验人在装货港船上进行采样检验，其所出具的检验结果证书为终局结果且对买卖双方具有拘束力；综合双方所提供证据，HGI 指数低达 32 便会对研磨设备有特殊要求，导致此类石油焦的市场需求极为有限；双方约定关于合同的订立、管辖和解释应以美国纽约州当时有效的法律为准；外国某冶金公司营业地所在国为德国，某国际（新加坡）公司营业地所在国为新加坡，德国、新加坡和美国均为《联合

---

[①] 〔2013〕最高法民四终字第 35 号判决书。

国国际货物销售合同公约》（CISG）缔约国；当事双方在一审中一致选择适用 CISG 作为确定其权利义务的法律依据。

**【主要法律问题】**

（1）本案应以何种法律为准据法？

（2）本案外国某冶金公司的行为是否构成根本违约？某国际（新加坡）公司能否宣告合同无效？

**【主要法律依据】**

CISG 第 1 条、第 25 条、第 35 条、第 49 条。

**【理论分析】**

国际条约是国际法主体之间依据国际法所缔结的据以确立相互权利和义务的国际书面协议。条约分为契约性条约和造法性条约，一般来说，契约性条约的缔约国较少，是仅为缔约国规定权利和义务的条约；造法性条约的缔约国较多，是确立或修改国际法原则、规则和规章制度的条约。国际私法中的国际条约主要是民商事国际条约。国际条约是避免各国之间法律冲突最直接、有效、便捷的方法。尽管如此，国际条约并不能取代国内立法，这主要是因为国家主权至上，国家是否缔结某国际条约、对于条约允许保留的条款是否进行保留，取决于国家对本国国情和国际形势的综合研判。也就是说，很多国际条约缔约国数量有限，使国际条约不具有普遍适用性。

一般而言，国际条约仅适用于缔约国之间，但若条约规定可以经由非缔约国当事人自愿选择适用，非缔约国当事人也可以通过自愿选择的方式适用公约，如 CISG 作为国际社会影响力较大的多边条约，即使是 CISG 非缔约国当事人，也倾向于对其予以适用。对于国际条约的具体适用，学界有两种不同的观点：一种观点认为国际条约可以直接由国内法院作为法律加以适用；另一种观点则认为国际条约必须经由一国权力机关将其转化为国内法后才可以适用。根据目前各国对于国际条约在国内的适用实践来看，大致有三种做法：第一，纳入式，即缔约国所签订条约并不能直接在其国内司法实践中适用，必须通过该国的权力机关将条约规范部分或整体地纳入本国国内法中、成为本国法才可以适用。第二，转化式，即缔约国最高权力机关结合本国法律文化背景、司法实践等，通过立法活动的形式将国际条约的内容吸收转化为国内法律法规，而非直接适用条约内容。第三，混合式，即在同时采用纳入式和转化式的背景下，将国际条约分为"自动执行条约"和"非自动执行条约"两种，对于无须国内法辅助规定便可直接适用的"自动执行条约"采用纳入式，对于"非自动执行条约"则采用转化式。

**【实操分析】**

本案应以 CISG 为准据法，因为案涉当事人所在国德国、新加坡及约定适用法律的所属国美国均为 CISG 的缔约国，且当事人在法庭审理中均选择 CISG 作为确定其权利义务的准据法、无任何异议。根据 CISG 第 1 条的规定，公约适用于营业地在不同缔约国的当事人之间所订立的货物销售合同。在双方均为 CSIG 缔约国的当事人之间发生货物销售合同纠纷的案件中，CISG 直接且优先适用，除非当事人另有约定予以排除。本案中涉及国家均为 CISG 缔约国，且当事人并没有明确排除 CISG 的适用，因而应当以 CISG 为准据法。

本案外国某冶金公司的行为构成根本违约，某国际（新加坡）公司有权以卖方根本违约为由宣告合同无效。根据 CISG 第 25 条的规定，一方当事人的违约行为实际上剥夺了另一方当事人依据合同所应得到的预期利益，构成根本违约；第 35 条规定，卖方交付的货物必须与合同所规定的数量、质量等相符；第 49 条规定，买方可以卖方根本违约为由宣告合同无效。本案中，HGI 指数为 32 的石油焦明显不符合合同所约定 36~46 的范围，且法院已查明 HGI 指数越低的石油焦市场需求越有限，不符合一般销售目的，且外国某冶金公司在装船时就已知晓但却隐瞒未向买方做任何通知。故外国某冶金公司的行为已实际上剥夺了某国际（新加坡）公司依据该购买合同所应得到的预期利益，构成根本违约。根据 CISG 的规定，在卖方存在根本违约的情形下，买方可以以此为由宣告解除合同。

无论是国际条约还是国际惯例，国际渊源在国际私法中的地位不容轻视。为进一步加强司法实践中对国际条约和国际惯例的适用，提高涉外审判实效，最高人民法院在全面总结涉外民商事审判实务经验的基础上，于 2023 年 12 月 5 日发布了《条约和惯例解释》，全文共 9 条，主要包括以下几个方面的内容：

第一，明确国际条约适用的优先地位。《条约和惯例解释》第 1 条第 2 款规定，若条约和中国法规定不同，除我国声明保留的条款外，应以国际条约为准。

第二，明确存在多个国际条约时应以国际条约中的适用关系条款来确定所应适用的条约。

第三，明确当事人可以通过约定排除全部或部分条约内容的适用。在国际私法领域，意思自治是一项基本原则，部分国际条约允许当事人以约定排除或改变公约适用，但也有部分条约在适用中具有强制性，不允许当事人通过约定排除。《条约和惯例解释》体现了在最大限度上尊重当事人意思自治的态度，允许当事人在条约允许的范围内以约定方式排除全部或部分条约的适用。

第四，明确当事人可以援引对我国尚未生效的国际条约作为确定当事人权利义务的依据。此前在我国法院的涉外审判实践中，存在同意当事人在不违背我国强制性规定、不违背我国社会公共利益的情况下协议选择尚未对我国生效的条约作为确定当事人权利义务的依据的案例，《条约和惯例解释》则将当事人自愿选择的权利进一步明确，旨在鼓励当事人选择更符合自身需求的条约规范。

第五，明确国际惯例的明示选择和补缺适用。《条约和惯例解释》规定，当事人可通过明示选择的方式以国际惯例作为确定当事人权利义务的依据；若当事人未明示选择，且我国法律和对我国生效的国际条约均未规定，法院也可选择国际惯例作为审理依据。

第六，坚持维护国家主权、安全和社会公共利益的原则。《条约和惯例解释》贯彻我国对外关系法关于条约和协定的实施和适用不得损害国家主权、安全和社会公共利益的规定，充分彰显人民法院坚定维护国家主权、安全和社会公共利益的鲜明司法立场。

国内渊源和国际渊源在国际私法审判实践中起到相互补充、相辅相成的作用，缺一不可。近年来我国审判实践紧跟时代步伐，产生了许多涉外民商事审判典型案例，最高人民法院更是通过批复、解释等各种形式不断地为涉外审判实务中的新兴难题作答，以促进纠纷得到公平、正义解决。

## 案例三　新加坡某银行与无锡某电力公司信用证纠纷案[①]

### 【基本案情】

2013年，新加坡某银行以无锡某电力公司为受益人，开立了即期付款信用证，规定：信用证总金额为890万美元；无锡某电力公司交单时应提交商业发票、原产地证明等单据；适用最新版UCP（《跟单信用证统一惯例》，最新版本为UCP 600）；装货港为中国上海，CIF（到岸价格）印度尼西亚杜迈。

6个月后，无锡某电力公司经通知行将信用证所要求全套单据通过快递方式寄送给新加坡某银行。其中商业发票显示涉案交易价格条件为CIF印度尼西亚杜迈，价值890万美元。原产地证明中第9栏"毛重或其他数量及价格（FOB）"[②]项下除其他相关内容外，还填有"USD：890万美元"。

此后第7天，新加坡某银行通过通知行发出拒付通知，称"原产地证明中第9栏所列FOB价格为890万美元，而发票显示CIF价格与之相同，同为890万美元，构成冲突。基于该不符点，我行拒绝支付信用证下款项"。

无锡某电力公司认为新加坡某银行拒付理由不能成立，故向我国法院提起诉讼。法院经审理查明：案涉原产地证书系格式文本，当事人无法就其中栏目名称进行修改，第9栏中的"（FOB）"为栏目名称自带内容，不符合国际贸易术语表述的基本格式，仅具有指引性功能，起到指引当事人在此栏中填入相应货物价格的作用；此外，基础合同中已明确约定货物价格"CIF印度尼西亚杜迈"及金额890万美元，为符信用证要求，无锡某电力公司遂直接在原产地证书第9栏中填写了890万美元。

### 【主要法律问题】

（1）本案审理的法律依据是什么？

---

[①]〔2017〕最高法民终327号判决书。

[②] FOB即离岸价格。

（2）案涉信用证下单据是否存在不符点？

**【主要法律依据】**

（1）《法律适用法》第 41 条。
（2）《跟单信用证统一惯例》（UCP 600）第 14 条 d 款、f 款。

**【理论分析】**

国际惯例最初是作为国内法及国际条约的补缺规定而出现的，但在之后的实践运用中，人们逐渐发现除此以外，国际惯例还发挥着"跨国商事自治法"的功能，被称为"第三种法律秩序"。[①] 实际上，在涉外民商事司法实践中，我国对国际惯例的适用不仅停留在"补缺适用"层面，也有基于当事人意思自治而选择适用的情形。最高人民法院在 1989 年《全国沿海地区涉外、涉港澳经济审判工作座谈会纪要》、2005 年《最高人民法院关于审理信用证纠纷案件若干问题的规定》及 2016 年《最高人民法院关于审理独立保函纠纷案件若干问题的规定》等文件中表明：相关领域国际惯例的适用可以突破"补缺适用"限制，在尊重当事人意思自治及不违背公序良俗的原则下，即使国内法或国际条约有所规定，也可经选择而适用国际惯例。

《跟单信用证统一惯例》作为国际层面有关信用证使用、审查等方面的统一规定，被现今世界绝大多数国家的银行界、法律界所公认，因此虽然其并不具有强制适用的效力，但经当事人选择而适用的结果却几乎为各国所接受。

**【实操分析】**

当事人合意是合同的最基本特征，即使在涉外民商事领域，意思自治仍是决定合同效力及解决纠纷的最主要原则，除个别特殊情况，我国也对当事人的意思自治给予充分的尊重。本案中，根据《法律适用法》第 41 条的规定，当事人可以协议选择涉外合同所适用的法律，故本案应适用由新加坡某银行同无锡某电力公司共同选择的 UCP 600 作为审理依据。

UCP 600 对信用证议付规定了"单单相符""单证相符"规则，要求受益人提交银行的单据和单据之间、单据和信用证之间必须相符才能进行议付。至于如何具体判定，UCP 600 第 14 条 d 款对此作出规定，即受益人所提交单据的内容描述不必与信用证或是信用证中有关该单据的描述完全一致，只需做到各单据和信用证中内容规定彼此互不冲突即可。本条 f 款则进一步补充说明，对于信用证所要求提交的运输单据、保险单据或者商业发票以外的单据，若未对其出单人或其数据内容等作明确规定，则只要该单据的内容看似满足其所要求单据的功能，且其他方面符合本条 d 款，银行

---

[①] 何其生：《国际惯例适用规则的立法范式研究——以我国司法实践为出发点》，《法学研究》2023 年第 6 期，第 206 页。

将接受该单据。

就本案而言，虽然新加坡某银行抗辩称原产地证明中第9栏FOB价格与发票中CIF价格相冲突，就表述而言存在不符，但实际上无锡某电力公司所使用的原产地证明单据为格式条款，其中第9栏关于FOB的内容为预先印制好以做填写提示的内容，并不具有实际意义。不仅如此，法院经审理还查明该FOB使用语言并不符合国际贸易术语的基本格式。除上述提及的不符点以外，其他单据和信用证中的相关表述均能一一对应且不使人产生歧义。故该不符点并不属于开证行能够行使拒付权的抗辩理由，新加坡某银行应向无锡某电力公司支付相应款项。

在受益人同开证行之间的信用证纠纷中，开证行以受益人所提交单据不符合"单单相符""单证相符"而主张拒付的抗辩理由十分常见。"单单相符""单证相符"并非严格要求所有单据之间就同一事件的有关表述一字不差，而是从内容出发，只需满足各单据、信用证间表述互不冲突即可。在单据之间能够相互印证的情况下，应认定受益人提交单据满足 UCP 600 要求。开证行行使拒付权应谨慎，在符合交单条件下应及时付款。

# 思考题

2020年，位于保加利亚的某艺术塑料公司与中国某模具公司签订医用口罩生产机械设备订购合同，约定某艺术塑料公司向中国某模具公司购买6台机械设备，价款共计74万元人民币。之后在双方聊天记录和邮件中，中国某模具公司向某艺术塑料公司表明该批机械设备为"新的设备"。该批货物的货运及保险费用均由某艺术塑料公司承担，发货方式为空运，发货地为中国，目的地为保加利亚。发货后仅11天便运至目的地，且到货时货物防水包装完好。

某艺术塑料公司在收到货后第一时间进行了货物查验，发现6台机械设备均有明显磨损和锈迹，遂委托当地检验机构对货物新旧程度进行检验，结果显示该6台机械设备在交货前已被使用，并不属于新设备。之后，某艺术塑料公司遂就此事与中国某模具公司协商，但多次协商均未果，某艺术塑料公司便向我国法院起诉要求以根本违约为由宣告解除合同。

法院经审理查明：根据当事双方合同订立目的和往来邮件，可推断合同约定的6台机械设备应为新设备；对于中国某模具公司声称"新的设备"并不等于"全新设备"、案涉机械设备虽有瑕疵但并不影响使用的抗辩，法院不予支持；保加利亚和中国均为 CISG 缔约国。

问题：

（1）本案应以何种法律为准据法？理由是什么？

（2）某艺术塑料公司是否可以以根本违约为由宣告合同无效？

# 第三章
## 国际私法的主体

### 本章知识要点

国际私法的主体是涉外民商事法律关系的参与者，因其享有民事权利和承担民事义务而具有法律人格。一般来说，自然人和法人是国际私法关系的主要主体或基本主体，因为国际私法主要调整作为平等主体的自然人或法人的人身关系和财产关系。国家和国际组织在特殊情况下也可以成为国际私法关系的主体，但要根据有关的国内法和国际法，放弃他们所享有的特权与豁免，而与民事关系的相对人处于平等的法律地位。[①] 因此，国际私法的主体包括自然人、法人、国家和国际组织。

自然人的国籍制度历来是国际私法的一项重要制度，国际私法主要致力于国籍积极冲突与消极冲突的解决。由于各国赋予自然人国籍所采取的原则不同，往往会造成一个自然人同时具有两个或两个以上国籍，或没有任何国籍的情况。本书主要讨论国籍的积极冲突问题。国籍的积极冲突有两种情况：第一，一个自然人同时具有外国国籍和内国国籍，通行的解决办法是以内国国籍优先，即以内国法作为该自然人的本国法。第二，一个自然人具有两个或两个以上的国籍均为外国国籍，对于如何确定其本国法，则各国的实践不一：有的国家以自然人最后取得的国籍优先；有的国家以自然人住所地或惯常居地国籍优先；有的国家以与该自然人有最密切联系的国籍优先。由于我国不承认双重国籍或多重国籍，第一种情形在我国国际私法中并不存在。对于第二种情形，即一个外国人具有两个或两个以上外国国籍时，我国如何确定其本国法律，根据《法律适用法》第19条的规定，首先考虑其经常居所地法律，若该自然人在所具有的国籍国均无经常居所地，则由法官依最密切联系原则予以确定。

住所与国籍一样，是自然人与特定国家或法域的某种法律联系。在国际私法中，住所既是确定涉外民事管辖权的重要依据，也是冲突规范中的重要连接因素。住所的取得必须具备两个条件：第一，主观上，当事人要有久住的意思表示；第二，客观上，当事人有久住某地的客观事实存在。[②] 在涉外民商事纠纷中，可能会发生一个

---

[①] 李双元、欧福永：《国际私法》（第六版），北京：北京大学出版社，2022年，第162页。

[②] 刘想树：《国际私法》（第二版），北京：法律出版社，2015年，第107页。

自然人同时具有两个或两个以上住所或没有任何住所的情形，即住所的积极冲突和消极冲突现象。如果一国的冲突规范指向某自然人的住所地法，而该自然人有多个住所，则如何予以解决呢？国际上对于住所积极冲突的解决主要有两种途径：第一，当事人具有的两个或两个以上的住所中有一个是内国住所的，一般按照"内国住所优先原则"，即以当事人在内国的住所为其住所。第二，当事人具有的两个或两个以上的住所均为外国住所的，如果住所是同时取得的，一般以与当事人有最密切联系的国家的住所为其住所，或以当事人的居所为其住所；如果住所不是同时取得的，一般以当事人最后取得的住所为其住所。需要说明的是，我国《法律适用法》在属人法连结点上进行了创新性的变革，即采用"经常居所地"代替"住所"，但对于何为"经常居所地"未予明确。根据《法律适用法解释（一）》第13条的规定，连续居住一年以上且作为其生活中心的地方（就医、劳务派遣、公务等情形除外），可以认定为"经常居所地"。如果冲突规范指向了当事人的经常居所地法，而自然人经常居所地不明的，按照《法律适用法》第20条的规定，适用其现在居所地法律。

　　国家在特殊情况下也可以成为国际私法关系的主体，但国际私法调整的是平等主体之间的人身关系与财产关系，因此国家在涉外民商事交往中要自我约束主权者的身份。关于国家及其财产豁免的主要理论有绝对豁免论、废除豁免论和限制豁免论。绝对豁免论使普通的民事主体与国家在国际民商事交往中的地位极不平等，影响了私人主体民商事活动的积极性，不利于国际民商新秩序的构建。废除豁免论从根本上否定了国家豁免制度，没有顾及国家主权平等的原则。限制豁免论找到了主权平等原则与当事人平等原则的平衡点，将国家的行为分为主权行为和非主权行为，将国家财产分为用于政府事务的国家财产和用于商业目的的国家财产，对于国家的主权行为、用于政府事务的国家财产才可享有豁免，该理论得到大多数国家的认可。自2024年1月1日起施行的《中华人民共和国外国国家豁免法》（以下简称《外国国家豁免法》），也实现了从绝对豁免到限制豁免的转变，该法是我国历史上第一部全面、系统规定外国国家豁免制度的法律，为我国法院行使司法管辖权、审理以外国国家为被告的民商事案件提供了法律依据。

　　国际组织为全球的交往联系提供了便捷舞台，在涉外民商事活动中，其具有独立的法律人格，能够直接享有权利、履行义务，也是国际私法的特殊主体。国际社会普遍承认，国际组织为了行使职能的需要应享有豁免权。在当前背景下，尽管国家及其财产管辖豁免已经从绝对豁免发展为限制豁免，但作为国际私法主体之一的国际组织，由于其行为无法区分为主权行为和非主权行为，因此主流观点认为对国际组织仍然应该适用绝对豁免。

## 案例一　高某返还原物纠纷案[①]

**【基本案情】**

高某原系中国公民，之后加入美国国籍。2017年3月6日，高某就返还原物纠纷以中国公民身份在中国法院提起诉讼。2017年3月31日，一审法院组织当事人对本案管辖权异议进行听证，在听证过程中，石某、郁某对高某起诉时的身份提出异议。尤需指出的是，高某在丧失中国国籍后，利用原户籍关系未被撤销，继续冒充中国公民，向公安机关虚假陈述身份信息，诈领临时居民身份证，又在一审法院立案诉讼，直到石某、郁某指称其身份不实，其诉讼代理人才承认高某起诉时身份虚假的事实。高某的诉讼代理人称高某在2000年左右取得美国国籍，但高某在中国的户籍现仍存在，并未被注销，高某系按照国内户籍身份诉讼。一审法院明确指出高某系美国公民，应以真实的身份信息起诉，其以中国公民身份起诉不符合法律规定，是违反诚信原则的行为，也是无视中国法律尊严的恶意诉讼行为，故裁定驳回起诉。二审中，高某提交公证文书一份，该公证文书载明：高某1947年1月26日出生于中国南京，现在是美国公民。但该公证文书未经中华人民共和国驻美国使领馆认证。高某在没有证明真实、合法身份的情况下，无法证明自己与本案有直接利害关系，因此，不符合起诉的条件。综上，高某的起诉不符合《中华人民共和国民事诉讼法》（以下简称《民事诉讼法》）规定的起诉条件，一审法院据此裁定驳回高某的起诉并无不当。

**【主要法律问题】**

对于未注销中国户籍信息的外籍人士，在我国法院应以何种身份起诉？

**【主要法律依据】**

（1）《中华人民共和国国籍法》（以下简称《国籍法》）第3条、第9条、第14条。

（2）《民事诉讼法》第122条。

**【理论分析】**

根据国际通行做法，国籍的取得、丧失和变更由各国国籍法规定。取得国籍主要有出生和入籍两种方式。因出生取得国籍的，国际上有血统主义和出生地主义两种原则。采用血统主义的国家，子女不管出生地如何，其国籍必须随父母双方或一方的国

---

[①] 〔2017〕苏01民终9562号裁定书。

籍；采取出生地主义的国家，则不管父母的国籍如何，子女出生在本国即取得本国国籍。① 因此，根据出生取得的国籍，并非按照个人意愿的一种方式，而通过加入取得国籍，比如婚姻、收养和自愿申请等，则是根据个人意愿或某种事实取得国籍的方式。由于各国国籍法对国籍的规定不同，往往会在特殊情况下出现双重国籍或多重国籍的现象。《国籍法》第3条规定："中华人民共和国不承认中国公民具有双重国籍。"第9条规定："定居外国的中国公民，自愿加入或取得外国国籍的，即自动丧失中国国籍。"第14条规定："中国国籍的取得、丧失和恢复，除第九条规定的以外，必须办理申请手续。"因此，本案高某在加入美国国籍后应当申请退出中国国籍并注销国内户籍。《最高人民法院关于适用〈中华人民共和国民事诉讼法〉的解释》（以下简称《民诉法解释》）第521条规定："外国人参加诉讼，应当向人民法院提交护照等用以证明自己身份的证件。"本案中，高某在已经取得美国国籍的情况下，即自动丧失中国国籍。高某作为一方当事人的外国自然人起诉时应向法院提交合法有效的身份信息，以证明其真实身份。

**【实操分析】**

随着经济水平的提高、对外开放的深入，因中外通婚、出国留学、工作等原因定居国外并取得外国国籍的情况呈直线上升态势。实践中，取得外国国籍身份后未注销中国户籍的情况并不少见。涉及双重国籍的人对我国《国籍法》的规定大都缺乏了解，常常认为"拿了外国护照就已经是外国人了，就不再有中国国籍了；有的人虽然知道我国不承认双重国籍，但是觉得反正管理部门的人又不知道，自己当然懒得上门告诉他们；还有的人觉得在我国国内用身份证、户口本方便，出国了再用外国护照，这样可以利用双重身份追求个人利益最大化"。② 本案二审法院维持一审裁定的态度鲜明，表现在以下三点：第一，明确告知高某，取得美国国籍即丧失中国国籍，即使中国户籍未被注销，其仍不能以中国公民的身份起诉；第二，明确告知高某，因美国护照公证后未做认证，不符合中国法律对身份材料的要求，其在二审裁定作出时仍未办妥公证认证，故维持一审驳回起诉的裁定；第三，明确告知高某，欺骗公安机关仍为中国国籍而诈取临时身份证的做法，是不诚信的，并予以谴责。

---

① 李忠杰：《科学辨识中国以及中华人民共和国的国名内涵》，《科学社会主义》2019年第2期，第4-9页。
② 殷欣然，陈进：《后疫情时期双重国籍人员的国籍认定——以J省Y市为例》，《江苏警官学院学报》2021年第2期，第90-95页。

## 案例二　郭某、李某与青岛某有限公司股东资格确认纠纷案①②

【基本案情】

郭某于 1952 年 11 月 16 日出生，于 2013 年 8 月 20 日在我国台湾地区死亡，户籍地址为我国台湾地区台北市，郭某生前同时持有美国护照与台湾居民来往大陆通行证。李某为郭某妻子，1990 年 11 月 25 日，双方于中国台湾台北地方法院公证结婚，李某户籍地址与郭某相同。吴甲、吴乙均系中国台湾地区居民，系李某与前夫吴丙的子女。李某与吴丙离婚后，吴甲、吴乙由其母亲李某监护。郭某与李某结婚后未履行关于吴甲、吴乙的收养手续。郭父与张母系郭某的父母，张母于 2001 年 9 月 29 日死亡。2007 年 1 月 29 日，郭某取得青岛某有限公司的股东资格，持股 29.526%。2012 年 1 月 30 日至死亡前，郭某往返中国大陆地区共计 10 次，在中国大陆地区停留 304 天。郭某于 1998 年任青岛某有限公司副董事长；1999 年在青岛成立青岛某家具有限公司，任该公司执行董事兼法定代表人；于 1999 年任青岛珍某文具有限公司副董事长。郭某于 2002 年 4 月 24 日领取了青岛市公安局交通警察支队车辆管理所发放的驾驶证，于 2008 年 4 月 24 日在青岛进行了驾驶证的年审和换证工作。郭某持有青岛市公用事业收费服务便民卡，自 2006 年起有充值记录。郭某自 1994 年 7 月长期居住在青岛市某小区。郭某分别于 2011 年、2013 年在公证处出具委托书各一份，委托李某全权代理行使其在青岛某有限公司的全部股东权利。郭某在台湾地区无财产资料亦无纳税资料。郭父请求：继承郭某在青岛某有限公司的股东资格。李某请求：郭某在青岛某有限公司的股份的一半为李某所有，剩余的二分之一系遗产，在李某、吴甲、吴乙、郭父之间平均分配。本案中，如何认定被继承人郭某死亡时的经常居所地，成为案件争议焦点。各方当事人的主张发生严重分歧。法院对郭某死亡时的经常居所地为中国大陆或中国台湾地区的不同判断，将会援引不同的准据法，从而导致案件裁判结果存在明显不同。

【主要法律问题】

如何认定涉外民事案件中当事人的经常居所地？

【主要法律依据】

(1)《法律适用法解释（一）》第 13 条。
(2)《法律适用法》第 24 条、第 31 条。

---

① 〔2012〕青民四初字第 141 号裁定书。
② 涉港澳台的民商事案件，不属于涉外案件。但由于港澳台地区与我国内地（大陆）法律制度存在差异，实践中的涉港澳台民商事案件一般参照涉外审判程序和法律规范处理，属于国际私法范畴，且实践中的该类案件数量较多，因此本书在编写中将涉类案件予以收录，以便读者理解得更加全面。

**【理论分析】**

《法律适用法》在解决夫妻财产关系和法定继承的问题上，均采用了"经常居所地"这一连接因素。关于"经常居所地"的判断标准，《法律适用法解释（一）》第13条规定："自然人在涉外民事关系产生或者变更、终止时已经连续居住一年以上且作为其生活中心的地方，人民法院可以认定为涉外民事关系法律适用法规定的自然人的经常居所地，但就医、劳务派遣、公务等情形除外。"然而，上述规定并未就何为"连续居住一年以上"加以明确解释，围绕"连续居住一年以上"的理解，现实中也存在"绝对连续"与"相对连续"的观点之争。"绝对连续"观点认为，连续居住一年以上，是指自然人在居所地居住满一自然年，中间不得出现离开居住地的情况，否则，连续居住一年的期限应当重新起算。"相对连续"观点认为，连续居住一年以上，并不要求当事人必须在某地无间断地居住满365日，而是指一种相对持续的居住状态。一审、二审法院均采纳了"相对连续"观点。本案中，郭某、李某夫妻双方未协议选择调整夫妻财产关系的准据法，郭父主张郭某、李某夫妻双方无共同经常居所地，应适用共同户籍所在地法，即台湾地区法。法院在认定郭某经常居所地为中国大陆地区的基础上，结合李某与郭某的夫妻关系、郭某对其委托授权情况及李某在山东省青岛市连续居住情况，认定李某的经常居所地为中国大陆地区，从而确定双方共同经常居所地亦为中国大陆地区。

**【实操分析】**

结合本案，我国司法实践中对经常居所地的认定，应当遵循主客观相一致的原则，既要注重考察当事人的主观意愿，又要考量当事人的客观生活状况，以此进行综合判断。

从客观方面讲，当事人在某一法域居住的状态及持续的时间，是最能体现当事人与该法域存在密切联系的客观事实。居住时间越长，当事人的属人法律关系与该法域存在最密切联系的可能性越大。因此，司法实践中不宜过分机械地适用"连续居住"的规定。事实上，当事人因私短期出国，如就医、旅游、访学等，并不阻断其与原居住地的密切联系。尤其是当事人出国后又返回居住地的，更不应将其视为连续居住状态的中止或中断。

从主观方面讲，当事人以某一法域作为"生活中心"，不但意味着当事人在地理上以该地域作为生活工作的主要场所，更意味着其存在受到该法域法律规定、风俗习惯、宗教道德等一系列行为规范保护和约束的主观意愿，以及与他人交往时受到该法域法律调整的主观预期与合理信赖。因此，考察当事人在特定法域的"居住意愿"，是判断其是否将该法域作为"生活中心"的主观标准。

# 案例三　成都某进出口集团公司与格鲁吉亚司法部信用证欺诈纠纷案[①]

## 【基本案情】

成都某进出口集团公司因保函止付令起诉格鲁吉亚司法部和 JSCTBC 银行。案件一审法院为四川省高级人民法院，格鲁吉亚司法部的律师提出管辖权异议：根据中国法律，格鲁吉亚司法部应该享有国家豁免权，主张中国法院对格鲁吉亚司法部没有管辖权。四川省高级人民法院作出裁定，认为格鲁吉亚司法部是格鲁吉亚的政府机关，享有司法豁免权。成都某进出口集团公司对格鲁吉亚司法部的起诉不属于人民法院受理民事诉讼的范围，该公司对格鲁吉亚司法部的起诉应予驳回。对此，成都某进出口集团公司提出基于"对等原则"的抗辩，认为格鲁吉亚法律针对中国企业的法律原则有商业欺诈例外，所以根据《民事诉讼法》规定的"对等原则"，中国法院也应当对格鲁吉亚司法部适用商业交易例外。此抗辩未被四川省高级人民法院所接受，后本案通过各方当事人和解结案。

## 【主要法律问题】

中国法院对格鲁吉亚司法部是否具有管辖权？格鲁吉亚享有的国家豁免是绝对豁免还是限制豁免？

## 【主要法律依据】

(1)《民事诉讼法》第 305 条。
(2)《外国国家豁免法》第 7 条。

## 【理论分析】

在本案中，一审法院坚持绝对豁免论（该主张认为国家及其财产的豁免来源于主权平等这一国际习惯法原则，只要是国家行为和国家财产就享有豁免），因此驳回原告起诉，认为不属于民事诉讼的受理范围。然而，在《外国国家豁免法》于 2024 年 1 月 1 日生效后，我国的国家豁免立场发生了重大变化。根据《外国国家豁免法》第 7 条的规定，外国国家进行的商业活动引起的诉讼，在我国法院不享有管辖豁免。可见，关于外国国家豁免的政策，我国已明确从绝对豁免论转向了限制豁免论（国家的商业行为和用于商业目的的国家财产不享有豁免）。由于所有国家对商业交易的定义都是难以捉摸和模糊不清的，很难清楚和准确地将某一行为归于商业行为或非商业行为，所以如何认定商业行为是解决国家豁免问题的重点。在确定某个行为是否属于商业行为时，

---

[①]〔2017〕最高法民终 143 号裁定书。

法院通常将行为的目的或性质作为验证行为特征的手段。①《外国国家豁免法》明确规定，法院在认定一项行为是否属于商业活动时，应当综合考虑该行为的性质和目的。那么如果当时一审法院按照2024年《外国国家豁免法》的规定，结果就会发生改变，因为保函有关的项目是建筑工程项目，属于《外国国家豁免法》中"关于货物或者服务的交易、投资、借贷以及其他商业性质的行为"的范畴，对涉及该商业活动的诉讼，外国国家在我国法院不享有管辖豁免，格鲁吉亚司法部提出的管辖权异议也就不成立，即我国法院对格鲁吉亚司法部应享有管辖权。

**【实操分析】**

国家豁免问题是一个规则快速变迁、不断发展的领域。由于特殊的历史、国情、国际环境，中国特别注重国家主权平等，长期以来，中国政府坚持奉行"国家主权豁免"这一法律原则，并实施绝对豁免政策。② 在实践中，除非外国国家自愿放弃管辖豁免、同意应诉，否则我国法院一般不受理以外国国家为被告的民事案件。然而，国家豁免原则的内涵和外延也一直在不断变化，各国采取的豁免政策和立法也在从绝对豁免走向限制豁免。绝对豁免原则曾是国际习惯法，但社会的发展使国家不可避免地以不同角色进入国际社会交往的各个领域，包括商事领域，因此"绝对豁免论"逐渐呈现出被"限制豁免论"所取代的趋势。国家从事商业活动却借口绝对豁免而不受法院管辖，这相当于既获取商业利益又免除商业风险，使对方私人主体处于非对等地位，这样的逻辑令人难以接受。而限制豁免既能促进国际民商事交往，又有利于国际民商新秩序的构建，因此已为越来越多的国家所接受，成为国家豁免立法的发展趋势。《外国国家豁免法》完成了从绝对豁免的外交政策到限制豁免的法律制度的转变，是中国在国家豁免领域守正创新的体现。③《外国国家豁免法》在2024年1月1日施行后，关于国家豁免问题会有一个根本性的变化，涉及国家主体的绝大部分的交易，例如贸易、投资、商业服务、国际工程、借贷等被界定为"商业活动"，而我国法律明确采取限制豁免政策，因此这些以前在我国法院可以主张国家豁免的，未来将无法适用国家豁免。另外，由于我国长期以来坚持国家主权绝对豁免的立场，在我国企业"走出去"的背景下，当涉及与外国政府的争端时，绝对豁免也不利于保护我国企业的利益，从绝对豁免向限制豁免的转变将有利于保障我国企业在涉及外国政府纠纷时的诉讼权利。④

---

① 陆寰：《国家豁免中的商业例外问题研究》，武汉：武汉大学出版社，2016年，第37-45页。
② 段洁龙：《中国国际法实践与案例》，北京：法律出版社，2011年，第1页。
③ 李庆明：《论中国〈外国国家豁免法〉的限制豁免制度》，《国际法研究》2023年第5期，第28页。
④ 郭镇源：《国家主权限制豁免理论对我国企业的影响与应对》，《政法学刊》2022年第5期，第121页。

## 案例四　朱某与某国际组织劳动争议案[①]

**【基本案情】**

原告朱某称：2011年5月，某国际组织招聘其担任传播官员，双方签有无固定期限劳动合同。同时，应某国际组织的要求，其与北京外交人员人事服务公司签订劳务合同，建立劳务派遣关系，通过该公司缴纳社会保险费用。入职后，某国际组织存在以多种方式使其接受工作内容的大幅变更并要求其从事涉嫌违法工作。其通过内部程序进行投诉，某国际组织先表示解决问题，后又单方面宣称与其签订的劳动合同无效，否认与其存在劳动关系。2012年9月7日，某国际组织强迫其离开工作岗位、宣布将其退回劳务派遣公司，从10月起停付其工资等待遇。朱某于2013年10月向北京市朝阳区劳动争议仲裁委员会申请仲裁，该仲裁委员会依据《中华人民共和国劳动争议调解仲裁法》第2条规定，决定对其申请不予受理。朱某起诉至法院要求确认其与某国际组织签订的无固定期限劳动合同有效；其与某国际组织自2011年5月1日起存在劳动关系；某国际组织继续履行劳动合同，为其恢复工作；其与某国际组织关于薪资级别和劳动报酬的约定无效，重新约定每月工资标准为24126元人民币。一审法院经审查后认为，根据某国际组织与我国签订的协议，某国际组织享有司法豁免权。朱某与某国际组织的纠纷不属于司法管辖的范围，故对其起诉不予受理。朱某不服一审裁定，提起上诉。二审法院经审理认为，某国际组织虽有司法管辖豁免权，但其已经以书面形式明确表示放弃，故本案应予受理。

**【主要法律问题】**

国际组织豁免是绝对豁免还是限制豁免？国际组织豁免与国家豁免有什么关系？

**【主要法律依据】**

《民事诉讼法》第272条。

**【理论分析】**

国际组织享有特权与豁免并非基于主权原则。国家享有豁免是因为国家是主权者，"平等者之间无管辖权"。国际组织不是主权者，它享有特权与豁免的依据是行使职能的需要。为了保障政府间国际组织有效地行使其职能，各成员国通过签订条约，一致承认政府间国际组织享有特权与豁免权，如《联合国特权和豁免公约》对此就有明确

---

[①]〔2014〕北京三中民终字第06823号裁定书。

规定。① 我国《民事诉讼法》第272条也明确规定:"对享有外交特权与豁免的外国人、外国组织或者国际组织提起的民事诉讼,应当依照中华人民共和国有关法律和中华人民共和国缔结或者参加的国际条约的规定办理。"根据某国际组织与我国签订的协议,某国际组织有司法豁免权,朱某与某国际组织的纠纷不属于我国司法管辖的范围,因此法院对其起诉不予受理。

**【实操分析】**

国家及其财产享有豁免权是国际法的一项原则。自20世纪50年代以来,国家管辖豁免理论已经开始从绝对豁免走向限制豁免,然而,国际组织管辖豁免的理论尚未发生如此变化。面对国家及其财产管辖豁免的发展路径,一些国际法学者,尤其以美国学者为代表,开始重新思考国际组织的管辖豁免问题。国际组织不是国家,并不行使主权权力,仅是为履行特定职能而创设的主体,因此无法区分国际组织的主权行为和非主权行为。② 目前将国际组织管辖豁免主体的行为范围类推适用国家豁免的"统治权行为"和"管理权行为"是明显不合适的。③ 国际组织兴起初期受主要国际公约的影响,为确保国际组织的独立性,多数国家更倾向给予国际组织较大限度的豁免。然而,国际组织豁免毕竟不同于国家主权豁免,因此不能将国家主权豁免理论简单推定适用于国际组织。时移事易,在人权保护水平不断提高的今天,当国际组织豁免涉及人权保护时,如果无法保障当事人诉诸法院之权利的实现,无法给予受害人以公平救济,亦应考虑对国际组织(包括联合国在内)采取限制豁免的立场,不再给予其绝对豁免。限制国际组织的豁免作为另一种可能,将在对国际组织进行有效追责及人权保护水平提升上发挥积极作用。但是,我国正在积极推动构建人类命运共同体,全力推进"一带一路"倡议,需要在这百年未有之大变局中,开创更加有利于我国长远发展和互惠互利的国际法律体系,创建、接管、改革更多的国际组织,通过这些多边机制服务于"一带一路"倡议和人类命运共同体建设,吸引和接纳更多的国际组织在中国设立总部,因此应赋予这些国际组织充分的、必要的豁免,暂不可随意对国际组织挥舞限制性豁免的大棒。

# 思考题

周某一、周某二、周某三(周甲父亲,已去世)系兄弟姐妹,周甲与虞某系母女,周某二与周乙系父子。2020年3月8日,系争房屋所在地块列入征收范围,系争房屋

---

① 刘想树:《国际私法》(第二版),北京:法律出版社,2015年,第124页。
② 谢海霞:《国际组织管辖豁免:从绝对豁免走向限制豁免》,《政法论丛》2014年第5期,第24-32页。
③ 李赞:《国家利益视角下重新审视国际组织豁免——从美国联邦最高法院杰姆诉国际金融公司案说开去》,《国际法研究》2020年第2期,第55页。

有一本户口簿，户主待定，共有户籍在册人口5人，分别为周甲、虞某、周某二、周乙、周某一（已加入澳大利亚国籍）。2020年6月29日，甲方上海市虹口区住房保障和房屋管理局、房屋征收实施单位上海市虹口第二房屋征收服务事务所有限公司与乙方周某二签订了《上海市国有土地上房屋征收补偿协议》，该协议约定：系争房屋价值补偿款1812161.45元。周甲、虞某向一审法院提出诉讼请求：依法分割系争房屋征收补偿款。一审法院认为周某一已取得澳大利亚国籍，因我国不承认双重国籍，周某一已不属于中国公民，故其不应再享有福利性公房的征收补偿利益。周某一不服法院判决，提起上诉，要求分得系争房屋的征收补偿款。

问题：已取得外国国籍的曾经同住的人，能否享有拆迁安置利益？为什么？

# 第二编

# 冲突规范相关制度

# 第四章
# 识　　别

## 本章知识要点

　　识别（qualification，classification，characterization）是法官在处理涉外民商事案件时，根据对法律事实及法律关系的分析，把案件定性或归类于某一特定的法律关系，进而选择具体适用的冲突规范及其法律规范的过程。实践中，法官在处理国内案件时也会涉及相关的识别问题，不过相比复杂的涉外案件，国内案件不会出现识别的冲突，法官参照国内的法律观点定性识别即可。因此，识别是国际私法领域司法工作人员首先面临的问题。

　　由于不同国家有着不同的法律发展历史，对案件的定性和分析也未根据统一的标准，出现对冲突规范的"范围"理解不一致的问题，从而导致法院适用不同的法律规范和不同的准据法的现象，对此学者将其定义为识别冲突。识别冲突产生的原因有以下几个方面：第一，各国对争议案件性质的理解不一致，因此法院适用不同的冲突规范得出不同的判决结果。例如，欺骗消费者，有些国家认为是侵权，有些国家则认为是违约。第二，各国对争议案件的法律问题的归结分类有不同的标准。例如，有关时效的认定，一些国家将其纳入程序法问题，一些国家认为将其归入实体法问题更合适。第三，各国对案件所适用的冲突规范的概念有不同的理解。例如，对于不动产的范围分类，不同国家有不同的标准。第四，由于不同国家有各自独特的法律演进过程，因此会出现法律发展不一致的情况。因为经济发展不同，法律体系不同，对某一案件事实的理解也有所差异，有的国家规定了一些特殊的概念，而其他国家则没有。例如，有的国家规定了取得时效制度，主要指无权占有人在法定条件下占有他人财产经过法定期间则归属于自己占有的制度，而我国则没有这项制度的规定。

　　由于导致识别冲突原因的多元性，因此依何种标准识别至关重要，不同的识别结果甚至会导致适用不同的准据法，进而影响案件最终的判决结果。关于识别依据主要有以下七种学说：（1）法院地法说。当事人在哪个法院起诉，就以该法院的实体法作为识别标准。多数国家在实践中采用这种学说。其理由主要包括：第一，各国的冲突规范是国内法，因此其使用的概念的含义只能依受理案件所属国家的国内法进行解释。第二，法官对本国的法律概念最为熟悉，实践中简单易操作。第三，识别问题的出现先于法律适用，因此在未进行识别前，他国法还没有适用的机会，因此解决识别冲突无法适用外国法。（2）准据法说。该学说认为由法官经过识别分析之后的准据法作为判断分类的标准。这种方法不符合逻辑，因为识别的目的就是确定准据法，在解决识别冲突的阶段并没有争议问题的准据法出现。（3）分析法学和比较法说。由于不同国家的法律存在差异，不能选择直接适用别国准据法，应当在比较法范畴内进行分析理解，寻求"共同原则""共同概念"进行识别定性。（4）个案识别说。由于涉外民商事案件的复杂性，每个案件都有其特殊性，所以该学说主张审判机关对识别的标准不应当追求统一，而是应根据案件的具体情况进行处理。（5）折衷说。相比于前几种判断标准，该学说主张寻找一个中间折衷的路径，法院在识别涉外案件时应从法院地法和准据法之间分析出一个结果，以该结论作为应当适用的判断标准。（6）功能定性说。根据不同冲突规范的特性，选择适用能实现其法律目的的准据法。（7）两级识别说。"初级识别"是把争议问题归入到恰当的法律范畴，"二次识别"给准据法定界或决定其适用范围。

虽然实践中大多数国家都适用法院地法进行识别，但也有一些例外：第一，如果法院地法没有关于需要识别的法律关系的概念，无法完成识别，这种情况下应适用外国法进行识别。第二，类似"动产与不动产的区分"特殊的或专门的民商事关系，一般应根据财产所在地国的法律进行识别。第三，如果有关冲突规范是由条约规定的，根据条约义务优先的原则，应适用条约进行识别。[1]

我国法律规定，案件的识别定性适用法院地法。[2]

## 案例一　高某英与冯某辉案外人执行异议之诉特殊程序案[3]

### 【基本案情】

冯某与高某英系夫妻关系，二人于1985年5月18日在中国香港登记结婚。2010年冯某与冯某辉等人因股权转让纠纷，由一审法院判决冯某应向冯某辉支付股权转让款430万元及利息。冯某辉就该案向原一审法院申请强制执行，限令三被执行人向申请执行人清偿债务。在案件执行过程中，一审法院依法拍卖了冯某位于广东省佛山市顺德区容桂街道办容山居委会丰宁路的房屋（以下简称涉案房屋）。高某英认为涉案房屋属于夫妻共同财产，对该执行提出异议，但被驳回，随后高某英向原审法院提起诉讼。

原审法院认为：本案系案外人执行异议之诉，各方当事人均没约定本案的管辖法

---

[1] 何其生：《国际私法》，北京：北京大学出版社，2023年，第73页。
[2] 《法律适用法》第8条规定："涉外民事关系的定性，适用法院地法律。"
[3] 〔2015〕佛中法执民终字第3号判决书。

院，根据法律规定可以受理。案涉争议房产所在地为广东省佛山市顺德区，且原审法院是广东省高级人民法院指定的有权审理涉港商事案件的人民法院，故原审法院对本案具有管辖权。

在实体法方面，原审法院把案件识别定性为夫妻财产关系纠纷，根据《法律适用法》第24条①，案件应适用高某英与冯某的共同经常居所地，即中国香港特别行政区的法律进行审理。因《法律适用法》第36条关于不动产物权适用不动产所在地法律的规定中，不动产物权纠纷是指不动产物权的设立、变更、转让和消灭所产生的纠纷，对于高某英提出适用不动产所在地法律不予支持。

关于高某英是否对涉案房屋享有份额的问题，根据中国香港特别行政区法律的规定，在涉案房屋牵涉债务纠纷后，高某英如认为其对此享有份额，须举证证明其对冯某名下的物业有实质产权而并非欺诈债权人。然而在诉讼中，高某英并不能证明其曾分担修建、改善或购买房产，应承担举证不能的法律后果，因此，高某英主张确认涉案房屋为夫妻共同财产并不能得到法院的支持。一审法院驳回了高某英的全部请求。

高某英不服一审法院判决，向广东省佛山市中级人民法院提起上诉，高某英认为，首先，关于法律适用问题，夫妻双方可以协议选择适用内地法律；其次，本案应当识别为不动产案件纠纷，故适用不动产所在地法律；最后，本案所有当事人都是中国国籍，应适用中国内地法律，进而主张原审判决采用中国香港特别行政区法律是不当的。综上，高某英向广东省佛山市中级人民法院请求撤销原审判决。

二审法院审理认为，本案系因上诉人高某英对其丈夫（原审第三人）冯某享有部分权属的涉案房产主张二分之一份额所引起的纠纷，并非因涉及案涉不动产产权的设立、变更、转让或消灭产生的纠纷，故本案实质上属于夫妻财产关系纠纷，认可原审法院把案件识别为夫妻财产关系的纠纷。此外，高某英在一审时主张本案纠纷应识别为不动产物权关系而非夫妻财产关系，在二审期间主张夫妻财产关系协议选择适用的法律已超出协议或者变更选择适用法律的期间，不符合法律规定。综上，广东省佛山市中级人民法院认为一审判决认定事实清楚，应予维持。

【主要法律问题】

如何对本案争议进行定性？本案争议是物权争议还是夫妻财产关系争议？

【主要法律依据】

（1）《法律适用法》第8条、第24条、第36条。

（2）《法律适用法解释（一）》第6条第1款。

---

① 《法律适用法》第24条规定："夫妻财产关系，当事人可以协议选择适用一方当事人经常居所地法律、国籍国法律或者主要财产所在地法律。当事人没有选择的，适用共同经常居所地法律；没有共同经常居所地的，适用共同国籍国法律。"

**【理论分析】**

本案纠纷是识别问题在司法实践中容易出现争议的情形。案件中夫妻争议的标的物为财产时，很多情况下会面临将纠纷识别为夫妻财产关系还是物权关系的问题。不同的识别会造成适用不同的法律适用法条款，进而指向不同的准据法。本案中争议对象为房屋，如果将争议识别为物权纠纷，根据《法律适用法》第36条[1]，因为涉案房屋位于中国内地，应适用中国内地的法律；如果识别为夫妻财产关系纠纷，根据《法律适用法》第24条的规定，本案应适用高某英与冯某的共同经常居所地即中国香港特别行政区的法律进行审理。可见案件识别为不同的性质，会指向不同的准据法，案件结果也会不同。

一审法院将案件识别为夫妻财产关系纠纷，适用了中国香港特别行政区法律。当事人不服一审判决上诉认为纠纷的性质为物权。二审法院认为本案系因上诉人高某英对其丈夫（原审第三人）冯某享有部分权属的涉案房产主张二分之一份额所引起的纠纷，并非因涉及案涉不动产产权的设立、变更、转让或消灭产生的纠纷，故本案实质上属于夫妻财产关系纠纷，认可原审法院在案件识别上的判定。根据《法律适用法》第24条，最终适用了中国香港特别行政区的法律，根据中国香港特别行政区法律，夫妻财产采取的是分别财产制。如果采纳当事人上诉主张将案件识别为不动产纠纷，根据《法律适用法》第36条，本案应当适用的法律则指向房屋所在地法律，即中国内地的法律，其采取的是夫妻共同财产制。可见，识别问题会直接影响当事人的权利义务，进而影响到案件的判决结果。

正确选择案件所适用的法律，法官必须用正确的逻辑推理及其他的法律方法判断案件所属的法律关系，使最终确定的准据法适用于具体的法律事实。识别又叫定性，是作为解释或定义规范的适用过程而存在的，定性应当包括对定性事实的认定和定性适用法律的认定两个方面的内容，因为事实和规范是解决法律问题不可或缺的两个部分。虽然在实践中，判断国际私法案件通常以定性案件的性质为起点，但定性方法则是贯穿于或适用于国际私法整个内容的，法律实施中缺少其中任何一个因素都会影响案件的处理。[2] 从本质上来讲，定性包含相互制约的两个方面：一是首先判断案件本身是何种法律问题，对当事人争议的问题进行分类，例如，是研究双方当事人合意的合同问题还是研究一方侵权的侵权问题，是实体问题还是程序问题等。只有明确了这一点，才能找到适当的冲突规范。二是对冲突规范本身进行定性，即对冲突规范所使用的术语进行解释，既包括对"范围"的解释，也包括对"连结点"的解释。[3] 如上述案件，法官首先要识别纠纷为物权纠纷还是夫妻财产关系纠纷，根据识别结果进一步

---

[1] 《法律适用法》第36条规定："不动产物权，适用不动产所在地法律。"
[2] 徐冬根：《国际私法案例百选》，北京：高等教育出版社，2019年，第69页。
[3] 肖永平：《法理学视野下的冲突法》，北京：高等教育出版社，2008年，第91页。

对冲突规则中所涉及的连结点进行定性,即不动产所在地、当事人的选择、共同经常居所地、共同国籍国等。

**【实操分析】**

识别问题在国际私法领域尤其重要,几乎贯穿了案件审理的整个过程。从管辖权的确定到根据案件纠纷性质的识别确定准据法,乃至判决的承认与执行都和识别息息相关。法官在识别过程中的目的并不是一成不变的。在案件刚刚受理阶段,识别的主要目标是判断法院地受理案件本身是否符合法律规定。接下来就进入了法律适用阶段,识别的目的是判断对于案件事实争议适用法院地的实体法或者缔结参加的国际条约经过转化适用的内国法是否正确;如果正确,法院地法或上述情况的国际条约即为案件的准据法,否则,审判机关需要再寻找其他可以适用的冲突规范,进而对冲突规范中的连结点、具体的法律概念和术语进行解释,根据冲突规范指引确定形式上最恰当的实体法作为涉外民商事案件的准据法。①

在识别过程中,由于各个国家对法律问题的认识不同,经常会出现识别冲突,即同样的问题被识别为不同的法律范畴。以下经常引起冲突的情形需要法官在审理涉外案件时尤其注意:程序法问题和实体法问题的区分,不同国家对时效问题和举证责任问题看法不一致;妻子对已故丈夫的财产请求权是继承法问题还是夫妻财产问题;妻子的扶养请求权应适用夫妻财产法还是夫妻身份法的规定;无人继承的动产财产所在地的国家是依最后继承人的资格继承还是依物权法上的先占原则取得动产所有权;对于禁止夫妻之间赠与是归婚姻的效力问题还是夫妻财产或是合同法问题。② 如本案中二审法院将关于房屋争议识别为夫妻财产纠纷而不是物权纠纷的理由为,本案系因上诉人高某英对其丈夫(原审第三人)冯某享有部分权属的涉案房屋主张二分之一份额所引起的纠纷,并非因涉及案涉不动产产权的设立、变更、转让或消灭产生的纠纷。由此可见,识别的关键在于法律关系的性质,而非争议标的的性质。

## 案例二 黄某明、苏某弟与周大福代理人有限公司等合同纠纷案③

**【基本案情】**

黄某芳(苏某弟之夫、黄某明之父)和周大福公司及亨满公司达成合意签订《备忘录》和《买卖股权协议》,约定黄某芳受让周大福公司及亨满公司的股权和股东贷款权益。黄某芳按照合同约定向上述两个公司履行了支付合同款项及诚意金义务,但周大福

---

① 周晓明:《谈涉外民商案件中的识别与识别冲突》,《湖北社会科学》2012年第1期,第147页。
② 何其生:《国际私法》,北京:北京大学出版社,2023年,第45页。
③ 〔2015〕民四终字第9号判决书。

及亨满公司拒绝履行相应的合同义务，即拒绝向黄某芳转让股权及相应的股东贷款权益，黄某芳不能实现其签订合同的利益，合同无法继续履行。后黄某芳在广东省佛山市死亡，黄某明及苏某弟遂向一审法院主张解除黄某芳与周大福公司、亨满公司签署的《备忘录》《买卖股权协议》及其全部补充协议，请求一审法院判决支持解除合同并请求周大福公司、亨满公司等公司共同偿还转让款本金及利息。

一审法院经审理认为：本案是涉港股权转让合同纠纷案件，各方当事人均未约定本案的管辖法院，当事人之间没有管辖协议，一方当事人向内地法院提起诉讼请求，依照《民事诉讼法》的规定享有对案件的管辖权，可以受理。《备忘录》第17.1条约定："本备忘录受香港法律管辖，并须按香港法律解释。"《买卖股权协议》第27条约定："本协议适用香港特别行政区法律并依香港法律解释。"在本案诉讼过程中，各方当事人均确认本案应适用香港特别行政区法律，所以本案按照香港法律进行审理。

一审法院把案件定性为股权转让合同纠纷。关于本案违约认定，由于在黄某芳和周大福等公司签订合同之后，周大福等公司履行合同义务的前提是黄某芳先支付合同约定的股权转让款，可是黄某芳没有按期支付合同转让款，后周大福等公司又与黄某芳签订了四份补充协议，约定给予黄某芳一定的宽限期，但黄某芳仍未在宽限期内履行合同中支付股权转让款的义务，故黄某芳的行为已经构成违约。一审法院认为黄某明、苏某弟主张周大福公司、亨满公司违约的依据不足，不予支持。黄某明、苏某弟向一审法院提出的宝宜公司与周大福公司、亨满公司承担连带还款责任诉讼请求，缺少证据支撑，不予支持。综上，一审法院作出判决：确定当事人签订的《备忘录》及补充协议解除，驳回黄某明、苏某弟的其他诉讼请求。

黄某明、苏某弟不服一审判决，向最高人民法院提起上诉，上诉人认为，首先，一审判决不应把案件性质识别为股权转让合同纠纷。本案争议不仅包括股权转让，还包括股东贷款权益转让。其次，一审判决错误认定了宝宜公司的责任，宝宜公司不是本案无关的第三人，其应当与周大福公司、亨满公司承担连带还款责任。最后，一审法院对于周大福公司及亨满公司违约认定错误，周大福公司及亨满公司应向黄某明及苏某弟承担责任，周大福公司、亨满公司存在违约行为。综上，请求撤销一审判决，改判支持其全部诉讼请求。

二审法院经审理认为，从本案的案情来看，主要包括两部分的权益转让：一是股权转让，即周大福公司、亨满公司把其在宝宜公司的股权进行转让。二是股东贷款权益转让，即周大福公司、亨满公司所享有的股东贷款权益转让给黄某芳。根据相关法律规定，[①] 本案案由应确定为合同纠纷。因此，本案实质系股权及债权转让合同纠纷。一审法院仅将本案定性为股权转让合同纠纷欠妥，应予纠正。对于一审的其他案件事实，二审法院认为一审对于黄某芳的违约认定及还款责任不归属于宝宜公司等相关法

---

① 根据法〔2011〕42号《最高人民法院关于印发修改后的〈民事案件案由规定〉的通知》的要求及其所附《民事案件案由规定》，对于第三级案由没有规定的，适用相应的第二级案由。

律问题事实清楚，适用法律正确，应予维持。

**【主要法律问题】**

如何对本案的争议进行识别？如果识别为合同纠纷，是否还需要进一步对合同纠纷的具体事项进行定性？

**【主要法律依据】**

《法律适用法》第 8 条、第 41 条。

**【理论分析】**

一审法院和二审法院对于本案的法律适用并无争议，因为本案案由为合同纠纷，而不管其实质上是只包含股权，还是既包含股权又包含债权。根据《法律适用法》的规定，[①] 本案引起争议的法律事实发生在中国香港，所以适用中国香港特别行政区法律解决案件纠纷并无不当，并且在一审法院审判案件的过程中，双方当事人约定以中国香港特别行政区的法律作为本案的准据法，一审法院适用中国香港特别行政区法解释案件事实、处理纠纷是正确的。

两审法院对于案件性质的识别存在着差异。一审法院把案件识别为股权转让合同纠纷；二审法院进一步审理认为，本案不仅包括股权转让，而且包括黄某芳享有周大福等公司向其转让的股东贷款权益，所以本案应定性为股权及债权转让合同纠纷。一审法院认为案件属于股权转让纠纷，仅从中国香港特别行政区合同法律制度的基本原则认定合同是有效的。二审法院认为案件系涉港合同纠纷案件，从当事人选择订立的合同形式、当事人的权利能力、当事人订约资格、合同是否为当事人内在真实意志的表达、合同双方当事人权利义务是否对等、当事人签订合同出于何种目的等方面考察，黄某芳与周大福等公司所签订的合同及四份补充协议均符合中国香港特别行政区合同法的有效要件，不存在违反法律规定导致合同无效的情形。两审法院虽然都认定《备忘录》《买卖股权协议》及其四份补充协议有效，但是依据的基础还是有一些差别。

准确找到案件适用的准据法首先要进行识别，只有找到正确的准据法才可以判断识别是正确的。[②] 对于案件的定性及程序方面的问题一般适用于法院地的法律，对于本案来说，应适用中国内地法律解决程序问题；法定继承及夫妻财产关系作为本案的先决问题，依照冲突规范的指引，适用我国内地的法律；对于股权转让及股东资格的争议问题和诉讼时效，应适用中国香港特别行政区的法律。当事人有义务向法院提供其选择适用的香港特别行政区法律的具体内容。本案中虽然两级法院都将案由识别为合

---

① 《法律适用法》第 41 条规定："当事人可以协议选择合同适用的法律……"
② 杨利雅：《对国际私法识别制度的再理解——基于我国实践案例研习带来的启示》，《经济与社会发展》2022 年第 2 期，第 53-56 页。

同纠纷，但是一审法院认为是股权转让合同纠纷，而二审法院则认为纠纷不仅包括股权转让，还包括债权转让。两级法院对案件识别的差异虽没有改变准据法的确定及案件最终的判决结果，但二审法院对案件识别进行纠正的做法仍然可圈可点。因为识别正确是保证法律适用正确的第一步，也是最重要的一步。股权转让和债权转让的法律适用也并非都像本案中作为合同纠纷最终导致契合，毕竟股权和债权从性质上是不同的，其法律适用也存在差异。根据法律规定，① 对于涉及两个或两个以上的涉外民事关系，法官不能忽略任何一个法律关系。在实践中，也容易出现法官只判断其中之一的法律关系而错误确定准据法的情形。因此，在审理涉外民事案件过程中，首先要识别出案件所包含的法律关系的性质，然后针对不同的法律关系分别确定其应当适用的法律。

**【实操分析】**

对于纯内地案件，法官只需要依据内地的法律观念和制度进行定性，不会产生识别冲突，因此不需要专门研究识别的依据问题。但对于涉港澳台地区的民商事案件，由于各法域对于同一法律概念或者同一事实性质的理解不同，因此导致识别的冲突。依据法院地法对案件进行分析和定性是被普遍认同和承认的，原因在于当事人选择在该法院起诉，依照法院地法进行分析和定性更为方便，也有利于纠纷的高效率解决。但如果只采用法院地法这一种方法进行识别也会存在一些缺陷，因为太过僵化的识别标准无法适应变化多端的法律关系。

首先，如果相应的冲突规范规定在条约中，则适用该条约的规定。当然，条约应该限定其本身的适用范围，并明确某些关键的法律概念。其次，如果应依据法院地法定性，但法院地法的法律体系中由于其自身法律演进的特殊性缺少对某一概念的总结和归纳，审判机关应积极寻找其他途径确定准据法，如依照与案件相关的、有最密切联系的其他法域的法律进行定性。最后，如果案件涉及特殊的或专门的国际民商事法律关系，则特殊情况特殊处理，例如，有关动产及不动产的认定，主要依据财产所在地国的法律来分析。② 因此，不能对识别标准整齐划一。法院在办理涉外民商事案件时，应当建立促进国际民商事交往、维护民商事关系稳定、维护当事人合法权益、便利办案的认定标准。③

# 思考题

1. 某轮于 2014 年 3 月 4 日在伊朗港口装运 45475.213 吨铁矿石。海王公司装货港

---

① 《法律适用法解释（一）》第 11 条规定："案件涉及两个或者两个以上的涉外民事关系时，人民法院应当分别确定应当适用的法律。"
② 黄进：《国际私法学》，北京：高等教育出版社，2023 年，第 148 页。
③ 赵秀文：《国际私法学原理与案例教程》（第四版），北京：中国人民大学出版社，2016 年，第 95 页。

代理 RAINBOW 公司代表船舶签署了"RM/BN/CH/011"号提单。先锋公司作为提单记载的托运人，取得全套正本提单。涉案货物于 2014 年 4 月 12 日卸于上海港。奥迪塞斯公司作为涉案船舶的所有人，海王公司作为涉案航次的船舶出租人，以涉案货物存在第三人异议为由，拒绝先锋公司提货。其间铁矿石国际交易价格一路下跌，奥迪塞斯公司及海王公司拒绝先锋公司提货导致先锋公司损失惨重。先锋公司向一审法院请求：赔偿先锋公司货物损失；请求海王公司和奥迪塞斯公司连带支付先锋公司利息损失。

矿物公司是涉案提单项下货物的所有权人及实际托运人/交货托运人，在货物装船后取得了全套正本提单。由于矿物公司拖欠美匡公司款项，矿物公司已经将上述提单项下的货物抵偿给美匡公司，同时将涉案全套正本提单交付给了美匡公司。美匡公司作为持有全套涉案提单的合法持有人，有合法依据和权利要求奥迪塞斯公司、海王公司向其交付涉案提单项下货物。所以美匡公司向一审法院提交《追加第三人申请书》，请求判令奥迪赛斯公司、海王公司共同向其交付涉案货物，如不能交付货物则赔偿货价损失、未及时放货而产生的货物市场价值损失人民币及利息。

一审法院认为案件为海上货物运输合同纠纷，先锋公司、奥迪塞斯公司、海王公司及矿物公司是均在国外运营的企业，案件运输的起运港在中国境外。关于法律适用，当事人均主张适用中国法律。法律尊重双方当事人的意思自治，在涉外民商事案件中当事人有权选择适用解决合同争议的准据法，因此，一审法院确定以中国法律作为审理本案纠纷的准据法。

经查明，由于先锋公司持有的提单系伪造，美匡公司不能依据和解协议或者仲裁裁决书取得凭提单提取涉案货物的权利，一审法院作出判决：驳回先锋公司的诉讼请求；驳回美匡公司的诉讼请求。

先锋公司、美匡公司均不服一审判决，向上海市高级人民法院（以下简称二审法院）提起上诉。先锋公司主张，一审法院并没有把重点放在本案的争议事实中，致使先锋公司签订合同的目的无法实现，请求二审法院支持其全部主张。美匡公司主张，矿物公司以货抵债的行为是合法有效的，所以美匡公司也是合法取得提单，请求二审法院依法改判支持美匡公司一审全部诉讼请求。二审法院经过审理认为，先锋公司持有的提单不符合提单的有效要件，系伪造提单；美匡公司持有的提单未经有效连续背书，故其无权取得提单记载的货物权利，因此二审法院作出判决：驳回上诉，维持原判。

美匡公司认为二审法院并没有正确审理案件事实，向最高人民法院申请再审，请求撤销一审、二审判决，改判支持美匡公司全部诉讼请求。先锋公司认为原审法院适用法律错误，亦向最高人民法院申请再审，请求撤销一审判决第一项及关于案件受理费的判决；撤销二审判决，改判支持先锋公司全部诉讼请求。最高人民法院经过新的举证质证认为，一审、二审法院对于案件性质的识别正确，应予支持，如果美匡公司因无权提取涉案货物而遭受损失，在满足法定要件的前提下，可以依据其他的法律关系主张权利。

问题：本案一审法院将案件识别为海上货物运输合同纠纷是否正确？为什么？如果把案件识别为侵权纠纷，如何确定其法律适用？

2. 1998年，原告陆某乘坐UA801班机从美国夏威夷飞往中国香港，航班由被告美国联合航空公司（以下简称美联航）经营，但该飞机在经过日本东京的成田机场时发生故障，乘客被要求紧急撤离。陆某在撤离的过程中受伤，经诊断为右脚骨折。之后，陆某被送往中国香港的医院进行治疗和处理，经中国香港医院医生的检查和判断，认为陆某是右踝侧面局部发炎，不建议陆某立刻采取手术，应当首先进行一段时间的休养。陆某后又在安徽省立医院进行了两次手术治疗，并于12月22日出院。在陆某住院治疗期间，聘用了两名护工助理照顾陆某的身体直至出院。陆某受伤前是月收入为一万，受伤后休息期间是月收入一千，前后差别对比强烈，随即陆某向美联航请求承担其两个手术的医疗费及其他相关费用支出。

法院认为，本案是涉外旅客运输合同纠纷与侵权纠纷的竞合。陆某向美联航请求支付医疗费及精神损害赔偿的依据是其在乘坐美联航的班机受伤并导致住院治疗。如果是航班取消或者延迟等相关问题，只涉及运输合同的纠纷，案件重点在于违约责任的认定。如果是在航班飞行运输中发生意外受伤时，此时不仅涉及违约的问题，可能还涉及侵犯人身权利、需承担侵权责任的问题，也就出现了侵权和违约的竞合。根据相关法律规定，一方既违约又侵权的，受害方只能请求对方承担违约责任或者侵权责任，不能就一案件事实同时主张两种责任。① 根据本案案情分析，陆某既要求美联航承担违约责任，又要求赔偿其精神损失，此种诉求法院不予支持。陆某应向美联航主张违约或者侵权责任，否则会造成认定责任不明。违约责任和侵权责任的重要区别在于，两者的责任范围不同。合同的损害赔偿责任严格按合同的约定执行，主要对财产损失进行赔偿；侵权责任的损害认定不仅包括对财产损失的认定，同时还包括行为人对受害人造成的精神损害的认定，当然精神损害认定及赔偿也应满足一定的条件。最后，法院出于对受害者最大限度保护的原则，判决美联航以侵权责任向当事人进行赔偿，关于驳回当事人违约责任的主张。

问题：本案中法院从保护受害人的角度出发对案件进行识别的法律依据是什么？意义何在？

---

① 《合同法》第122条规定："因当事人一方的违约行为，侵犯对方人身、财产权益的，受损害方有权选择依照本法要求其承担违约责任或者依照其他法律要求其承担侵权责任。"

# 第五章

# 反　致

## 本章知识要点

反致一词最早出现于法国的"福尔果继承案",该案是法国法院审理的典型反致案例,此后国际私法学界对反致问题进行了深入的研究和探讨。反致是一种解决因法院地法和外国法采用不同的连结点而造成差异的方法。当法院地的冲突法指向外国法时,接受反致的国家认为,外国法不仅包括规范法律关系主体的权利和义务的实体法,也包括规定如何进行法律选择的冲突法规范;不接受反致的国家则认为,外国法只包括实体法规范。产生反致要满足的条件包括:第一,法院处理具有涉外因素的案件时,依据本国冲突规范指引到外国法时,外国法律既包括实体法又包括冲突法。如果外国法仅包括实体法,则不会产生反致。第二,相关国家对冲突规范的内容规定不一致,存在冲突,或者对连结点有不同的解释。第三,冲突规范内容有关致送关系不中断。

反致的类型主要包括:第一,狭义的反致。指A国法院按照本国的冲突法指引,案件的准据法应适用B国法,而根据B国的冲突规范最终又指向了法院地A国法,最终法院根据本国的实体法审理案件。这种反致也被称为"一级反致"。[①] 第二,转致。在审理涉外民商事案件中,A国法院根据本国的冲突规范,法律适用指向了B国法,而根据B国的冲突规范又指向了C国法,最终案件的准据法为C国实体法。转致和狭义的反致不同之处在于,狭义的反致是经过他国的冲突规范的指引,又回到原点指向法院地国的法律,而转致是根据他国的冲突规范指向与案件相关的第三国。[②] 这种转致也被称为"二级反致"。第三,间接反致。A国法院按照本国的冲突规范应适用B国的法律,按照B国的冲突规范应适用C国的法律,根据C国的冲突规范,案件的准据法指回了A国的法律,最后A国法院用本国的实体法审理了案件。[③] 间接反致涉及多个国家并且实践操作起来并不是一件容易的事情,法院需要周转几个国家并适用其相应的冲突规范来最终确定案件应该适用的法律。间接反致也

---

① 这个过程为:A国冲突规范→B国冲突规范→A国实体法。
② 这个过程为:A国冲突规范→B国冲突规范→C国实体法。
③ 这个过程为:A国冲突规范→B国冲突规范→C国冲突规范→A国实体法。

被称为大反致,相比于直接反致、转致更为复杂。第四,外国法院说。外国法院说的主要特点是虽然案件在 A 国审判,但是 A 国法院把自己当作外国法院并"设身处地"地为外国法院着想,根据外国关于冲突法的态度决定案件应适用的法律,这个过程被称为"双重反致"。外国法院说是英国采用的独特法律制度,如果英国冲突规范所指向的外国法承认反致,就构成了所谓的"双重反致";反之,如果英国冲突规范所指向的外国法不承认反致,则会构成"单一反致"。

学者们对反致问题持有不同看法。赞成反致的学者认为:第一,采用反致制度有利于维护外国法的完整性。当法院地的冲突规范指向外国法的时候,由于冲突规范是一个国家法律的重要组成部分,因此外国法律应包括冲突规范。另外,由于国家法律发展情况不同,每个国家对于相同法律问题可能存在不同的分析结果,所以在适用冲突规范解决涉外纠纷时,充分考虑外国的冲突规范和实体法,更有助于理解别国对法律知识的分析。第二,正确适用反致制度不会对国家主权造成不良的影响,同时对于内国法的适用范围的扩展有积极作用。法官最终运用比较熟悉的自己国家的实体法进行裁判,也较为得心应手,既保护了本国主权的独立性和国家利益,也减轻了内国法院的司法负担。第三,正确适用反致制度不会出现判决冲突的现象。当事人无论选择在哪一法院起诉,都会根据相应的冲突规范适用相同的法律作为案件审判的依据,从而达到判决结果一致,这也是国际私法所追求的目标之一。同时,一致的判决结果,也有助于其在国家之间的承认和执行。第四,采用反致可能会得到更合理的判决结果。运用反致扩大了法律的选择范围,增加了法律选择的灵活性,这样法官可以在与案件有关联的几个国家的法律之间进行理性抉择,最终得到合理的判决结果。

反对反致的学者认为:第一,运用反致有损于内国的司法主权,否定了内国冲突规范。一般承认反致,也就增加了别国对与内国相关的法律案件管辖的可能性,相当于放弃了自己内国的立法管辖权,把涉外民事法律关系的处理权交给了别国。第二,反致制度本身不符合法院地国冲突法的目的,不利于维护法律的稳定性。法律之所以规定对于某种涉外民事法律关系应当适用的法律,就表明用该法来解决争议是合适的,如果承认反致就相当于对已有立法的反驳,违背最初的立法宗旨。第三,如果把反致当作常用的法律方法,会对审判机关造成很大的压力,法官进行法律查明并适用外国法的过程比较烦琐,会大大降低审判效率。第四,如果允许一国法律指向外国冲突法并根据外国的冲突法指向第三国的法律,不仅过程复杂,法官在数个不同国家的法律中也难以作出最终正确合理的决定,难以保障法律本身的预见性和稳定性。

我国最高人民法院早在 1987 年发布的《关于适用〈涉外经济合同法〉若干问题的解答》中明确规定,我国法院不允许法官对涉外案件纠纷采用反致制度;2007 年发布的《最高人民法院关于审理涉外民事或商事合同纠纷案件法律适用若干问题的规定》(已失效)第 1 条进一步规定,涉外民事或商事合同应适用的法律是指有关国家或地区的实体法,不包括冲突法和程序法;此后在《法律适用法》第 9 条更是明确规定了在涉外民商事案件审理中，当我国冲突规范指向某一外国法时，该外国法只包括实体法内容，而不包括冲突法。①

## 案例一　广州某文化教育投资有限公司与吴某邦旅游合同纠纷案②

**【基本案情】**

2017年7月，广州某文化教育投资有限公司与吴某邦签订了一份《旅游服务合同》，其中约定由广州某文化教育投资有限公司为吴某邦提供"皇室礼仪澳洲游"的旅游服务，旅游时间为2017年8月7日至2017年8月13日，旅游学习费用总额为23662元人民币。合同签订后，广州某文化教育投资有限公司依约履行了合同义务，给吴某邦提供了"皇室礼仪澳洲游"的旅游服务，吴某邦也在2017年8月7日至2017年8月13日参加了澳洲旅行，但旅行结束后吴某邦并未依约支付旅游学习费用。2018年3月26日至2019年4月30日，广州某文化教育投资有限公司多次向吴某邦催讨旅游学习费用，但吴某邦只陆续支付了合计10601元，尚欠广州某文化教育投资有限公司13061元旅游学习费用且拒绝支付。因此广州某文化教育投资有限公司在广东自由贸易区南沙片区人民法院提起诉讼，要求吴某邦支付剩余费用。

关于本案法律适用问题。双方在《旅游服务合同》约定"合同受澳大利亚国法律管辖并按其进行解释"。关于澳大利亚法律查明，法院庭审前要求原告提供相应的法律，原告未在指定期限内提供。法院委托相关的法律查明机构，就本案在适用澳大利亚法律时是否会反致适用中国法律，以及澳大利亚法律对于拖欠费用如何规定进行查明。该法律查明机构出具了相应的《法律意见书》，该《法律意见书》载明：关于反致问题的查明，澳大利亚是普通法系国家，其法院系统起源于英国的普通法制度。在合同案件当中，普通法遵循的是合同律师和当事人熟悉的常识性概念。一般来说，澳大利亚国际私法通常按照这一常识性原则执行，即当事人可以选择适用其合同的法律制度。

反致原则在 Neilson v. Overseas Projects Corporation of Victoria Ltd. 〔2005〕HCA54（以下简称 Neilson 案）一案中被极好地体现，澳洲联邦高等法院认可在国际侵权案件中可能存在反致。首席大法官实际上应用双重反致，设身处地采用该案件在中国会被如何决定的情况来进行审理，这种方法也得到其他法官的同意，因此其与澳洲联邦高等法院在涉及多州侵权案件当中，都会把当事人受伤所在地的法律作为主要考虑因素。

双重反致理论，或称外国法院理论，要求法院在达成判决时，要尽量接近其所适用的国家法院制度下本可以达成的情况。Neilson 案适用反致原则的情况也可能适用于

---

① 《法律适用法》第9条规定："涉外民事关系适用的外国法律，不包括该国的法律适用法。"
② 〔2020〕粤0191民初3247号判决书。

涉外合同纠纷。在澳大利亚法院的管辖问题上，有人认为协议中无论是明示或者默示地约定了法律选择，应同样涉及其所选法律对应的司法管辖。在本案中是指澳大利亚的司法管辖，而不是通过国际私法规则来进行排除，这样就排除了反致的可能性。

法院在判决中认为，本案系服务合同纠纷，由于本案服务内容是针对被告在澳大利亚旅游学习提供服务，合同的主要履行地是在澳大利亚，根据《法律适用法解释（一）》第1条的规定，本案属于涉外民事案件。关于本案法律适用问题，双方在《旅游服务合同》约定"合同受澳大利亚国法律管辖并按其进行解释"，根据《法律适用法》第41条的规定，当事人可以协议选择合同适用的法律，故本案应适用澳大利亚法律作为准据法。

本案中所查明的事实有：原告与被告约定旅游费用为23662元。现根据原告陈述，以及相应的证据显示，被告已经偿还10601元，尚欠13061元费用。吴某邦并没有对原告所提证据和事实进行抗辩，也没有为自己做有效辩护，拒绝向法庭提交证据材料，法院认为吴某邦放弃抗辩、举证和质证的权利，对原告所提交的材料证明作出确认。

由于采取澳大利亚法作为本案的准据法，本案涉及两个问题：一是在适用澳大利亚法律过程中，是否会反致适用中国法律；二是澳大利亚法律对拖欠费用的具体规定。根据法律查明机构出具的《法律意见书》，本书主要探讨第一个问题。对于第一个问题，在合同中已约定适用澳大利亚法律的情况下，澳大利亚国际私法允许当事人选择适用合同的法律，普通法是承认当事人的选择的，故本案可以适用澳大利亚法，不用反致适用中国法。

最终法院根据相关法律规定作出判决，判决被告吴某邦向原告广州某文化教育投资有限公司支付剩余款项13061元。

【主要法律问题】

本案中法院对反致问题的处理是否正确？为什么？

【主要法律依据】

《法律适用法》第9条、第41条。

【理论分析】

关于本案的法律适用问题，广东自由贸易区南沙片区人民法院认为，双方在《旅游服务合同》中约定"合同受澳大利亚法律管辖并按其进行解释"，根据《法律适用法》第41条，本案应适用澳大利亚法律作为准据法。在确定了案件准据法后，法院又针对"在适用澳大利亚法律的过程中，是否会反致适用中国法律"等两个问题委托法律查明机构进行查明，根据其查明的结果认为"在合同中已约定适用澳大利亚法律的情况下，澳大利亚国际私法允许当事人选择适用合同法律，普通法是允许当事人的选择，故本案可以适用澳大利亚法，不用反致适用中国法"。最终法院适用澳大利亚的实体法对案件作出了判决。

本书认为，法院在本案法律适用问题的处理上有明显错误。本案是因《旅游服务合同》引起的纠纷，合同中明确约定适用澳大利亚法律。案件由中国的法院审理，根据我国的冲突规范，即《法律适用法》第41条的规定，适用澳大利亚法律解决纠纷。至此，法院在法律适用问题的处理上没有错误。但后续，在法律适用指向澳大利亚法后，法院针对在适用澳大利亚法律的过程中，会不会出现反致适用中国法的情况进行了查明，此举可谓是画蛇添足。众所周知，在我国审判的案件一般不会利用反致制度查询确定准据法，而我国的立法也一直不允许适用反致制度，其中《法律适用法》第9条更是作了明确规定。本案中法院判定澳大利亚法律为案件的准据法，应为澳大利亚法律中规范当事人权利义务的实体法，而不必再查明澳大利亚法律是否存在反致适用中国法的问题。

综上，广东自由贸易区南沙片区人民法院在本案的审理中虽然正确适用了澳大利亚法律，但其法律适用的过程有待商榷，虽然没有影响案件最终的判决结果，但在程序上存在明显瑕疵。冲突法在实现实体正义的同时，也要追求程序正义。

**【实操分析】**

中国法院在审理涉外案件时，当法律适用指向了外国法，根据《法律适用法》第9条的规定应直接适用外国的实体法，而不必考虑外国的冲突规范和程序规范。反致作为冲突法的一般问题之一并不直接规范当事人的权利义务，所以不属于实体法的内容。据此，中国法院在适用外国民事关系法律的过程中，不需要考虑外国法对于反致的态度，也就是说并不存在反致的问题，直接适用外国民商事法律中的实体法即可。

对于反致，一直是有支持和反对两种声音，我国是不接受反致制度的国家，不管是立法还是司法实践。在《法律适用法》生效之前，虽然我国法院一般不接受反致，但也确实出现过为数不多的例外判决。例如，在刘某和王某才分割死亡赔偿金和遗产继承纠纷案[①]中，上海市高级人民法院在适用日本法的时候，指向了日本的冲突规范，又反致回被继承人本国法即中国法律，法院接受了日本法律的反致，最终依据中国继承法审理了案件。上海市高级人民法院的判决表明法院接受了日本国际私法对中国法律的反致，但是在判决书中并没有清晰地写明适用反致的过程。至于其原因，有学者猜测是因为我国国际私法从来没有明确承认过反致，我国国际私法学界明确赞成反致的声音也很少，推测上海市高级人民法院可能是担心如果在判决书中载明接受反致的过程，会招致我国立法者的不满或引起学者的批评。[②]

---

① 〔1997〕沪高民终字第38号判决书。
② 秦瑞亭，耿小宁：《国际私法案例》，天津：南开大学出版社，2021年，第40页。

## 案例二　浙江某企业管理有限公司与广州某投资有限公司等保证合同纠纷案[①]

**【基本案情】**

2017 年 5 月 19 日,浙江某企业管理公司(以下简称浙江公司)委托上海银行与广州某投资有限公司(以下简称广州公司)签订合同并发放贷款 3.5 亿元。浙江公司分别和广州某发展有限公司、广州某开发有限公司等五个公司及一个自然人杨某坪签订了《第三方无限连带责任保证书》(以下简称六份《保证书》),要求如果广州公司到期不能偿还借款时,有权要求这五个公司及一个自然人承担连带保证责任。

广州公司未能在合同规定的期限内向浙江公司偿还本金,浙江公司依法向北京市第三中级人民法院申请强制执行。2018 年 8 月,浙江公司要求某担保人东华地产和香港投资某公司(以下简称香港公司)就广州公司借款合同承担无限连带保证责任。由于广州公司未偿还本金及借款合同担保人未承担约定的担保义务,浙江公司向北京市第四中级人民法院提起诉讼,要求广州公司及担保人偿还本金及罚息。在诉讼中,浙江公司将香港公司变更为第一被告,将某东华地产变更为第二被告,要求其承担对主债务的连带保证责任。

在诉讼过程中,浙江公司认为可以依照《法律适用法》第 14 条第 1 款的规定对于该担保效力等问题应适用香港特区法律;关于责任承担及保证书的效力问题,应当依据香港特区的冲突规范反致适用中国内地法律。香港公司认为其公司系在中国香港成立的公司,其担保问题应适用香港特区法律,东华地产对此意见并未提出异议。

法院认为,香港公司主要经济活动集中在香港特区,本案属于涉港商事纠纷案件。关于准据法适用,浙江公司的意见为适用中国内地法律,就香港公司出具的保证书效力等问题,香港公司和某东华地产在法庭辩论终结前变更选择为适用香港特区法律。对于担保责任的承担是适用中国内地法律还是香港特区法律,当事人双方存在不同意见。浙江公司认为应当首先适用香港特区法律,依据香港特区法律中冲突规范的认定应适用其冲突规范所援引的法律,即中国内地法律,因此浙江公司认为应适用中国内地法律解决纠纷。但根据相关法律和司法解释规定,对于涉外民事法律关系主要是指有关国家的实体法律,而不包括冲突规范规定,更不会出现援引相关冲突规范指引其他国家甚至中国法律的规定。所以法院认为浙江公司所提的法律意见不正确不予支持,支持了被告提出的认为准据法应为中国内地法律的意见不正确及准据法应为香港特区法律的意见。其次,鉴于某东华地产的住所地位于北京市,依照我国相关法律规

---

[①] 〔2019〕京 04 民初 627 号判决书。

定,① 法官允许当事人选择合同适用的法律,首先尊重当事人的意思自治,对于当事人没有作出选择的,法院根据最密切联系原则来确定准据法。本案其他问题应适用内地法律作为处理纠纷的准据法。

综上,香港公司出具的保证书的效力,按照香港特区法律,不能由于香港公司提出要求而致使无效,对于其他相关法律事实的认定应当适用内地法律。最终法院根据香港特区法律规定作出判决,香港公司在承担连带保证责任后,有权向广州公司追偿。对于某东华地产保证书的效力问题应当适用内地法律解决纠纷,判决其应对广州公司不能清偿债务的部分承担二分之一的清偿责任。

【主要法律问题】

本案如何适用法律?适用香港法律还是内地法律?

【主要法律依据】

(1)《法律适用法》第9条、第14条第1款、第41条。
(2)《法律适用法解释(一)》第8条第1款、第19条。

【理论分析】

首先对于担保的效力问题,浙江公司认为应当适用香港特区法律,但是关于出具担保书的人是否具有表面权限及保证书的效力、责任认定的准据法均因反致而应适用内地法律。

法院经审理认为,根据《法律适用法解释(一)》第19条②规定的内容,我国准据法的选择及适用包括中国香港和中国澳门特区。而《法律适用法》第9条规定,如果我国内地审判机关利用我国的冲突规范指向香港或者是澳门特区的法律时,此时所指引的法律不包括本地区的冲突法,不存在利用别的地区的法律指向第三国的情形。所以法院认为浙江公司就有关担保问题依香港特区法律再反致适用于内地法律的意见不正确而不予采纳,对于香港公司提出担保问题应适用香港特区法律规定予以支持。并依参照《法律适用法》第14条第1款③有关法人机关的准据法的适用,以及《法律适用法解释(一)》第8条第1款④的规定,香港公司和某东华地产在法庭辩论终结前变更选择为适用香港特区法律,所以应适用香港特区法律作为处理该问题的准据法。

---

① 《法律适用法解释(一)》第19条和《法律适用法》第41条。
② 《法律适用法解释(一)》第19条规定:"涉及香港特别行政区、澳门特别行政区的民事关系的法律适用问题,参照适用本规定。"
③ 《法律适用法》第14条第1款规定:"法人及其分支机构的民事权利能力、民事行为能力、组织机构、股东权利义务等事项,适用登记地法律。"
④ 《法律适用法解释(一)》第8条第1款规定:"当事人在一审法庭辩论终结前协议选择或者变更选择适用的法律的,人民法院应予准许。"

· 国际私法案例教程 ·

反致作为传统硬性规则例外的调节工具，的确可以增加法律选择的灵活性，还可使判决更合理。但中国一直以来不管是立法还是司法实践，包括学界的观点，都是不支持接受反致的。对于本案来说，虽然法院无论依据内地法律还是依据香港特区法律，得出的判决结果是相同的，即要求被告承担担保责任，但是法院在裁判案件过程中，不支持原告所提出的反致主张的做法正确。

**【实操分析】**

反致作为国际私法中的一项重要制度，支持反致的学者认为它减轻了传统的国际私法中的冲突准则的呆板与僵化。就反致来说，主要发生于援用双边冲突规范的场合。由于双边冲突规范会导致外国实体法的适用，如果一旦发现它不利于贯彻法院地国的有关重要政策，而又不允许反致而改用法院地国或第三国的实体法，只能把公共秩序保留作为排除外国法适用的唯一途径，而公共秩序保留全凭法院的自由裁量，不如采用反致制度。[①] 反致在适用解决涉外民商事关系案件中，也发挥着重要的作用，援引不同的准据法则会导致不同的判决结果。

在反致问题上，法院是否可以根据冲突规范适用外国法律解决问题，由于受到不同理论观念的影响，各国立法及实践不同。首先，法院是否可以适用反致解决处理案件纠纷应依据相应的国内法规定。反致制度本身就有不同的分类，一些国家或地区的法官认为接受反致当然包括转致；而一些国家或地区的法官仅接受经过本国冲突法指向外国法的同时最终适用本国实体法的情况，而不认同最终案件适用别国法律的特殊情况；也有一些国家仅在限制性的区域内接受反致。其次，对于反致的适用也要区分不同的情况，例如，中国原则上不接受任何领域任何形式的反致，但在民事身份领域，中国接受直接反致。[②] 所以我国法院在处理涉外民事案件纠纷时，认为所指涉外民事关系法律仅仅包括外国实体法而不包括冲突法，不可再援引该外国的冲突规范指引到其他国家的法律制度。

反致仍将在特殊的领域中积极发挥其灵活的辅助调节作用，基于此本书认为，我国也应该充分认识这一制度的价值，不必全盘否定，在司法中结合具体情形，灵活对待外国冲突规范，如此才能更好地满足实际的需要。但在目前的法律框架下，人民法院在审理案件的过程中，还需严格坚持，当我国冲突规范指引到某一外国法时，是指外国的实体法，而不包括冲突法和程序法。

---

① 李双元：《国际私法（冲突法篇）》（第三版），武汉：武汉大学出版社，2016年，第190页。
② 赵秀文：《国际私法学原理与案例教程》（第四版），北京：中国人民大学出版社，2016年，第115页。

# 第五章 反 致

## 思考题

1. 中国某银行分行与中国冶金某有限公司独立保函付款纠纷案①。中国冶金某有限公司（以下简称中冶公司）与南通某建设有限公司（以下简称南通某公司）签署了《沙特住建部保障房项目分包合同》（以下简称《分包合同》），约定中冶公司将其企业经营范围的保障房建设项目分包给南通某公司。2019年7月29日，为了保证合同的履行，南通某公司向中国某银行分行提出申请，银行根据其申请分别开具了一份履约保函及一份预付款保函，以上合称案涉保函。案涉保函均载明"本保函项下的任何争议由北京有管辖权的法院管辖"。同时中国某银行分行明确表示，自收到中冶公司提出的索赔申请，有权在法定期间内向中冶公司支付索赔金额。

后南通某公司出现违约行为，中国某银行分行也未在合理期限内支付索赔款项，导致案涉保函被法院裁定中止支付。因此，中冶公司向北京金融法院提起诉讼，要求中国某银行分行向中冶公司支付因逾期未付预付款保函下款项给中冶公司造成的损失。案件审理期间，中国某银行分行对管辖权提出异议，认为北京金融法院不应当受理该案件，应当将该案件移送江苏省南通市中级人民法院审理。

一审法院认为，本案属于涉外案件，关于本案准据法的适用，根据我国《法律适用法》第9条规定，适用案件的外国法律不应包括外国的冲突法，仅仅包括实体法内容。故一审法院对于管辖权的确定应当适用中国法律的相关规定。关于本案管辖权的问题，根据中国相关法律规定及案涉保函对管辖的约定，认为北京金融法院有管辖权，驳回中国某银行分行提出的管辖权异议。中国某银行分行不服一审裁定，向北京市高级人民法院提起上诉。

二审法院认为，本案为独立保函付款纠纷。案涉保函系中国某银行分行为中冶公司与南通某公司之间的《分包合同》履约作出的保函，所涉建设项目在国外，引起法律关系产生、消灭、变更的重要法律事实发生在国外，具有涉外因素，故本案属于涉外案件。本案在起诉时，北京金融法院已经成立，故能够确定明确、具体、唯一的管辖法院，并不违背签订合同时双方选择由北京辖区内有管辖权的法院管辖的诉讼预期，案涉保函的约定管辖有效。故一审法院对本案享有管辖权。此外，本案性质比较特殊，属于独立保函纠纷，当事人对于独立保函也有管辖协议，约定了处理纠纷的法院，并且本案与江苏省南通市法院审理的案件也存在很多不同之处，不应将本案移送至江苏省南通市中级人民法院与独立保函欺诈纠纷案件一并审理。二审法院分别就上诉人的主张进行反驳，认为中国某银行分行的上诉理由不成立，驳回上诉，维持原裁定。

问题：本案适用《法律适用法》第9条确定案件的管辖权问题是否恰当？为什么？

---

① 〔2021〕京民辖终216号裁定书。

2. 吴某、赵某继承纠纷上诉案①。本案中，上诉人吴某和赵某不服一审判决，认为案涉两份遗嘱认定不是不生效，而是根据澳大利亚新南威尔士州法律的规定，案涉两份遗嘱在本州境内当然有效，对于本州之外地区的财产，应当另订立国际遗嘱协议或者遗产所在地的遗嘱。所以，对于在澳大利亚新南威尔士州所签订的遗嘱只能规制其境内的财产，遗嘱效力范围不及于中国地区的动产或不动产。吴某和赵某援引澳大利亚相关法律规定②予以说明，对于澳大利亚之外的执行境外财产立遗嘱人必须履行相应的程序或者遗嘱证人必须具有特殊的资格，本项规定应仅被视为程序要求，不管是否有任何相反的法律规定。因此，本案应该适用中国法处理。二审法院认为，吴某和赵某坚持主张，如果根据新南威尔士州的法律，订立处分境外的财产的遗嘱是无效的，那最终应以中国法作为本案遗嘱协议效力的准据法。所以，法院应当把本案涉及的遗嘱是否有效作为解决纠纷第一步。在我国的司法实践中，"反致"和"转致"极少出现在我国法院的判决书中，对于本案来说，根据我国冲突法的指引需要适用澳大利亚法律解决纠纷时，此时所指的澳大利亚的法律仅仅包括规范当事人权利和义务的实体法规定，而不包括澳大利亚的冲突法，不会出现利用冲突法适用其他国家法律的过程。

法院认为，依据《法律适用法》第9条之规定，我国不承认"反致"和"转致"。因此，对于本案关键问题遗嘱效力的确定只需利用澳大利亚实体法分析和解释即可，无须再选择适用其他国家的法律。二审法院在审理案件时，充分为当事人考虑，多次询问上诉人是否知悉本案所确定的准据法对于遗嘱效力的规定。在庭审过程中，吴某、赵某也没有证据表明澳大利亚的法律有哪一项具体的条款可以适用处理本案件。经过法院和法官的调查和查明，澳大利亚新南威尔士州确实并没有对处理涉及本州之外的财产的程序性规定和实体权利义务的规定。吴某、赵某所援引的澳大利亚新南威尔士州《2006年继承法》第50条第2项的前提是"如新南威尔士州之外的法律适用于某遗嘱"，而本案是需要适用新南威尔士州的法律规范，所以上诉人提出的法律规范没有适用性。二审法院同时认定，本案涉及的遗嘱也不存在无效的情形，符合新南威尔士州法律规范有关遗嘱年龄、形式要件及其他的规定。

另外，吴某、赵某在二审审理中认为，在新南威尔士州处理遗嘱案件，当事人应当向法院提供案件相关的法律文件，包括《遗嘱》《财产清单》《遗嘱认证》，但当事人提供的书面文件中没有包括主要争议事实的房屋。根据新南威尔士州高等法院的规定，授予遗嘱认定的前提是，死者在新南威尔士州境内有财产。而吴某向法院提交的书面文件中，并没有能够证明其在新南威尔士州享有对境内财产支配的权利，新南威尔士州高等法院认定遗嘱无效。二审法院与新南威尔士州高等法院持相反意见，从上

---

① 〔2019〕京01民终5350号判决书。
② 澳大利亚新南威尔士州《2006年继承法》第50条第2项规定："某类立嘱人必须遵守特别手续或遗嘱证人必须具备某些资格。"

诉人提供的翻译文件中可知，遗嘱认证是法院作出的一项法院命令，可以赋予确定遗嘱的效力，允许当事人按照死者遗嘱支配财产。从上述分析可知，判断遗嘱效力时，不能因为没有经过法院的遗嘱认证就完全否定遗嘱的效力，法院所作出的遗嘱认定并不是确定遗嘱效力的唯一要件，遗嘱被法院确认只是一个程序，确定遗嘱是否有效还是要从法案中其他条件分析。一审庭审中，双方也认可遗嘱一经订立即发生法律效力，当地高级法院的认证仅是遗嘱执行的依据。因此，新南威尔士州最高法院认为上诉人存在欺诈，并且没有提供相关书面文件的决定不正确。再者，对于吴某、赵某在诉讼中提出的需要更新遗嘱或者订立国际遗嘱，这些都不是该法的强制条款，也不会影响遗嘱有效性的确定。

综上所述，吴某、赵某关于遗嘱无效，应该适用中国法处理的意见，欠缺相应的法律依据，二审法院对该上诉意见不予支持，判决一审法院对遗嘱效力的认定准确，予以维持。

问题：本案中二审法院关于反致问题的处理是否正确？案件应如何适用法律？

# 第六章
# 公共秩序保留

## 本章知识要点

公共秩序保留是国际私法领域的一项重要原则，在大陆法系国家通常被称为公共秩序（public order），而在英美法系国家则被称为公共政策（public policy）。[1] 在中国，目前多称"公共秩序保留"为"公共秩序"。

1. 公共秩序保留的概念

公共秩序保留指的是法院在处理国际民商事争议时，根据自身的冲突规范应当适用某一外国法时，若认定该外国法的适用结果与本国的重大利益、基本政策、基本道德观念或法律的基本原则相抵触，法院可以拒绝或排除适用该外国法的制度。[2] 在这一原则下，当受案法院认定经考量特定因素后，发现外国法的内容或适用结果违背本国法律的基本原则、道德观念或善良风俗时，就可以排除该外国法的适用。这种公共秩序保留制度具有两个方面的作用：

一方面，当外国法的适用与本国公共秩序相抵触时，排除或拒绝适用外国法，保护本国的公共秩序。另一方面，对于涉及国家或社会的重大利益、道德和法律的基本原则的民商事关系，直接适用本国法的规定，而不考虑适用外国法。

实践中，公共秩序保留作为一项法律制度，其实施存在较大争议。法官在适用公共秩序保留时通常会考虑一个标准，即当外国法与本国的公共政策明显不相容时，才会考虑排除外国法的适用。这表明公共秩序保留制度被视为一种最后的手段，只有在外国法与本国的公共政策存在明显冲突且无法调和时才会被使用。

2. 公共秩序保留的理论

关于公共秩序的概念、调整对象的范围和适用标准，法学界有各自不同的主张。

萨维尼强调"区分个人利益与公共利益的强行法，并主张在涉及公共利益的情况下优先适用本国法"。孟西尼主张"将法律分为个人权益与公共秩序两类，主张在涉及公共秩序的事项中绝对排除外国法的适用"。布鲁歇区分国内公共秩序法和国际公共秩序法，认为"国际公共秩序法具有绝对强制力，能够排除外国法的适用"。斯

---

[1] 赵相林：《国际私法》（第四版），北京：中国政法大学出版社，2014年，第117页。
[2] 霍政欣：《国际私法学》（第二版），北京：中国政法大学出版社，2020年，第132页。

托雷主张"绝对排除外国法的适用,将公共秩序保留视为维护国家主权的有效手段"。库恩提出了四种情况下的公共秩序保留,包括违背文明国家道德、违反法院地禁止性规定等。戴西强调了"对外国法权利的保护是基于权利本身而非外国法的效力,并排除与本国基本公共政策不一致的权利"。戚希尔的理论强调了英国的特殊政策优先于外国法,将特殊政策定义为与公平正义观念、道德观念等相容的政策。[1]

正因为没有统一的概念、对象和适用标准的界定,各国可以依本国的实际情况为"公共秩序"确定一个范围,但不能过分排除外国法的适用。

3. 公共秩序保留的立法方式

第一,直接排除方式。这种方式是在立法中明确规定,违背内国公共秩序的外国法不予适用。如2011年波兰共和国《关于国际私法的法令》第7条规定:"如果适用外国法的结果违反波兰共和国法律体系的根本原则时,则不适用该外国法。"这种方式不对公共秩序的各种情形予以规定,因此法官可以在具体案件中根据实际情况作出适当裁量,自由选择的空间很大,成为各国所青睐的方式。

第二,间接排除方式。这种方式对"什么情况下拒绝适用外国法"并不直接规定,而只规定"某些强制性规范是必须遵守并强制适用的"。如1896年德国《民法典》第123条规定"凡因欺诈或胁迫而为的意思表示应为无效"。在此种立法方式下,相关规范要适用于涉外民事关系,须有关机构进一步解释才能确定。由于程序繁杂,目前极少国家采用这种方式。

第三,合并排除方式。这种方式就是在国内立法中兼采间接排除和直接排除两种立法方式。如1995年意大利《国际私法制度改革法》第16条第1款采用直接排除方式规定"违反公共政策的外国法不予适用",在其第17条又采用了间接排除方式规定"尽管已指定外国法,但并不排斥由于其目的和总之应予适用的意大利法律的强制性规定"。这种立法方式既规定适用外国法违反国内公共秩序时不予适用,又规定某些公共秩序的法律具有绝对的、普遍的效力。

4. 我国的公共秩序保留制度

我国1986年颁布的《民法通则》第150条规定:"依照本章规定适用外国法律或者国际惯例的,不得违背中华人民共和国的社会公共利益。"这是我国立法第一次在国际私法领域对公共秩序保留作出规定。我国在1992年《海商法》第276条、1995年《中华人民共和国民用航空法》(以下简称《民用航空法》)第190条等单行法规中也规定了公共秩序保留。

2010年《法律适用法》第5条规定:"外国法律的适用将损害中华人民共和国社会公共利益的,适用中华人民共和国法律。"首先,这一条款采用直接排除方式,明确了公共秩序保留制度排除的对象为"外国法律",不包括国际惯例。其次,明确采用了"客观说",即当外国法适用的结果与我国公共秩序相违背时,该外国法才能被排除适用。最后,公共秩序保留制度排除外国法的结果是适用中华人民共和国法律。

---

[1] 赵秀文:《国际私法学原理与案例教程》(第四版),北京:中国人民大学出版社,2016年,第133页。

## 案例一　石某军与陈某宏民间借贷纠纷案[①]

【基本案情】

2012年3月，陈某宏因在澳门特区参与博彩业娱乐，在澳门特区向石某军借款人民币300万元。石某军对陈某宏借钱在澳门特区参与博彩业娱乐的事实并不否认。陈某宏借款后于2012年3月16日向石某军出具借款人民币100万元和200万元的借条两张，后石某军（以下称原告）以陈某宏（以下称被告）借款至今分文未付为由诉至湖南省南县人民法院。法院要求陈某宏偿还借款人民币300万元，并由被告承担本案诉讼费。

湖南省南县人民法院认为，被告向原告出具借条，双方之间的债权债务关系明确，被告辩称已经偿还，但缺乏证据证明，故法院不予采纳。但借贷关系如受法律的保护，必须满足真实、合法两个要件，缺一不可。在本案中，原、被告产生民事关系的法律事实（即为赌博而借款行为）发生在澳门特区，已为双方认可。《法律适用法解释（一）》第1条规定："民事关系具有下列情形之一的，人民法院可以认定为涉外民事关系……（四）产生、变更或者消灭民事关系的法律事实发生在中华人民共和国领域外。"第19条规定："涉及香港特别行政区、澳门特别行政区的民事关系的法律适用问题，参照适用本规定。"本案应参照涉外民事关系处理。本案为借款合同纠纷，根据我国法律规定，合同双方没有约定处理合同争议所适用的法律，适用与合同有最密切联系地的法律。在本案中双方没有就法律适用作出约定，故理应适用最密切联系地区的法律，即澳门特区法律；博彩业在澳门特区当地虽为合法，根据澳门特区法律规定，为赌博而借款亦构成法定债务之渊源；但根据我国内地法律规定，赌博行为为违反了我国治安管理法等法律禁止赌博的规定，如支持为赌博而借款的债权，势必会鼓励赌博行为，违背社会公共利益。现原告在我国内地法院提起诉讼，根据我国法律规定的公共秩序保留原则，本案不应适用澳门特区法律，应适用我国内地法律。而原告在明知被告从事赌博行为的情况下，仍然借款给被告，根据《最高人民法院关于人民法院审理借贷案件的若干意见》（以下简称《审理借贷案件的意见》）第11条之规定，出借人明知借款人是为了进行非法活动而借款的，其借贷关系不予保护。综上所述，对于原告的诉讼请求，法院不予支持。为此，依照《民法通则》第145条、第150条，《法律适用法》第5条，《法律适用法解释（一）》第1条、第19条，《审理借贷案件的意见》第11条的规定，判决驳回原告石某军的诉讼请求。

---

[①] 〔2013〕南法民初字第288号判决书。

## 【主要法律问题】

本案的法律关系发生在澳门特区，涉及赌博借贷行为及涉外借贷关系。争议焦点在于中国内地法律与澳门特区法律对于赌博规定的差异性。在澳门特区，博彩业是合法的，据其法律规定，为赌博而借款也构成法定债务。然而，根据内地法律的规定，赌博行为被明确禁止，如支持为赌博而借款的债权，可能会助长赌博行为，违背社会公共利益。为此，应当考虑三个问题：

（1）本案应如何确定所适用的法律？应适用何地法律？
（2）中国内地法律与澳门特区法律的冲突如何解决？
（3）陈某宏是否应当返还借款？

## 【主要法律依据】

（1）《法律适用法》第5条、第41条。
（2）《法律适用法解释（一）》第1条、第3条、第19条。
（3）《最高人民法院关于审理民间借贷案件适用法律若干问题的规定》（以下简称《民间借贷适用法律规定》）第13条。

## 【理论分析】

1. 本案应适用的法律

首先，解决适用何地法律的问题。本案所涉合同系在中国澳门特区签订和履行，属于上述《法律适用法解释（一）》中第19条规定的情形，应适用《法律适用法解释（一）》第1条，参照适用中国内地法律中关于涉外民事法律关系的法律。

其次，解决适用何种法律的问题。根据《法律适用法解释（一）》第3条之规定，涉外民事关系法律适用法与其他法律对同一涉外民事关系法律适用规定不一致的，适用涉外民事关系法律适用法的规定。根据《法律适用法》第41条之规定，当事人可以协议选择合同适用的法律。当事人没有选择的，适用履行义务最能体现该合同特征的一方当事人经常居所地法律或者其他与该合同有最密切联系的法律。由于本案当事人石某军与陈某宏并没有协议选择借款合同适用的法律，则应适用最密切联系地法律，在本案中，合同的签订地、履行地都在澳门特区。因此，与该合同有密切联系的法律应为澳门特区法律。

2. 中国内地法律与澳门特区法律的冲突解决途径

本案中被告陈某宏向原告石某军借钱在澳门特区参与博彩业娱乐，这种行为在澳门特区属于合法，澳门特区法律认为为博彩目的而借款构成法定债务，而根据中国内地的法律该行为则属于为赌博提供直接帮助行为，系违法行为。根据《法律适用法》第5条之规定："外国法律的适用将损害中华人民共和国社会公共利益的，适用中华人民共和国法律。"鉴于涉及澳门特区的民事关系的法律适用问题，参照适用上述规定，本案中，澳门特区法律的适用将违背中国内地关于禁止赌博的公序良俗或社会公共利益。如果我国内地法院认可借款合同的效力，显然与中国内地的社会公共秩序和善良风俗相违背。因此应当根据《法律适用法》第 5 条之规定，排除澳门特区法律的适用，适用中国内地法律。

3. 陈某宏是否应返还借款

根据上述分析和《法律适用法》第 5 条之规定，要根据中国内地法律来进一步确定石某军与陈某宏之间的借贷法律关系。根据《民间借贷适用法律规定》第 13 条的规定，本借款合同系原告向被告提供"用于违法犯罪活动"而应认定无效。对于合同被认定无效，而陈某宏是否应当返还借款？本书认为是肯定的。在一审判决中，湖南省南县人民法院以驳回原告诉讼请求作为裁判结果。但此种方式将使不诚信的相对方获得"免除债务"的巨大利益，这显失公平。应当基于《民法典》第 157 条之规定，民事法律行为无效、被撤销或者确定不发生效力后，行为人因该行为取得的财产，应当予以返还；不能返还或者没有必要返还的，应当折价补偿。有过错的一方应当赔偿对方由此所受到的损失；各方都有过错的，应当各自承担相应的责任。法律另有规定的，依照其规定。因为合同无效，陈某宏应当返还或折价补偿石某宏的财产。

【实操分析】

公共秩序保留制度涉及的案件集中在中国港澳台地区。一部分案件是由于我国内地和香港地区所规定的借款利率差异而引发的对外担保合同纠纷；另一部分案件集中在澳门地区因赌债引发的民间借贷合同纠纷。若出现以上情形，当事人选择在中国内地诉讼，即使案件准据法指向港澳地区本地法律，也可能会被法院援引公共秩序保留制度而最终适用《民法典》或行为发生时的法律。

在实践中，法院对于公共秩序内涵的理解缺乏统一的判断标准。在《法律适用法》第 5 条中，对于"公共秩序"所采用的措辞为"社会公共利益"。在司法实践中，我国法院将"违反我国相关禁止性规定"作为判断"是否违反社会公共利益"的标准。不难看出，我国法院法官对公共秩序的内涵，作出了扩大解释，即不仅包括公共秩序、善良风俗，更包括法律政策、法律的强制性规定等。

## 案例二　谢某诉某公司、张某代孕服务合同纠纷案[1]

【基本案情】

谢某与某公司签订多个协议，约定某公司为谢某提供代孕服务，同时某公司也将一份盖有美国某医院印章的代孕协议交由谢某签字确认。上述协议对代孕服务具体内

---

[1] ［2021］浙 0603 民初 2082 号判决书。

容及收费明细等做了明确约定,并约定适用美国加州地区法律。谢某分期支付了取精、选定代孕母等代孕项目费用合计人民币268042元及268000美元,某公司也提取了谢某的精子,并送至美国某医院与选定的外国女性卵子结合产生胚胎,移入代孕母子宫并在美国某医院孕育,其间某公司多次向谢某报告代孕进展状况。后因代孕母身体不适等原因致使胚胎孕育五个多月后流产,谢某遂向浙江省绍兴市柯桥区人民法院提起诉讼,请求确认协议无效,并请求判令某公司退还全部款项,其曾经的独资股东张某承担连带责任。

浙江省绍兴市柯桥区人民法院经审理认为,虽双方协议约定选择适用美国加州地区法律,但案涉协议并非单纯的财产型契约,触及我国法律的基本原则及社会的基本道德伦理,属于法院在适用外国法时应予公共秩序保留的范围,且商业代孕行为实为假借女性自愿之名商业化女性身体,若其合法,不啻于可假借自愿之名而以金钱奴役他人身体,违背我国法律的基本原则及社会的基本道德伦理,更有悖于"尊重和保障人权"的人权精神,故对双方选择的美国加州地区法律不予适用,依法适用我国法律审理。谢某与某公司合意适用境外法律对我国善良风俗及社会主义核心价值观予以规避,双方均有过错,对因代孕行为业已部分实施并支出给代孕母及美国某医院的费用,作为损失应各方承担。一审法院作出判决,确认谢某与某公司签订涉案协议无效,某公司返还谢某服务费106416.50美元,张某对其中的26210.38美元承担连带清偿责任,并收缴某公司非法所得55167美元及人民币268042元。一审判决后,谢某及某公司均不服,向绍兴市中级人民法院提起上诉,二审经审理,判决驳回上诉,维持原判。

**【主要法律问题】**

在本案中,双方所签合同为商业代孕合同,并在合同中明确约定适用美国加州法律。依据美国加州地区法律,案涉辅助生殖行为(代孕行为)应受美国加州法律管辖并根据美国加州法律进行解释,确定合同有效。而在我国,商业代孕行为既违反社会的基本道德伦理,又触及我国法律的基本原则,因此在该种情况下涉案协议的效力应如何认定?为此,需要探讨三个问题:

(1)本案应以何种法律为准据法?
(2)原告与被告某公司所签订涉案协议是否有效?
(3)两被告是否应向原告返还费用及赔偿损失?

**【主要法律依据】**

(1)《法律适用法》第5条。
(2)《最高人民法院关于适用〈中华人民共和国民法典〉时间效力的若干规定》(以下简称《民法典时间效力规定》)第1条。
(3)《中华人民共和国民法总则》(以下简称《民法总则》,已失效)第8条。
(4)《民法通则》第61条、第134条第3款。

(5)《合同法》第7条、第58条。

**【理论分析】**

1. 本案应适用的准据法

在本案中代孕行为发生地为美国加州地区，美国加州地区对商业代孕的合法性予以认同。当事人所签协议也载明，案涉辅助生殖行为应受美国加州法律管辖并根据美国加州法律进行解释，从而认定协议有效。我国《法律适用法》第5条规定："外国法律的适用将损害中华人民共和国社会公共利益的，适用中华人民共和国法律。"本案涉案协议并非单纯的财产型契约，而触及我国法律的基本原则及社会的基本道德伦理，属于法院在适用外国法时应予公共秩序保留的范围，故本案仍应适用中华人民共和国法律进行审理。

此外，根据《民法典时间效力规定》第1条第2款，本案应适用《民法典》生效前的法律、司法解释的规定。

2. 原告与被告某公司所签订涉案协议的效力

双方为实施商业代孕所签订的系列协议及附件等，应当被认定为无效。商业代孕行为将怀孕分娩这一环节从妻子一方转移到了其他女性，严重冲击了家庭伦理，违背了"分娩者为母"的基本原则。商业代孕更进一步将女性生育自由乃至女性自然分娩所生婴儿视为商品进行市场交易，这种做法若被认可将意味着以金钱奴役他人身体的可行性，与社会主义核心价值观和善良风俗背道而驰。事实上，被告在庭审中试图以所谓的"温情"论证商业代孕的合理性，但无法否认商业代孕实质上是以金钱为诱饵支配他人身体，缺乏真正的温情和道德依据。

从维护公序良俗的角度来看，拒绝女性身体权及人口的商品化已经成为我国社会普遍形成的善良风俗，这一原则不容动摇。同时，从保障妇女人权的角度来看，我国重视并保护妇女的基本人权，其中包括妇女的生育权。将生育权商品化，将女性身体纳入市场交易，违反了这一基本人权的原则。

《民法总则》第8条规定："民事主体从事民事活动不得违反法律，不得违背公序良俗。"因此，应对双方为实施商业代孕所签订的系列协议及附件等作出否定性评价，并确认其无效。

3. 两被告应否向原告返还费用及赔偿损失

对于代孕行为，我国原卫生部2001年实施《人类辅助生殖技术管理办法》，2003年公布《人类辅助生殖技术和人类精子库伦理原则》，两文件均明令禁止实施代孕技术。上述文件虽仅系卫生行政管理部门对相关医疗机构和人员的管理规定，但从社会治理的角度来看，已由我国医疗卫生系统执行多年，公众应已周知我国对代孕行为的否定性态度，故原、被告系明知并合意以境外法律相规避，双方均有过错。

根据《合同法》第58条的规定，合同无效或者被撤销后，因该合同取得的财产，应当予以返还；不能返还或者没有必要返还的，应当折价补偿。有过错的一方应当赔偿对方因此所受到的损失，双方都有过错的，应当各自承担相应的责任。《民法通则》第61条也规定了民事行为被确认为无效后，当事人因该行为取得的财产，应当返还给受损失的一方。有过错的一方应当赔偿对方因此所受的损失，双方都有过错的，应当各自承担相应的责任。因此，本案中认定代孕合同无效后，依法应当各自承担相应的责任。

关于本案中具体责任如何分配和落实，绍兴市柯桥区人民法院给出了具体可行的方案：首先，被告不应因代孕行为获取任何利益，以彰显我国司法对于此类商业代孕行为的谴责，并对社会秩序作出正确引导，故被告在原告处所取得的款项，系无因占有。其次，若判令被告全部返还原告已付款项，则对作为代孕需求方的原告而言，其在代孕目的实现后可享有成果，一旦代孕行为无法完成又可借合同无效为由收回全部投入，原告在自身也有过错的情形下一本万利，更不利于遏制其他社会主体寻求代孕服务的不良风气，故原告已付款项也不应全部返还。最后，虽结合前述应收缴代孕活动中的财物，以示对双方惩戒。但如判令将原告支付给被告的款项全部予以收缴，则嗣后社会上的代孕行为，原告并无动力来院成诉，类似代孕服务的不当行为反而无法进入司法审判予以纠偏，故对原告请求返还款项的诉请，仍宜部分支持。综上，绍兴市柯桥区人民法院认为，应收缴双方代孕活动中的部分财物，同时返还部分财物给原告。

**【实操分析】**

法院是否适用公共秩序保留制度，既是基于对法院地国家社会公共利益的保护，也是为了对冲突规则所援引外国法适用结果的矫正，而并非对外国法认可与否的表达。因此，对于公共秩序保留制度的援引应持谨慎态度，考虑多方因素，如案件本身与法院地联系的紧密程度、基于对特定法律关系当事人利益的保护等。在后一种情形中，倘若某一已通过多配偶婚姻制度取得配偶身份的当事人在法院地国家以已亡配偶身份主张继承权的，法院地国家就可以为保护特定当事人利益而不援引公共秩序。综上，援引公共秩序保留制度并不是因为外国法律与本国法律有所不同而不宜适用，而是因为本国法无法容忍外国法的不同而导致的"恶果"。

## 思考题

曾某与杨某系朋友关系。2021年初，杨某多次称其具有港股投资理财的经验及资源，但因自身缺乏资金无法投资，愿意帮助曾某投资港股进行理财。为此，双方协商一致，由曾某以自有资金投资并在香港开立股票账户，曾某委托杨某管理及操作，如果盈利则双方均分利润，如果亏损则由杨某承担全部赔偿责任。2021年2月，曾某依杨某的指示，以曾某的名义开通了港股账户，并汇入237万港元（折合人民币约193万元）。该账户自开立之后，一直由杨某管理及操作，整个期间账户资产处于持续下跌状态，截至2022年4月12日，累计亏损159万港元（折合人民币约129万元）。在此期间，曾某一直就账户亏损事宜与杨某沟通，杨某多次承诺愿赔偿曾某投资损失。随后，杨某亦未进行任何赔偿且怠于履行理财义务。综上，曾某将杨某诉至北京市西城区人民法院。

法院查明，曾某与杨某决定投资案涉股票交易之前存在从证券从业人员处提前获取可能影响股票交易价格的内幕信息，双方均知情。对此《中华人民共和国证券法》第53条第1款规定："证券交易内幕信息的知情人和非法获取内幕信息的人，在内幕信息公开前，不得买卖该公司的证券，或者泄露该信息，或者建议他人买卖该证券。"

法院判决，被告杨某于本判决生效之日起十日内赔偿原告曾某损失978077.59元。

问题：

(1) 在本案中，双方当事人是否形成了委托合同？该委托合同是否成立？

(2) 若双方当事人在合同中没有约定适用的法律，应适用何种法律？

(3) 若双方当事人在合同中约定适用中国香港特区法律，应适用何种法律？

(4) 如何认定案涉委托理财合同关系的效力？

# 第七章
# 法律规避

### 本章知识要点

国际私法中的法律规避（evasion of law）起源于法国1878年的一起案件（鲍富莱蒙王子离婚案），从此开始国际私法对法律规避问题的研究和探讨，又称"诈欺规避"（fraude à la loi）或"诈欺设立连结点"（fraudulent creation of points of contact）。

1. 法律规避的概述

法律规避是指涉外民商事法律关系中的当事人，为了利用某一冲突规范，故意制造一种构成连结点的事实，避开本应适用的对其不利的法律，从而使对自己有利的法律得以适用的一种逃法或脱法的行为。[1]

法律规避产生于法律冲突，正是因为各国法律规定不同，适用结果各异，给予了当事人进行利害比较的空间，进而选择通过故意制造或改变构成连结点的事实适用特定法律来达到对自己更有利的结果。假使各国法律在实体方面规定一致，适用各国法律只能达成一种结果，则法律规避将不复存在。

2. 法律规避的构成

构成法律规避应具备以下四个要件：

第一，从主观动机上看，当事人有逃避适用某一特定法律的意图，即当事人逃避法律的行为是有目的、有意识的，[2] 因而作出法律规避的行为。

第二，从规避对象上看，被规避的法律必须是依据冲突规范本应适用的强制性或禁止性法律，而不是任意性法律。任意性法律对当事人来说，既可以适用，也可以不适用，因此不会引发他们采取规避手段。

第三，从行为方式上看，当事人通过人为地制造或改变一个或多个动态连结点的事实来达到规避法律的目的。这包括改变国籍、住所、行为地、物之所在地等具体事实，以此来改变冲突规范所引用的法律，使其适用于有利于当事人的法律。

第四，从客观结果上看，法律规避的行为必须已经实现，即当事人的行动已经导致了改变连结点的客观事实。如果按照原来的冲突规范，将适用对当事人不利的

---

[1] 赵相林：《国际私法》（第四版），北京：中国政法大学出版社，2014年，第121页。
[2] 粟烟涛：《冲突法上的法律规避》，北京：北京大学出版社，2008年，第49页。

法律。

**3. 法律规避的效力**

法律规避的效力，即因为规避行为而适用的对当事人有利的准据法是否有效的问题。由于法律规避中被规避的法律不仅有内国法，还有外国法，具有一定复杂性，因而目前明文规定法律规避制度的国家较少，一些国家更倾向于通过司法解释或判例法的方式来处理法律规避问题。在法律规避的处理上，完全肯定法律规避效力的情况极少，[1] 各国在立法、理论及实践上存在较大分歧，大致可归纳为以下两种情形：

第一，全面否定法律规避的效力，即规避内国法或外国法一律无效。[2] 大陆法系国家学者认为，法律规避是一种欺诈行为，依据"欺诈使一切归于无效"的理论，应属无效。一些国家对此作出了明确的规定，如1979年美洲国家间缔结的《关于国际私法一般规则的公约》第6条规定："成员国的法律，不得在另一成员国的法律基本原则被欺诈规避时作为外国法而适用。"

第二，部分否定法律规避的效力，包括两种做法：(1) 规避内国法无效，规避外国法有效。如在著名的弗莱夫人离婚案中，意大利法律当时只允许别居而不准离婚。为了规避这一限制，弗莱夫妇采取了将妻子归化为法国人并向法国法院提出离婚请求的行为。尽管这个行为是为了规避意大利法律，但法国法院并没有否认其效力。(2) 仅规定规避内国法无效。如1982年南斯拉夫《国际冲突法》第5条规定："如适用依本法或其他联邦法可以适用的外国法是为了规避南斯拉夫法的适用，则该外国法不得适用。"

**4. 法律规避与公共秩序保留**

法律规避与公共秩序保留存在区别：(1) 从性质上看，法律规避是一种私人行为，公共秩序保留是司法机关的行为；(2) 从保护对象上看，法律规避所保护的对象是内国法和外国法，而公共秩序保留主要保护内国法；(3) 从起因上看，法律规避是出于当事人故意，而公共秩序保留是外国法的适用与内国秩序冲突；(4) 从法律后果和责任承担上看，法律规避使规避的法律得到适用且规避的行为人在某些国家会受到责任追究，而公共秩序保留则由法官依据法律排除外国法律的适用而适用内国法；(5) 从法律地位上看，法律规避仍处于学说探讨阶段，尚未得到各国普遍承认或在正式法律中确认，而公共秩序保留制度作为"安全阀"被大多数国家所认可。

虽法律规避与公共秩序保留有所不同，但仍存在一种情况，即法律规避的结果违反内国法的公共秩序，此时法官可以拒绝适用规避行为人所选择的外国法，改而适用内国法，以维护内国的公共利益。

**5. 我国对于法律规避的规定**

我国1986年《民法通则》对法律规避未作规定，但1988年《民通意见》为此

---

[1] 霍政欣：《国际私法学案例研究指导》，北京：中国政法大学出版社，2021年，第24页。

[2] 赵秀文：《国际私法学原理与案例教程》（第四版），北京：中国人民大学出版社，2016年，第118-119页。

做了补充规定:"当事人规避我国强制性或禁止性法律规范的行为,不发生适用外国法律的效力。"尽管我国《法律适用法》在 2010 年通过,但它未将对法律规避的规定上升为法律条文,而是保留了之前的司法解释。在法律起草过程中,曾有讨论是否应该设置法律规避制度,但最终未在法律中明确规定。《法律适用法解释(一)》第 9 条规定:"一方当事人故意制造涉外民事关系的连结点,规避中华人民共和国法律、行政法规的强制性规定的,人民法院应认定为不发生适用外国法律的效力。"从该司法解释中可以看出我国对于法律规避效力所采取的立场,即明确否认规避我国法律的行为的效力,对于规避外国法律的行为是否有效未作明确规定。

## 案例一 香港某金融服务有限公司与某中小企业投资有限公司关于民生银行股权纠纷案[1]

### 【基本案情】

香港某金融服务有限公司(以下简称 A 公司)与中国内地某中小企业投资有限公司(以下简称中小企业公司)于 1995 年 9 月签订了一份《委托书》,该委托书约定:A 公司委托中小企业公司以自己名义入股民生银行;A 公司委托中小企业公司为民生银行的责任董事,全权管理和行使其在民生银行中的各项权益;受托人承诺全力维护委托人的权益,根据委托人的意愿行使表决权,将一切有关民生银行权益的资料转送委托人,一旦法律许可,将受托人的相应权益转与委托人。同时双方又签订了《借款协议》,约定 A 公司同意向中小企业公司提供借款,用途为入股民生银行的资本金。

后双方发生纠纷,中小企业公司向法院起诉,请求确认其与 A 公司之间所形成的是借款关系。A 公司提出反诉,请求确认其与中小企业公司之间系委托投资关系,并请求判令解除该关系,由中小企业公司返还其持有的民生银行股份及红利。

北京市高级人民法院经审理认为:首先,双方之间是以借款为表现形式的委托投资关系。其次,A 公司属于外资企业,向境内金融机构投资,必须经过审批,现 A 公司故意规避法律将其资金委托中小企业公司投资入股民生银行,双方的行为违反了金融法规的强制性规定,故委托协议无效。最后,双方均有过错,按照无效合同引起的财产后果处理原则,中小企业公司应当将 1094 万美元本金返还给 A 公司,并赔偿 A 公司人民币 45814912 元。A 公司不服上述判决,向最高人民法院提起上诉。

最高人民法院经审理认为:本案争议双方之间的法律关系性质为委托关系。我国金融法规对于境外公司向内地金融机构投资存有限制,双方为规避之,采取委托投资的方式,使行为表面上合法化,但该行为属于以合法形式掩盖非法目的。因此,《委托书》《借款协议》均无效。中小企业公司应将 1094 万美元返还给 A 公司;根据公平原

---

[1] 〔2014〕民四终字第 29 号裁定书。

则，判令中小企业公司向 A 公司支付合理的补偿金，数额为股份市值及其分红的 40%价款。

【主要法律问题】

本案的法律关系一方 A 公司系外资企业，根据我国法律规定外资企业向境内金融机构投资，必须经过审批，而 A 公司没有采用这种方式，转而将其资金委托中小企业公司投资入股民生银行。判断双方之间所形成的法律关系的性质和效力是解决本案的核心。本案涉及三个问题：

(1) A 公司的委托行为是否构成法律规避？
(2) 本案中委托关系的效力如何？
(3) 本案认定合同无效后的财产如何处理？

【主要法律依据】

(1)《民法典时间效力规定》第 1 条。
(2)《合同法》第 52 条、第 58 条。
(3)《民法总则》第 146 条。

【理论分析】

1. A 公司的委托行为是否构成法律规避

A 公司的委托行为构成法律规避。通过审视法律规避的构成要件来分析本案，可以得出：（1）从主体上看，法律规避行为由 A 公司和中小企业公司共同主动实施；（2）从动机上看，A 公司有意通过委托投资的方式规避境外公司向内地金融机构投资的限制，从而获取对民生银行的权益；（3）从行为方式上看，A 公司与中小企业公司签订了委托书，通过委托关系改变了投资民生银行的连结点；（4）从客观结果上看，A 公司的行为已经导致了改变连结点的客观事实，通过委托投资的方式，使原本应适用的特定法律无法直接适用于他们的投资行为；（5）从规避对象上看，被规避的法律是依据境外公司向内地金融机构投资的限制。从案件发生时的规范来看，《指导外商投资方向暂行规定》（已失效）和《外商投资产业指导目录》（已失效）中都规定了外资企业投资项目的类别，明确指出银行为限制类别，需要经过审批，A 公司通过委托投资的方式规避了这一强制性规定。综上，可以认定 A 公司的委托行为构成法律规避。

2. 本案中委托关系的效力

本案当事人一方 A 公司为香港金融服务公司，在经济贸易活动中应当作为境外机构实施管理；其委托内地企业中小企业公司投资入股的民生银行为内地金融机构。我国现行的金融法规对于境外公司向内地金融机构投资作出了明确的规定。A 公司委托中小企业投资入股民生银行的行为，显然违反了内地金融管理制度的强制性规定。从双方签订和履行合同的整个过程可以看出，当事人对于法律法规的强制性规定是明知的，双方正是为了规避法律规定，采取"委托投资"的方式，使 A 公司的投资行为表面上合法化。双方的行为属于《民法通则》和《合同法》规定的"以合法形式掩盖非法目的"的行为，故双方签订的《委托书》《借款协议》均应认定无效。

3. 本案认定合同无效后的财产处理

《合同法》第 58 条规定："合同无效或者被撤销后，因该合同取得的财产，应当予以返还；不能返还或者没有必要返还的，应当折价补偿。有过错的一方应当赔偿对方因此所受到的损失，双方都有过错的，应当各自承担相应的责任。"结合《合同法》第 58 条对本案进行分析，可以得出：

（1）应确认合法持有民生银行股份。尽管根据《合同法》，委托关系被确认无效，但中小企业公司作为民生银行的股东是合法的。该公司通过合法途径认购并持有了民生银行的股份，这些股份已经按照法律程序注册，应对中小企业公司持有民生银行股份的事实予以确认。

（2）应由中小企业公司返还委托款项。根据《合同法》，无效合同所取得的财产应返还给原委托人，即中小企业公司应返还给 A 公司其支付的 1094 万美元。该项财产作为金钱，不存在法律上不能返还或不必要返还的问题，亦不存在《合同法》第 58 条所指的"折价补偿"的可能。

（3）关于赔偿责任，根据《合同法》，因无效合同造成的损失应由当事人根据各自过错承担相应的赔偿责任。在本案中虽合同无效并未直接导致双方实际损失，但中小企业公司作为民生银行的股东获得了股份增值、红利等利益，且 A 公司的实际出资与中小企业公司获得的利益存在客观关联，因而中小企业公司应向 A 公司支付合理的补偿金。

**【实操分析】**

目前我国司法实务中，法院在判定规避行为效力时，多缺乏具体论证，通常表现为，认定构成法律规避即作出行为无效之判断。例如，在一则股权转让侵权纠纷案中，最高人民法院在判决中直接指出"是规避法律的行为，属无效协议。"再如，在〔2016〕最高人民法院民再 4 号判决书中，法院指出："双方所谓的'出让'或商品房建设，实质就是规避国家关于土地出让的相关规定，根据《合同法》第 52 条第 3 项，应为无效。"在司法裁判中，法院多未表达关于规避为何无效之理据，或者仅援引《合同法》第 52 条第 3 项作为依据，甚至引发误解，即只要构成规避行为就无效，或者说其实司法界的观点亦本就如此。

法律规避现象在我国实践生活中出现的概率不高，除一些本应依据"直接适用的法"处理却不甚妥当地动用法律规避排除机制的对外担保合同案件以外，目前发现仅有个别案件中行为人因为不满足我国结婚条件，转而寻求在其他国家结婚进行法律规避。

## 案例二　鲍富莱蒙王子离婚案[①][②]

### 【基本案情】

比利时女伯爵齐梅（V. Chimay）于1861年与法国王子鲍富莱蒙（P. Bauffremont）结婚，并依据两国当时的法律，取得法国国籍。10余年后，两人婚姻面临危机。王妃企图离婚时却失望地发现法国法律禁止离婚，只好依据当时的法国法律请求司法别居。1874年，位于巴黎的上诉法院对此予以准许。随后，她移居德国，并于9个月后归化为德国人。不久，她又向德国法院请求与鲍富莱蒙王子离婚，并获得准许。离婚7天后，她与罗马尼亚王子比贝斯科（G. Bibesco）以民事登记方式在德国柏林结婚。结婚后，她取得罗马尼亚国籍。

此事在法国各界引起轩然大波。鲍富莱蒙王子在法国法院起诉，请求判定王妃归化为德国人的行为和其与比贝斯科王子的婚姻无效。法国法院在未通知比贝斯科王子的情况下，准许了鲍富莱蒙王子的请求，并在随后的裁定中要求王妃将两个女儿的监护权转给鲍富莱蒙王子，如若不履行裁定，则王妃应向鲍富莱蒙王子支付一笔巨额的赔偿金。王妃并未理会法国法院的判决。由于王妃在法国并无可供执行的足额财产，鲍富莱蒙王子在待赔偿额累积到约90万法郎时向比利时法院起诉，要求其执行法国的判决，并扣押了王妃在比利时的一些财产。比贝斯科王子在比利时法院出庭，出示了其与王妃之间婚姻有效性的证明文件，并为王妃行为的合法性辩解。比利时法院于1880年1月判定，王妃归化为德国人和其与比贝斯科王子的婚姻有效，鲍富莱蒙王子应向王妃支付1.5万法郎的赔偿金。

### 【主要法律问题】

在本案中，要判断王妃再婚是否有效，首先要解决鲍富莱蒙王子和王妃离婚的效力问题，这是一个关键的先决问题，而对于这个问题的处理决定了后续再婚是否有效。此外，法国与德国两国法律间的冲突，是由女方当事人迁居德国并加入德国国籍引发的，因此本案究竟应如何确定所适用的法律？

### 【主要法律依据】

1804年法国《民法典》（*Napoleonic Code*，又称《拿破仑法典》）第19条[③]、第189条、第234条。

---

[①] 杜涛：《国际私法原理》（第二版），上海：复旦大学出版社，2018年，第112页。

[②] 本案虽为法国案例，但其作为法律规避制度的起源，对读者进一步理解法律规避制度有重大意义，因此本书予以收录。——编者注

[③] 1804年法国《民法典》第19条规定："法国妇女与外国人结婚者，依从其夫的地位。如该妇女成为寡妇，得要求恢复法国人资格，但以其居住于法国，或取得国王的许可重返法国并声明有意定居于法国者为限。"

## 【理论分析】

由于本案是以一个法国法院的判例出现，而法国法院是继德国法院之后对同一争议做再次审理，所以此处关于法律适用的分析限于法国法院的审理。

原告鲍富莱蒙王子的诉讼请求之一为请求判定王妃归化为德国人的行为和其与比贝斯科王子的婚姻无效，其事实依据为被告王妃重婚。那么这一事实是否存在、取决于鲍富莱蒙王子与王妃婚姻是否存在、离婚成功或者有效与否。鲍富莱蒙王子所提出的另一诉讼请求，即与王妃的离婚无效是本案的先决问题。这一先决问题除了对法院判决有所影响，在德国有关行政机关对王妃与比贝斯科王子结婚登记申请进行审查时也有较大影响，德国有关行政机关是否批准该申请，首先需要对申请人是否尚有有效婚姻关系进行审查。综上，在本案中结婚是本问题，离婚是先决问题。

不论是本问题还是先决问题，不论对于德国法院（或其他机关）还是法国法院，都是涉外民事关系，都需要首先根据各自的国际私法解决法律适用问题。

站在法国法院角度分析，此案的先决问题可能有两种解决方式可供选择，一种是德国法院请求法国法院承认与执行其所作出的离婚判决，另一种是鲍富莱蒙王子向法国法院提出王妃离婚无效的诉讼请求，不论哪一种方式，法国法院都要进行审理，并作出裁判。不过前一种方式是一种假设，本案属于后一种情况。在20世纪30年代以前，在国际私法领域尚未对本问题与先决问题做专门的研究，在实践中一般是采用分割的方法依法院地的冲突规范确定先决问题的准据法，也就是现在的法院地法说。所以，法国法院根据法国有关离婚实质要件的冲突规范确定先决问题的准据法，按照当时法国冲突法的规定，离婚适用当事人的本国法。对于有效婚姻来说，不离婚不成为一种诉讼请求，因为不离婚不是一种民事争议，离婚才可以成为一种诉讼请求。法国的这一条冲突规范所说的当事人指的是主张离婚的一方，所说的本国指的是在本案起诉时该当事人的国籍国。由于法国与德国规定不同，离婚是否有效取决于王妃国籍的认定，以下情形一分析了王妃作为法国人及当时法国法院判决认定的结果，情形二分析了王妃作为德国人时的预期结果。

情形一：法国当时有规定，妻子若无丈夫的同意不得改变自己的民事身份与国籍，王妃无权自己通过移居形式改变自身国籍。首先，纵然女方取得德国国籍之前得到了丈夫的同意，国籍之变更在法国仍无对抗力，因为"这不是合法行使法律所赋予的权利所致"，而是源于对该权利的滥用，违反了善良风俗和法律。其次，上诉法院也指出，女方未取得丈夫同意时不得改变国籍，故而王妃仍是法国人。然后提出，"假若应把入籍看作一个公法行为，外国当局可自由决定其条件，无须丈夫事先表示同意，那么作为第三人的丈夫已经取得的权利不应受到影响"。也就是说，即便认为女方已是外国人，男方已经取得的期待其婚姻不可解除的权利，也足以使女方的再婚无效。上诉法院接下来说："即使丈夫明确同意妻子改变国籍，她也不能援用自己新的属人法以逃避法国法的适用，法国法是唯一适用于法国人婚姻效力的法律。"最后，最高法院也坚持男女双方在法国缔结的婚姻尚未解除，并指出上诉法院没有也不必评判女方的行为依照德国法所具有的法律价值和合法性。法院重申，调整法国人婚姻效力的唯一有管辖权的法律是法国法，即使男方同意女方改变国籍，后者也不能借此而逃避法国法的适用。然后指出，女方改变国籍不是为了在德国设立住所，诚实地承担由此发生的相应的权利和义务，而只是为了回避法国法禁止再婚的规定，这构成了对法国法的规避。法国三个法院判决都提到了女方改变国籍的主观意图，对其行为构成法律规避的定性逐次清晰。

情形二：先决问题的准据法是王妃国籍国法，也就是德国法。而德国法允许离婚，所以，法国法院应当判决鲍富莱蒙王子及王妃二人离婚。

然后，将由这一判决结果所产生的事实作为本问题的事实依据，对当事人在本问题中的诉讼请求进行审理和作出判决。于是，法国法院就应当根据法国有关结婚实质要件的冲突规范确定王妃再婚效力的准据法，按照当时法国冲突法的规定，结婚适用当事人共同本国法。当事人无共同本国法，适用夫之本国法。在本案中，比贝斯科王子国籍国法即罗马尼亚法律是确定王妃再婚效力的准据法，虽然罗马尼亚法律规定一夫一妻制，按照前述离婚判决，王妃并不构成重婚，王妃与比贝斯科王子结婚有效，在这种情况下鲍富莱蒙王子的两个诉讼请求，即判决自身与王妃的婚姻有效和王妃与比贝斯科王子的婚姻无效都不能得到支持。

**【实操分析】**

该案仍存在诸多值得分析之处。首先，其所处的历史阶段特殊。法国在1792年首开西欧国家离婚制度的先河，但复辟的波旁王朝在1816年又取消了离婚制度，直至1884年离婚制度最终恢复。1878年此案的判决恰好发生在特殊的禁止离婚期间，而且判决之后6年法国便恢复了离婚制度。其次，早在1845年，法国最高法院就曾对类似案件作出过判决，该案并非法律规避制度史上"第一案"，其之所以在欧洲引起广泛关注，是因为当事人社会地位的特殊性。再次，该案判决的效果不佳。宣告王妃在德国的婚姻无效并未实际影响王妃后续行为的效力。由于法国法院漠视他国法律的效力和尊严，其自身判决也未得到比利时的认可，鲍富莱蒙王子反而被比利时法院判决赔偿王妃损失。最后，该案本来可适用公共秩序保留制度得出相同结果。法国冲突法规定离婚适用本国法，即王妃后来取得国籍的所属国——德国的法律，但德国准许离婚的制度与法国禁止离婚的基本法律原则背道而驰，因此可以通过认定违反法国的公共秩序而判决离婚无效。

# 思考题

1. 2014年，新疆维吾尔自治区高级人民法院生产建设兵团分院在新疆芳婷针纺织有限责任公司与上海大龙制衣有限公司借款合同纠纷案（以下简称芳婷针纺织案）的执行复议裁定书中适用了法律规避制度。由于执行裁决书中对案情信息的描述极为有限，大致梳理案情如下：申请复议人陆某（美籍华人）就〔2014〕兵十二执异字第4号执行裁定书提出执行复议申请，对法院裁定就其丈夫洪某（美籍华人）的个人债务执行夫妻共同财产提出异议。其认为，法院查封的属于陆某名下的三套房屋中，其中两套是陆某的婚前财产，已于1997年在美国内华达州与洪某结婚时确定于二人所签的婚前协议中；第三套尽管是夫妻关系存续期间所得，但由于二人于2009年在美国纽约离婚时约定该房屋属陆某所有，且明确约定洪某的债务由其个人承担，与陆某无关。该婚前协议及离婚协议均于2011年经中华人民共和国驻纽约总领事馆进行公证认证。

问题：在本案中，被执行人洪某、陆某对在国内开办公司的债务未清理的情况下，以在国外公证的形式，对国内的不动产进行处置。请分析：

（1）本案的性质是否为涉外案件？
（2）如果当事人的美国国籍取得时间为债务发生前，法院会做何判决？
（3）如果当事人的美国国籍取得时间为债务发生后，法院会做何判决？

2. 吴某在F公司工作期间，完成了"防止锁闭的防风门插芯锁"的职务发明创造。2003年12月5日，吴某签署了专利申请权转让书，向BETTELI（F公司关联公司）转让涉案职务发明创造在美国、美国领属地及所有外国的与发明有关的一切权益。但BETTELI就专利申请权转让未向吴某或F公司支付过转让对价。BETTELI于2003年12月9日将涉案职务发明创造在美国申请发明专利，发明人列明为吴某。F公司和BETTELI未将涉案职务发明创造在美国以外的国家申请过其他专利。其后BETTELI委托F公司在中国境内制造使用涉案专利的产品，然后F公司再将产品全部出口至美国提供给BETTELI进行销售；BETTELI称由于涉案专利对应技术在中国境内未申请专利权，因此无须就F公司的生产行为进行专利授权许可，F公司和BETTELI之间是通过订单方式完成委托生产并出口的。吴某多次要求F公司支付职务发明的发明人报酬，F公司以该专利属于国外专利为由拒绝，吴某因此起诉至法院要求F公司和BETTELI支付发明人报酬。

一审法院认为，职务发明创造的发明人获得报酬的基本要件应当是发明人在中国境内的用人单位完成职务发明创造，并且用人单位通过实施该职务发明创造而获利。本案中这种关联公司之间先行转让专利申请权、而后委托制造专利产品的方式，令涉案职务发明创造在美国获得授权并公开，由于新颖性问题已不可能在中国继续申请发明专利；同时F公司在中国境内却依然可以根据BETTELI的委托实施发明创造生产专利产品从而获得实际利益，达到其将发明人作出重要贡献的涉案发明创造在中国申请专利后实施获利的相同效果。因此，对于吴某提出的职务发明创造发明人报酬之诉讼请求，本案诉讼应当适用中国法。在职务发明创造发明人报酬的法律关系中承担支付发明人报酬的责任主体应当是用人单位，而非受让专利申请权或专利权的第三人。发明创造专利实施后，发明人的一次性报酬在专利权有效期内没有明确规定履行期限，因此吴某作为发明人在专利权的有效期内主张一次性报酬，没有超过诉讼时效。一审法院据此判决F公司向吴某支付发明人报酬30万元并驳回吴某的其他诉讼请求。

广东省高级人民法院二审认为，中国境内不仅是吴某的工作地，也是涉案职务发明创造的产生地与完成地。这种在中国境内完成的发明创造活动，依法受到中国专利法的调整。一审法院综合考虑F公司制造销售包含涉案专利零件的产品数量、经济效益、涉案专利有效期、吴某主张的是一次性报酬等案件实际情况，酌定F公司支付职务发明创造的发明人报酬30万元，并无不当。据此，二审法院判决驳回上诉，维持原判。

问题：在本案中，F公司没有采取直接在中国申请专利，而通过要求原告签署转让书将其专利申请权转让给F公司的关联公司BETTELI，再根据美国公司的委托在国内生产并出口至美国。此时，本案所涉专利成为美国专利。

（1）本案被告方行为是否构成法律规避？

（2）本案应如何确定适用的法律？

（3）在本案中，应由哪个公司支付吴某的发明报酬？

# 第八章
## 域外法的查明

### 本章知识要点

域外法查明，是指一国法院为准确地适用某一域外法而对其具体或全部内容进行有效查明的一项制度。域外法查明是法院在审理涉外民商事案件中较为独特、典型且重要的一项制度，集中体现了冲突规范的价值所在，其中规定的查明主体责任、查明途径等将直接影响涉诉双方的权益保护。根据《最高人民法院关于适用〈中华人民共和国涉外民事关系法律适用法〉若干问题的解释（二）》（以下简称《法律适用法解释（二）》）第2条的规定，域外法查明主要有以下七种途径：

第一，由当事人提供。从字面意思来看，当事人提供域外法和当事人查明域外法并不能等同。然而，在我国涉外民商事审判的实践中，大多数法院将当事人提供域外法与当事人查明域外法混为一谈。针对长久以来司法实践中部分法院存在将查明责任和查明途径混淆的错误认识，《法律适用法解释（二）》第1条明确指出人民法院有查明域外法的责任，当事人如果选择适用某一域外法时负有提供该域外法的义务，并且在第2条进一步对查明责任作出细化规定，由此可见我国在域外法的查明原则上系以法院查明为主、当事人查明为辅。

第二，通过司法协助渠道由对方的中央机关或者主管机关提供。国际司法协助对于涉外民商事案件的审理至关重要，在通过其他途径无法查明域外法时，应当启动司法协助程序，该途径既是深化、完善各国在司法协助领域通力合作的必经道路，也是扩大国际司法协助覆盖面的现实要求。

第三，通过最高人民法院请求我国驻该国使领馆或者该国驻我国使领馆提供。由于使领馆提供方式中的提供主体通常是未经过系统法律训练的人员，其所提供域外法律的查明意见相对来说较为有限，故该查明途径在实践中很少采用。

第四，由最高人民法院建立或者参与的法律查明合作机制参与方提供。我国现在正大力构建域外法的查明平台，2019年11月29日，最高人民法院国际商事法庭网站上线"域外法查明平台"。① 通过官方的查明平台与法学高校的科研机构相联系，能有效提高域外法查明的准确性、真实性。

第五，由最高人民法院国际商事专家委员会专家提供。最高人民法院国际商事专家委员会的主要职能为主持案件调解、提供域外法查明和适用及提供咨询意见，该委员会的专家均系长期耕耘在一线的实务专家，其所提供、查明的域外法更具专业性、权威性和说服力，能够有效地为涉外民商事纠纷的处理保驾护航。

第六，由法律查明服务机构或者中外法律专家提供。近年来，各地也在积极探索设立域外法的查明机构，② 法律查明服务机构或者中外法律专家针对某一域外法所出具的法律意见更客观、真实，能有效地提升域外法查明的准确性，提高法院的办案效率。

第七，其他适当途径。《法律适用法解释（二）》关于域外法查明途径的规定并非是一种穷尽式的列举，"其他适当途径"系兜底性条款。除前述法律所规定的查明途径外，实践中还存在由民间组织、行业自律性组织提供域外法等途径。此外，法院还可以通过权威网站的法律数据库对涉案域外法进行查明。

尽管我国法律对域外法查明问题作了不少规定，但在涉外民商事案件的审判中还是会出现域外法无法查明的情况。在各国的司法实践中，域外法无法查明均是一项例外情形，但在我国的司法实践中反而成为一种常态，部分法官在对域外法的审查中也比较随意，很多情况下在没有经过合理地分析、解释便直接适用法院地法，对其中域外法"无法查明"的理由更是一笔带过，尤其是香港已回归多年，部分法院仍然认为香港特区法律无法查明，令人难以信服和接受。针对法院在裁判文书中所述"法院无法查明"，却并没有说明对域外法的具体查明过程，有理由怀疑有关法院是否真正尽到了查明域外法的义务。对此，《法律适用法解释（二）》第10条明确规定，裁判文书中应当载明域外法律的查明过程及域外法律的有关内容，如果认定域外法无法查明，应当载明不能查明的理由。

从理论上来看，域外法无法查明转而适用法院地法的主要因素有以下三点：其一，法院对国内法的熟悉程度远远超过域外法，在域外法无法查明且不能驳回当事人诉讼请求、无其他替代备选方案的情形下，适用法院地的国内法是一种不得已之选择；其二，法院审判案件的目的在于维护公平和正义，适用法院地法的做法至少要胜于因案件缺乏法律适用而无法审理的情况；其三，当事人考虑到查明域外法需

---

① 该查明平台下设三个栏目，包括由西南政法大学中国—东盟法律研究中心、中国政法大学外国法查明研究中心、华东政法大学外国法查明研究中心、武汉大学外国法查明中心、蓝海法律查明和商事调解中心所组成的"专业查明机构"，由61名专家委员构成的"专家委员查明"，以及由法律查明研究报告与法律查明案例库构成的"法律查明资源库"。在"法律查明资源库"中，已上线数十份涉及域外法查明的裁判文书及研究报告，以方便社会各界查阅。

② 如广州市汇智蓝天国际法律与商事服务中心暨"一带一路"域外法查明（广州）中心、上海东方域外法律查明服务中心、厦门市金谷域外法查明中心，以及2023年9月中国国际贸易仲裁委员会所发布的"一带一路"仲裁机构法律查明合作机制等。

要花费较长的时间和较多金钱成本，也往往会选择不提供、不查明、不证明域外法或消极证明，因此转而适用法院地法也是对当事人默示意思的一种尊重。

## 案例一　杨某宙诉堀某朗损害股东利益责任纠纷案[①]

### 【基本案情】

2004年，原告杨某宙和被告堀某朗（日本籍）合作共同成立FX公司，持股比例分别为30%和70%。合作多年后，被告堀某朗为引进新的资方并满足新资方对公司股权架构的要求，于2013年先后在英属维尔京群岛成立SW控股公司和SW投资公司，在SW控股公司中，原告、被告分别持有该公司30%和70%的股权，堀某朗被任命为该公司的唯一董事，SW控股公司持有SW投资公司100%的股权。随后，原告、被告将各自持有的FX公司的全部股权转让给了SW投资公司，使SW投资公司成为FX公司的全资股东。2014年，被告堀某朗在英属维尔京群岛注册成立SW国际公司，其持股比例为100%。SW控股公司拟将其持有的SW投资公司全部股权转让给SW国际公司，需要对SW投资公司唯一实质性资产即FX公司资产进行评估。被告堀某朗在评估过程中向评估公司提出了若干建议，并作为SW控股公司的唯一董事批准了股权转让协议。原告杨某宙认为，在设立上述离岸公司过程中，被告堀某朗作为SW控股公司的大股东、唯一董事，主导了公司章程起草，并且在转让公司资产给其名下其他公司时，评估公司依据被告堀某朗提供的错误数据且采用不恰当的评估方法得出的评估结果，使FX公司的评估价值和据此确定的股权交易价格严重低于公允价值，严重损害了原告杨某宙的利益，原告主张被告赔偿损失，故诉至法院。

### 【主要法律问题】

（1）本案应以何种法律为准据法？
（2）涉案域外法是否可以查明？
（3）被告堀某朗是否需对原告杨某宙承担赔偿责任？

### 【主要法律依据】

（1）《法律适用法》第10条、第14条、第44条。
（2）《法律适用法解释（一）》第13条。

### 【理论分析】

本案涉及公司类侵权案件的准据法确定、域外法查明及其适用的问题，需要先根

---

[①] 〔2019〕沪0112民初16193号判决书。

据冲突规范的指引确定本案的准据法，后有针对性地对涉案域外法进行查明和适用。本案中，侵权行为发生在英属维尔京群岛，原则上应当适用侵权行为地法，根据《法律适用法》第 44 条的规定，双方当事人在有共同经常居所地的情况下，应当适用共同经常居所地法律。本案的争议焦点之一便是双方是否均以上海为共同经常居所地，是否应当适用我国法律。被告堀某朗在庭审中提供了其在上海有房产、工作等证据，但其出入境记录显示其在涉案行为的发生期间频繁往返于日本和上海，因此法院认定其经常居所地不在上海，由此适用英属维尔京群岛法律。确定所适用的域外法律后，原告杨某宙向法院提供了英属维尔京群岛商业公司法翻译件、英属维尔京群岛执业律师出具的法律意见书及公证书。同时，法院主动依职权通过互联网对涉案的域外法进行查明，最终查明了英属维尔京群岛的相关法律，作出了判决。

## 【实操分析】

1. 本案应当适用何种准据法

原告杨某宙认为，其主张的事由是被告堀某朗作为公司董事损害原告的股东权益，因此本案与股东权利、义务等内容息息相关，应当依据《法律适用法》第 14 条的规定，适用公司登记地法律，即英属维尔京群岛法律。被告堀某朗提出其在我国有房产及工作，原告、被告双方均有共同经常居所地，应当适用共同经常居所地的法律，即中国法。法院认为，被告堀某朗系日本公民，原告杨某宙以被告堀某朗作为 SW 控股公司唯一董事，在执行 SW 控股公司事务时侵害原告杨某宙的股东权益为由，向被告堀某朗主张赔偿，属于股东向侵害股东利益的董事主张侵权赔偿责任的涉外侵权纠纷，所涉的法律问题属于侵权责任范畴，应依据《法律适用法》第 44 条之规定确定准据法。依据《法律适用法解释（一）》第 13 条之规定，被告堀某朗应提供其在我国有经常居住地的证据，考虑其作为日本公民，频繁返回日本，仅凭其所称在中国上海拥有房屋和工作，并不足以证明其满足在我国达到了连续居住一年以上且作为其生活中心的条件，因此法院并未对其所主张在我国有经常居所地的说法采信，最终确定本案所涉侵权责任问题应当适用侵权行为地法律。因杨某宙所主张侵权行为系股权转让行为，该股权所在地即 SW 投资公司住所地为侵权直接结果地，也就是侵权行为地为 SW 投资公司的住所地。由于 SW 投资公司的住所地位于英属维尔京群岛，故本案应当适用英属维尔京群岛法律。

2. 涉案域外法是否可以查明

原告杨某宙为查明英属维尔京群岛法律，提供了英属维尔京群岛商业公司法翻译件、英属维尔京群岛执业律师出具的法律意见书及公证书，被告堀某朗认可前述文件的真实性，法院对原告杨某宙所提供的域外法予以确认，并认为根据英属维尔京群岛法律，若原告杨某宙作为 SW 控股公司股东的权利受到被告堀某朗执行 SW 控股公司事务时的不公平行为损害，则其有权向被告堀某朗主张赔偿。

3. 被告堀某朗是否需对原告杨某宙承担赔偿责任

法院在英属维尔京群岛金融管理委员会官方网站查得 2004 年维尔京群岛《商业公司法》及修订案英文版，并结合原告杨某宙提供的商业公司法翻译件，查明该法的部分条款内容如下："第 1841 条（1）若公司成员认为公司事务已经、正在或可能以对其作为公司成员不公平或歧视的方式进行，或公司的任何行为已经、正在或可能造成不公平、歧视或不公平对待，则可以申请法院签发本条项下的命令。（2）若在被提出本条项下的申请后，法院认为公平、合理，则可以签发其认为合适的命令，不限于本条一般性规定，包括以下一项或多项命令：……（b）要求公司或任何其他人向成员支付赔偿金。"

此外，原告杨某宙委托的英属维尔京群岛执业律师对本案涉及英属维尔京群岛的法律内容及适用提供了如下意见：根据维尔京群岛《商业公司法》第 1841 条，公司股东如认为已经、正在或可能以其作为股东难以忍受、遭受不公平歧视或不公平损害的方式处理公司事务，则可向法院申请索赔。法院如同意股东诉求，并认为就公司的特定行为作出裁定这一做法公平公正，则可以作出任何其认为合适的裁定，包括要求公司或任何他人（可以包括公司董事）向相应股东支付赔偿的裁定……本案中，基于所提供的情况，可能会寻求裁定堀某朗赔偿杨某宙因股份转让所遭受的损失。在 Gray 诉 Leddraand Anor［BVIHC（COM）2011/79］一案中，股东根据第 1841 条（2）（b）寻求裁定董事之一而非公司，就公司未能支付其奖金和股利对其进行赔偿。判决最终是按照不公平损害索赔处理的。在该案中，在出售公司资产后，董事将出售收益转让给其关联公司，这不利于公司其余的股东，被视为一种明确的不公平损害行为，因此相关股东被认定需向原告支付其出售收益份额。

结合上述法院主动查明的维尔京群岛《商业公司法》第 1841 条（2）（b）之规定及英属维尔京群岛执业律师的法律意见书，法院认为原告杨某宙有权向被告堀某朗主张赔偿。

由于不同国家的法律规则不尽相同，对于同一纠纷适用不同法律可能得出不同结果。除事先明确约定所适用的法律外，当事人就案件如何确定适用法律往往会产生争议。从《法律适用法》所确定的规则来看，判断某一涉外案件应适用何种准据法，依赖于对涉案法律关系的定性，双方当事人无法就适用某一法律达成一致意见的情况下，需要尽快向法院阐述涉案法律关系的性质及争议焦点内容，争取法院对于法律关系性质的认可，并由此确定应适用的法律。此外，在当事人提供域外法的情况下，需要尽可能采取规范的形式向法院提供，以便能够得到法院对适用该域外法律的支持和认可，本案中原告不仅提供了域外商业公司法的翻译件，还提供了当地执业律师出具的法律意见书及公证书，形式规范、内容完整，具有说服力。需要注意的是，域外法的翻译件最好是由官方或有资质的翻译机构出具，其相较于互联网所翻译或查找的普通网络译本有更高可信度。译本的不同有可能会影响法院对域外法内容的认定，甚至起到反作用。

## 案例二　某国家银行诉瓦伦公司金融借款合同纠纷案[①]

### 【基本案情】

2012年3月，原告某国家银行和案外人某银行共同作为贷款人，与被告瓦伦公司作为借款人，在新加坡签署了1亿美元贷款额度的贷款协议。根据该协议，原告向被告提供本金总额为8000万美元的贷款，案外人某银行提供本金总额为2000万美元的贷款，用于被告支付其所采购的"AB"轮、"AC"轮、"AD"轮的船舶价款。贷款协议第28条对借款人如未按期还款、丧失偿付能力、船舶被扣押等违约事件作出规定，若借款人发生持续违约事件，原告享有宣布贷款加速到期的权利。贷款协议第31条对原告所享有的其他权利作出约定。贷款协议第43条对法律适用作出规定，协议受新加坡法律的管辖。2012年4月起，原告和案外人某银行分别向被告发放了上述贷款。此外，被告瓦伦公司就"AB"轮与原告还签订有抵押合同及第一顺位承诺契据，并于2012年7月在新加坡的船舶登记处办理完成了该轮的抵押登记。后被告瓦伦公司未按照协议约定向原告偿付贷款本金及利息。2018年3月，案外人中海公司依据另案的仲裁裁决书向法院申请执行，法院依法拍卖了登记在被告名下的"AB"轮。在司法拍卖的公告期内，原告以其系"AB"轮的船舶抵押权人为由向法院申请债权登记，并提起确权诉讼，要求判令被告偿还原告欠款，并确认原告以抵押权人的身份就欠款及所支出的律师费等相关债权对船舶"AB"轮享有抵押权，有权从拍卖的价款中优先受偿。

### 【主要法律问题】

（1）本案应以何种法律为准据法？
（2）涉案域外法是否可以查明？
（3）被告是否应偿还原告欠款？原告是否有权从拍卖船舶的价款中优先受偿？

### 【主要法律依据】

《法律适用法》第3条、第10条。

### 【理论分析】

本案涉及涉外合同纠纷案件的准据法确定、域外法查明及其适用的问题。本案中，双方当事人明确在协议中约定受新加坡法律管辖，应当对双方当事人选法的合意予以尊重，该约定在不违反我国公共利益和法律强制性规定的情况下，应认定为有效，故法院以新加坡法律作为案件审理的准据法。在确定好准据法后，需要向法院提供新加

---

[①] ［2018］沪72民初4268号判决书。

坡的相关法律规定，由于新加坡在海事领域并没有成文法，原告不仅提供了新加坡高等法院判决、某律师事务所出具的法律意见书，还提供了华东政法大学外国法查明研究中心出具的新加坡法律意见书，有针对性地说明了新加坡的法律规定和查明的情况，涉案新加坡法律查明成功。

**【实操分析】**

1. 本案应当适用的准据法

本案贷款协议中明确约定协议受新加坡法律管辖，该协议系双方当事人出于真实、明确的意思表示且在未受胁迫的情况下签订的书面文件，对双方当事人均具有法律约束力，且该约定并未违反我国法律的强制性规定，也未损害我国的公共利益，再加之被告未到庭应诉，亦未提交任何证据，视为其放弃对该协议发表质证意见的权利，故本案应以新加坡法律作为案件审理的准据法。

2. 涉案域外法是否可以查明

新加坡属普通法系国家，在普通法系国家中，很多领域都没有成文法，而是通过判例形成了处理该领域中法律问题的基本原则。成文法系和普通法系国家之间的法律体系区别明显，成文法较于判例法更利于查明。为了查明涉案域外法，本案原告提供有新加坡高等法院判决、某律师事务所出具的法律意见书，用以证明新加坡高等法院以往类案中的判决情况。同时提交了华东政法大学外国法查明研究中心出具的新加坡法律意见书，该法律意见书对新加坡法律的情况作出了简要说明，并提供了新加坡现行民商事合同方面所适用的法律规则，以及本案所需新加坡《商船法》中关于船舶抵押合同的相关规定。因此，法院确认了该法律意见书的效力，该法查明成功。

3. 被告是否应偿还原告欠款，原告是否有权从拍卖船舶的价款中优先受偿

依据华东政法大学外国法查明研究中心出具的法律意见书中写明的新加坡现行民商事合同的法律规则，贷款协议合法有效成立，被告应偿还借款。法院又根据新加坡《商船法》中"可以将新加坡船舶或其任何份额作为贷款或其他有价对价的担保。如果在同一船舶或同一部分上有多个抵押权并存，则尽管有任何明示、暗示或推定性告知，抵押人仍应根据登记册中每个抵押所登记的日期和时间享有优先权"之规定，认定原告系"AB"轮的抵押权人，有权依据贷款协议和抵押合同的规定向被告主张权利。关于抵押权担保的债权范围，法院根据被告所作第一顺位承诺契据中的约定，认定原告对"AB"轮享有船舶抵押权，并有权在抵押权范围内优先受偿。

原告委托华东政法大学外国法查明研究中心所出具的关于新加坡法律的法律意见书，系客观、真实、完整的，法院据此确认了贷款合同及在国外设立的船舶抵押权优先受偿的效力，有效地保护了原告的合法权益。查明机构出具关于某一域外法内容的法律意见书时需注意以下两方面问题：一方面是查明机构出具的法律意见书内容需要真实、准确、完整。本案中，法律意见书有对新加坡法律体系的简介，同时还有新加

坡民商事合同法律规则，内容真实、完整、准确，具有很强的说服力。另一方面是法律意见书出具机构、出具人需要有专业的资质和背景。本案中的华东政法大学外国法查明研究中心作为专业的域外法查明机构，长期与上海市各法院及有关司法机构开展合作，更具专业优势，由于域外法的查明工作对专业有极高的要求，非由具备域外法查明资质及丰富经验的查明机构所出具的查明报告，可能无法将域外法的真实情况全面披露，报告的真实性、准确度亦会受到法院的怀疑。

## 案例三　王某诉郭某、杨某民间借贷纠纷案[①]

### 【基本案情】

2019 年 9 月，王某就其在澳门"星河"赌场账户向郭某出具授权委托书。授权委托书内容显示，该授权有效期至 2019 年年底，权限包括提取现金或现金筹码、提取泥码、赎回借贷、代转泥码、现金回赠计划结账、存款、现金买码、查询账户记录，王某、郭某分别在该授权委托书上签名。此外，王某提交的《提款记录》及《情况说明》，显示王某名下的澳门"星河"赌场账户在 2019 年 9 月到 2019 年 11 月期间有过多笔泥码等出入记录，提取泥码等数额合计超过案涉人民币 1840000 元。

2019 年 12 月，王某与郭某签署《借款合同》及《收据》。《借款合同》载明出借人为王某，借款人为郭某，担保人为杨某（郭某之妻），内容载明：因资金周转需要，在杨某为郭某提供连带责任保证的情况下，郭某向王某借取资金，借款金额为人民币现金 184 万元整，借款期限自 2019 年 12 月 6 日起。郭某、杨某先后在《借款合同》上签字、捺印（杨某在内地签署）。《收据》载明：本人郭某，现确认收到王某出借我的人民币现金共计 184 万元整。郭某在《收据》上签字、捺印。后郭某向王某出示《还款承诺书》，内容载明：郭某已经于 2019 年 12 月 11 日向王某偿还本金 361200 元，余下欠款 1478800 元。落款处有郭某、杨某签名确认。王某认为其与郭某、杨某系民间借贷纠纷，郭某、杨某长期未归还王某借款本金，故诉至法院。

### 【主要法律问题】

（1）本案应以何种法律为准据法？如何查明域外法？

（2）王某要求郭某返还借款及利息是否应当支持？

（3）杨某是否需要承担连带清偿责任？

### 【主要法律依据】

（1）《法律适用法》第 10 条、第 41 条。

---

① 〔2021〕粤 01 民终 2980 号判决书。

(2)《法律适用法解释（一）》第 11 条。

(3)《民法典时间效力规定》第 1 条。

(4)《中华人民共和国担保法》（以下简称《担保法》，已失效）第 6 条。

**【理论分析】**

本案涉及两个法律关系的法律适用及法院主动查明域外法的问题。根据《法律适用法解释（一）》第 11 条的规定，案件涉及两个或者两个以上的涉外民事关系时，人民法院应当分别确定应当适用的法律。具体到本案，郭某与王某之间的法律关系属于信贷合同纠纷，杨某与王某之间的法律关系属于保证担保合同纠纷。两种法律关系均定性为涉外合同关系，因此应根据《法律适用法》第 41 条关于涉外合同法律适用的规定确定准据法。尽管冲突规范相同，但由于所涉及的连接因素及联系程度有所不同，最终指向的准据法也可能有所不同。如果准据法为域外法律，就涉及域外法如何查明的问题。本案法院认为，郭某与王某之间的博彩信贷合同法律关系应适用我国澳门特别行政区法律（以下简称澳门法），杨某与王某之间的保证担保合同法律关系应适用我国内地法律。

**【实操分析】**

1. 本案应当适用的准据法及如何查明

依据《法律适用法解释（一）》第 11 条之规定，本案涉及郭某与王某之间的信贷合同关系、杨某与王某之间的保证担保关系，故应当分别确定应适用的法律。

关于郭某与王某之间法律关系的法律适用问题。依照《法律适用法》第 41 条规定，当事人可以协议选择合同适用的法律。当事人没有选择的，适用履行义务最能体现该合同特征的一方当事人经常居所地法律或者其他与该合同有最密切联系的法律。本案中，王某与郭某未协商选择应适用的法律。王某向郭某提供特定博彩筹码账户供郭某在澳门博彩机构使用；且王某与郭某在澳门签署《借款合同》《收据》，对郭某使用的博彩金额进行结算。可见双方博彩信贷行为的发生地、实施地均在澳门，且博彩信贷合同亦在澳门形成，与澳门具有最密切联系，故就博彩信贷合同的法律关系应适用澳门法进行审理。

关于杨某与王某之间保证担保关系的法律适用问题。因杨某与王某、郭某未协商选择应适用的法律。杨某作为履行保证责任的义务人，其经常居所地位于我国内地，且其在内地签署案涉《借款合同》《还款承诺书》，与我国内地具有最密切联系，故就保证担保关系应适用我国内地法律进行审理。根据《民法典时间效力规定》第 1 条第 2 款之规定，杨某与王某之间的保证担保关系，系民法典施行前的法律事实所引起的，依照上述司法解释规定，应当适用当时的法律、司法解释的规定。

本案中法院亦主动查明案涉的澳门法。通常来说，由于域外法查明中所面临的查明程序烦琐、费用高、周期长等问题，法院一般较少会主动查明域外法。① 本案法官主动通过相关的查明途径对涉案的澳门法进行查明，有效地维护了当事人的合法权益。

2. 王某要求郭某返还借款及利息应否支持

（1）王某与郭某之间法律关系性质的认定。民间借贷是当事人以货币或合法的有价证券为标的进行的资金融通行为。本案中，王某向郭某提供特定博彩筹码账户，供郭某在澳门特定娱乐场所使用，并根据郭某使用筹码的情况进行结算形成《借款合同》《收据》。可见，王某出借的标的物并非货币或合法有价证券，而是供娱乐博彩使用的特定筹码，王某与郭某之间形成的法律关系并非典型的民间借贷关系；双方订立的合同应属澳门法中的博彩信贷合同，据此形成的法律关系应为澳门法中的博彩信贷合同关系。

（2）王某对郭某的博彩信贷之债的效力认定。首先，澳门《娱乐场博彩或投注信贷法律制度》（以下简称《澳门博彩或投注信贷法律》）第3条规定："一、下列实体获赋予从事信贷业务的资格：（一）承批公司；（二）获转批给人。二、娱乐场幸运博彩中介人（下称"博彩中介人"）亦获赋予资格，透过与某一承批公司或获转批给人订立的合同从事信贷业务……六、信贷关系仅可发生于：（一）作为信贷实体的某一承批公司或获转批给人与作为借贷人的某一博彩者或投注者之间；（二）作为信贷实体的某一博彩中介人与作为借贷人的某一博彩者或投注者之间；或（三）作为信贷实体的某一承批公司或获转批给人与作为借贷人的某一博彩中介人之间。"第4条规定："按照本法律的规定提供信贷，则产生法定债务。"可见，在澳门的法律制度中，与幸运博彩相关的债务，若符合《澳门博彩或投注信贷法律》特别法规定的情形，则属于合法有效的博彩信贷之债，产生法定债务。其中信贷实体应具备相应资格，即应当为承批公司、获转批给人或被赋予资格的且与上述二类主体签订合同从事信贷的博彩中介人。本案中，经查明王某不具备信贷实体资格，属于未获法律许可的人士所做的博彩信贷，应不产生法定债务。其次，澳门"民法典"第1171条规定："一、特别法有所规定时，赌博及打赌构成法定债务之渊源；涉及体育竞赛之赌博及打赌，对于参加竞赛之人亦构成法定债务之渊源；如不属上述各情况，则法律容许之赌博及打赌，仅为自然债务之渊源。"可见，就法律容许之赌博产生的债，若符合《澳门博彩或投注信贷法律》特别法所规定的情形，则产生法定债务；除此之外仅能产生自然债务。本案中，郭某系在澳门特定娱乐场所赌博，应属澳门法容许之赌博。但鉴于王某不具备从事博彩信贷业务的资格，不符合《澳门博彩或投注信贷法律》所规定的情形，故案涉博彩信贷债务不产生法定债务，仅属于澳门法自然债务之渊源，构成澳门法中的自然债务。

（3）王某能否通过司法途径主张权利。澳门"民法典"第396条规定："单纯属于道德上或社会惯例上之义务，虽不能透过司法途径请求履行，但其履行系合乎公平

---

① 澳门特别行政区虽不属于域外，但由于其与中国内地的法律制度存在显著差异，因此对其的法律查明可等同于域外法律查明。——编者注

之要求者，称为自然债务。"第397条规定："一、因履行自然债务而自发给付，不得请求返还；但债务人无行为能力作出给付者除外。二、在未受胁迫下所为之给付，视为自发给付。"第398条规定："自然债务适用法定债务之制度中不涉及强制给付部分之规定；但法律另有特别规定者除外。"可见，澳门法规定的自然债务不能通过司法途径请求履行，债务人不履行时法律不强制其履行；但债务人自愿履行时，债权人可予受领，债务人不得请求返还。本案中，如前所述，王某对郭某的债应属于自然之债，根据澳门法不能通过司法途径请求履行。基于此，王某向我国内地法院起诉要求郭某向其返还借款及相应利息，亦缺乏请求权基础，不应产生效力，故法院不予支持。

3. 杨某应否承担连带清偿责任

依据当时《担保法》第6条规定："本法所称保证，是指保证人和债权人约定，当债务人不履行债务时，保证人按照约定履行债务或者承担责任的行为。"可见，保证系从权利，其从属于主债权。若主债权不能通过司法途径请求履行，从权利亦不能通过司法途径请求履行。本案中，杨某为案涉博彩信贷债务提供保证担保，案涉博彩信贷之债属主债权，杨某的担保为从权利。如前所述，因案涉博彩信贷之债为自然债务，不能通过司法途径请求履行，故王某主张要求杨某承担保证责任亦缺乏依据，法院不予支持。

在一个涉外民商事案件的审理过程中如发现涉及两个及以上的法律关系，第一步需要梳理出存在几种法律关系，第二步需要将存在的法律关系予以明确，进而才能确定适用的准据法。此外，在司法实践中，当事人、法院委托外国法查明服务机构对域外法进行查明的案件逐渐增多，但法院主动查明域外法的案件少之甚少。本案中，法院主动对涉案的澳门法进行查明，其所查明的内容既包括实体性规范，也包括程序性规范。退一步来说，如果在当事人提供域外法的情况下，在需要说明某一法律关系或某一法律问题时，亦需提供相对应的实体性规范及程序性规范。

# 思考题

2016年6月，原告A公司与被告B公司签订《集装箱长期租赁协议》，约定A公司将相应集装箱出租给被告B公司使用，租期为5年，由租约引起的争议应当适用德国法。2018年2月至2020年8月，被告B公司尚未支付的集装箱租金合计60万美元。2020年9月，被告B公司由于履行不能向原告A公司发出解约通知，并同意向A公司返还承租的集装箱。涉案租约项下共3000个集装箱，至开庭之日原告已经回收了2500个，还剩500个被告B公司迟迟未能返还。为查明德国法，原告委托专家出具关于本案法律适用的法律意见书，被告则自行通过互联网提供了德国法及德国法律学者对部分条款所写的论文、著作。

问题：

（1）原告委托专家出具的专家意见书属于"证言"还是"鉴定结论"？应当以何

种标准判断专家是否具备资质？法律意见书是否有约束力？如专家出具错误的意见是否需要承担法律责任？

（2）被告自行提供的德国法是否有效，该域外法是否属于被告提供的证据？法院是否应当组织原、被告对被告提供的德国法予以质证？

（3）立法草案及相关学者的权威解释等能否作为域外法查明的结果使用？

第三编

# 涉外民商事关系的法律适用

# 第九章

# 自然人权利能力与行为能力的法律适用

## 本章知识要点

自然人权利能力是指自然人享有民事权利和承担民事义务的资格，是国际私法主体进行民商事活动的前提条件。关于自然人权利能力的立法，目前各国均认可"始于出生、终于死亡"，但由于各国民事立法对于"出生"和"死亡"的规定不同，因此在自然人权利能力问题上仍然存在法律冲突，具体包括以下两个方面：第一，各国民法对自然人的"出生"的理解和规定存在差异。对自然人权利能力开始的时间标准规定不同，使不可避免地产生法律冲突。这在继承关系上表现得尤为明显。第二，在自然人权利能力终止方面，各国均以自然人的死亡为权利能力的终期。但各国民法对自然人"死亡"的理解和规定存在差异，以及对生理死亡的标志和宣告死亡的具体规定，各国立法及司法实践有较大分歧。

自然人权利能力的法律适用，主要有以下几种方法：第一，适用法律关系准据法所属国法律。第二，适用法院地法。第三，适用当事人的属人法。涉外失踪与死亡宣告的管辖权立法大致有三种：第一，管辖权归国籍国所有。第二，管辖权归住所地国所有。第三，管辖权原则上归本国，但在一定情况下也可归住所地国所有。关于涉外失踪与死亡宣告的法律适用问题，大多数国家适用属人法，但也存在诸多补充性规定，例如适用法院地法等。

自然人的行为能力是指自然人能通过意思表示享有民事权利、承担民事义务的能力（资格），包括设定、变更或者消灭民事权利或者民事义务的能力。由于各国立法对于自然人行为能力取得条件的规定存在较大差异，因此法律冲突也是不可避免的。自然人行为能力的冲突主要表现在三个方面：第一，各国立法对于自然人成年年龄的规定各不相同，主要集中在15~25周岁不等。第二，各国立法对于自然人认知能力及效力各有不同，例如对于精神障碍患者、心智丧失者、智力低下者是否具有行为能力的规定存在差异。第三，不同国家关于禁治产制度的规定同样存在差异。

对于自然人行为能力的法律适用，各国普遍做法是依当事人的本国法或者住所地法。但为了避免当事人行为地国法与当事人本国或住所地国法产生较大冲突，也在立法上对属人法的适用作出了例外规定。主要包括：第一，依属人法无行为能力而依行为地法有行为能力的，以行为地法为准，代表国家有瑞士、德国、日本等。

第二，涉及婚姻家庭、继承和不动产的，以婚姻家庭法律关系法、继承法律关系法、不动产所在地法为准，代表国家有波兰、德国、日本等。我国的做法是以属人法为原则，以行为地法为例外。

禁治产是指考虑各方面的原因，禁止行为人对自己所有的财产行使处分、管理的行为。禁治产者是指被审判机关确定不能以自己意愿处理、管理自己财产的自然人。禁治产制度设立的目的主要是保护由于先天或后天原因导致能力低下的成年人的利益。1905年海牙《关于禁治产及类似保护措施公约》规定当事人本国具有管辖权，同时以居住地国管辖为补充。关于禁治产宣告的法律适用，世界各国的立法包括适用禁治产人的本国法、宣告地国法等。

根据《法律适用法》第11条，自然人的民事权利能力的法律适用，以经常居所地法为准据法。根据《法律适用法》第13条，宣告失踪或宣告死亡，适用被宣告人经常居所地法律。关于自然人民事行为能力，《法律适用法》第12条规定，自然人的民事行为能力，适用经常居所地法律。但如果经常居所地法律与行为地法律存在冲突，具体表现为依照经常居所地法律为无民事行为能力，依照行为地法律有民事行为能力的，则适用行为地法律，但涉及婚姻家庭、继承的除外。

## 案例一　郭某闵、李某珍与某文具有限公司股东资格确认纠纷案[①]

### 【基本案情】

1999年，原告美国昌隆国际投资公司以郭某伟为被告、郭某闵等为第三人向一审法院提起诉讼，要求郭某伟停止对原告美国昌隆国际投资公司在某文具有限公司（以下简称某文具公司）所享有的股东权利的侵害。一审法院作出判决，美国昌隆国际投资公司在某文具公司享有的股权由第三人郭某闵等和被告郭某伟按比例分享。郭某伟不服原审判决申请再审，最高人民法院以民事调解书结案。随后，郭某伟向一审法院提出执行申请，一审法院作出"将被执行人郭某闵等在某文具有限公司中所持有的股份转移给申请执行人郭某伟所有"的裁定。郭某伟于2013年8月20日在中国台湾地区死亡，郭某伟之父郭某闵和郭某伟其妻李某珍向一审法院提起诉讼，请求继承郭某伟在某文具公司所享有的财产股份。

一审法院认为，本案是股东资格确认纠纷，同时，审理该纠纷还涉及法定继承问题。由于郭某闵系美国国籍，李某珍系中国台湾地区居民，本案诉讼程序按照涉外程序进行审理。首先，就法定继承而言，根据我国《法律适用法》第31条[②]，本案应当

---

[①] 〔2016〕鲁民终2270号判决书。
[②] 《法律适用法》第31条规定："法定继承，适用被继承人死亡时经常居所地法律，但不动产法定继承，适用不动产所在地法律。"

以郭某伟死亡时的经常居所地法为准据法。郭某伟在中国台湾地区死亡，生前长期在青岛工作，因此其死亡时的经常居所地为青岛，也就是中国大陆地区。本案中涉及的遗产为郭某伟在中国大陆地区公司中的股权，法定继承适用被继承人死亡时经常居所地法，即中国大陆地区法律作为准据法。其次，郭某伟与李某珍的婚姻关系属于继承的"先决问题"，不受继承准据法的支配，根据《法律适用法》第22条的规定，婚姻关系的认定应当按照中国台湾地区当时的法律予以确认。再次，对于郭某伟和李某珍的夫妻财产关系问题，根据当事人所提供的证据事实来看，李某珍在郭某伟死亡前长期居住在青岛，据此可以判定青岛为两人的共同经常居所地，夫妻财产关系由中国大陆地区法律支配。最后，关于公司股东权利义务的问题，根据《法律适用法》第14条的规定，涉及股东权利义务等事项，应当适用法人登记地法律，某文具公司的登记地为中国大陆，故中国大陆法律为股东资格问题的认定与继承的准据法。美国昌隆国际投资公司的登记地为美国纽约州，其解散问题的准据法为美国纽约州法律。

一审法院经审理认为，郭某伟系某文具公司的股东，某文具公司的公司章程中未对自然人股东死亡后继承人能否继承股东资格的问题作出约定，而郭某伟作为该公司股东在死亡后，其继承人当然可以继承郭某伟的股东资格。郭某伟取得某文具公司股东资格系在其与李某珍的婚姻关系存续期间，故本案李某珍有权继承其丈夫在某文具公司的股份。综上，一审法院作出判决，确认李某珍、郭某闵系某文具公司的股东，可以继承郭某伟股东资格。

某文具公司认为一审法院错误认定郭某伟生前的经常居所地，导致适用法律错误，郭某闵主张一审法院对自己股份认定比例错误。两人不服一审判决，均向山东省高级人民法院提起上诉。

二审法院认为，本案的焦点问题为郭某伟和李某珍的共同经常居所地的确定。本案中，根据出境记录，二人往返于青岛和中国台湾地区，虽未一直生活在青岛，但从停留时间和连续状态来看，二人在青岛的时间超过12个月。且根据其他证据证明，二人在被继承人死亡前以青岛为主要生活中心。二审法院认为，郭某伟和李某珍的经常居所地是青岛。因此，一审法院适用中国大陆地区法律作为解决本案中夫妻财产关系争议和继承关系争议的准据法并无不当。对于一审其他法律问题，适用法律正确，判决结果得当，应予以维持。

【主要法律问题】

经常居所地的判断标准是什么？

【主要法律依据】

（1）《法律适用法》第24条、第31条。

（2）《法律适用法解释（一）》第13条。

**【理论分析】**

属人法的连结点主要包括国籍、住所地、经常居所地、惯常居所地等。不同国家的立法在选择上有所不同，近年来越来越多的国家倾向于选择经常居所地作为属人法的连结点。

本案主要的争议问题是当事人经常居所地的确定，这直接影响案件股东份额继承问题。首先本案是股东资格确认纠纷，由于郭某伟已死亡，其继承人有权继承其在某文具公司的股份，但如何选择本案的准据法是一个争议问题。根据《法律适用法》第31条的规定，应当首先判断郭某伟的经常居所地。根据《法律适用法解释（一）》第13条的规定，审判机关处理涉外民事案件，对于自然人的经常居所地的认定，第一步审查当事人是否在某一地点连续居住满一年以上，并且该地是当事人的主要涉外法律关系发生地，并且以该地为主要的生活中心。第二步审查当事人是否属于因生病就医或者因为工作的调动而派遣的情形，对于此种情况，如果当事人在该地居住满一年，也不能因此将该地点视为其经常居所地。根据法条的内容可知，对于经常居所地的判断必须同时满足两个标准，第一，在时间上必须有持续的状态，不得中断，在时间要求上不得低于12个月；第二，除以时间持续为标准，当事人还必须满足实质标准，例如当事人主要的工作地或者当事人与配偶等家庭生活成员主要的生活地，即当事人从事社会经济生活的中心，从而证明其有在某地长期生活的意图。结合本案来看，郭某伟的主要工作地在青岛，其所在公司所开展的业务也在中国大陆，除了工作，郭某伟还把青岛作为自己主要的生活地，在青岛有其所支配的财产住房、车辆，对于某文具公司的股东股份继承的问题，应当适用中国大陆的法律。

关于郭某伟与李某珍的夫妻财产关系，根据《法律适用法》第24条的规定，在当事人没有选择法律的情况下，适用双方的共同经常居所地法，郭某伟的经常居所地是青岛，因此要根据当事人提供的证据判断李某珍的经常居所地。在二审程序中李某珍又提交了一份台湾居民往来大陆通行证，主张自己在2012年至2013年在中国大陆长期居住，并在中国大陆和台湾频繁来往。二审法院认定采用的是相对连续居住的状态标准，可以认定李某珍在青岛连续居住超过12个月，最终以青岛作为他们的共同经常居所地适用我国大陆法律解决夫妻财产关系纠纷。经常住所地是指自然人出于临时定居的目的，自愿并经常居住在某一个国家或地区。[①] 一般认为，经常居所地的判断标准应从两个标准考虑：一是评估期间，二是定居意图。各国对于经常居所地的时间认定存在一定差异，在我国法院起诉并经我国法院审判的，经常居所地的时间不得低于12个月，对于当事人仅仅因工作的调动或其他原因偶然在某地居住，不认定此地为经常居所地。实践中，对于"连续"的判断也不是以一个僵化的标准，因某事离开经常居所地或者出差、旅游等原因，不视为时间的中断。定居意图是指自然人打算暂时并且规律的在某地

---

[①] 何其生：《国际私法》，北京：北京大学出版社，2023年，第42页。

生活的意愿。定居意图的判断也比较灵活,往往是从当事人在该地居住的时间,或者以该地是民事法律关系的发生地分析认定的。在本案中,郭某伟的主要生活工作在青岛,李某珍也经常在中国台湾和大陆之间频繁来往,可认为他们是以中国大陆为生活中心的,所以一审法院和二审法院关于青岛为二人的经常居所地的认定正确。

### 【实操分析】

自《法律适用法》出台后,我国涉外民事关系中有关人的身份、资格和能力等方面的法律适用,经常居所地几乎都是作为重要的连结点,而国籍则是作为可供选择适用的连结点之一。

经常居所地的确定直接影响着当事人权利义务。在适用范围上,不仅适用与先前住所和国籍为连结点的属人法领域,诸如自然人行为能力领域、抚养、监护和继承,也适用于自然人的权利能力、法人的权利能力和行为能力、自然人的死亡或失踪宣告、人格权、婚姻等传统法律没有规定的领域。[①]《法律适用法解释(一)》中对自然人经常居所地的界定的合理性和先进性无需多言,可是至今都没有法律对共同经常居所地的认定进行说明或者界定,实践中不能单一地把自然人的经常居所地的认定模式叠加到当事人之间的共同经常居所地的认定中来。法院在司法实践过程中,容易忽略"生活中心"的标准,一般采用当事人是否首先满足一定的居住时长,这是司法实践存在的不足。法院应当从多方面来进行分析和界定,例如,当事人搬迁的原因、个人的职业状况、共同居住在某地的意愿等实际情况。

## 案例二 梁某与庞某坚股权转让纠纷案[②]

### 【基本案情】

梁某与庞某清于1988年登记结婚,1994年4月12日登记离婚。后梁某与庞某清前往美国共同居住,并于2003年7月15日在美国生育了梁A。2011年7月18日,庞某清去世。广西东西方某有限公司的股东原为庞某清与庞某坚,庞某清、庞某坚共同享有该公司的股份。2011年9月28日,庞某坚向广西壮族自治区南宁市工商行政管理局申请办理变更登记,将公司变更为自然人独资有限公司,股东由原来的庞某清与庞某坚两人变更为庞某坚一人,庞某坚占公司100%股份。梁某认为庞某坚利用职务之便非法转让股权的行为,侵害了遗产继承人梁A的权利,故梁某作为梁A的法定代理人向广西壮族自治区南宁市中级人民法院提起诉讼,要求确认股权转让协议无效,并要求被告庞某坚协助办理股权回转的相关手续。法院立案受理该股权转让纠纷。

---

① 何其生:《国际私法》,北京:北京大学出版社,2023年,第48页。
② [2018]桂01民初87号判决书。

被告辩称：第一，本案原告可能不具备适格原告资格，理由如下：（1）梁 A 可能具有单独提起本案诉讼的行为能力。如法定代理人梁某所述，梁 A 为美国人，已经年满 16 岁，现居住于美国加利福尼亚州。根据《法律适用法》第 11 条、第 12 条的规定，自然人的民事权利能力、民事行为能力，适用经常居所地法律，因此应根据美国法律确定梁 A 是否具有独立提起本案诉讼的法定权利能力。如梁 A 有此权利能力，则应由其本人独立决定是否提起本案诉讼，并取消梁某的法定代理人资格。（2）梁某提供的《安康某某物 DNA 检验意见书》不能证明梁某是原告梁 A 的父亲。该意见书陈述，其据以作出检验结论的检材是梁某与梁 A 的指甲，但对该指甲是否由检验人员亲手采集于原告梁 A 本人未做任何表述。因此，被告不认可该指甲采集于原告梁 A 本人，即该检验意见不能确切无误地证明梁某即为原告梁 A 的父亲。（3）自原告梁 A 的母亲庞某清于 2011 年 7 月 18 日病逝之后，原告一直由被告照顾、抚养、接送上学，随被告一起生活，直至其于 2018 年 7 月返回美国。而梁某除了对原告梁 A 可能继承庞某清的遗产，尤其是能够产生现金流的本案所涉股权，表现出特别的兴趣之外，对原告梁 A 并没有表现出作为一个亲生父亲应有的关心、爱护。梁某的所作所为，确实不是一个亲生父亲的应有的表现。第二，根据《民事诉讼法》第 5 条第 2 款的规定，外国法院对中华人民共和国公民、法人和其他组织的民事诉讼权利加以限制的，中华人民共和国人民法院对该国公民、企业和组织的民事诉讼权利，实行对等原则。因此，要求法院查明美国法律是否对我国公民的民事诉讼权利加以限制，以确定是否应对原告梁 A 的诉讼权利加以限制。第三，如梁某具备本案原告的法定代理人资格，原告的本案诉请也已超出法定诉讼时效。

法院认为：首先，本案系因股权转让产生的纠纷，案涉合同的签订地、履行地及被告住所地均位于中华人民共和国领域内，根据我国法律规定，当事人没有选择适用法律的，根据最密切联系原则确定准据法，确认本案适用中华人民共和国法律审理。其次，对于梁某作为原告法定代理人的主体是否适格，认为应当依据《民法总则》第 23 条、第 27 条的规定，在原告未满十八周岁的情形下，梁某作为原告的父亲是其法定监护人，故梁某作为原告的法定代理人以原告名义提起本案诉讼，并无不当。最后，对于案件的其他事实，被告属于擅自处分庞某清生前财产，损害了包括原告在内的庞某清法定继承人的权益，故依照《合同法》第 51 条的规定，原告主张确认案涉股权转让协议无效，合法有据。因此，一审法院作出判决，支持了梁某的诉讼请求，认定案涉股权转让协议无效。

**【主要法律问题】**

本案中原告是否具有独立提起本案诉讼的权利能力？为什么？

**【主要法律依据】**

（1）《法律适用法》第 7 条、第 11 条、第 12 条、第 41 条。

(2)《法律适用法解释（一）》第 11 条、第 13 条。

**【理论分析】**

本案系股权转让合同纠纷，案件审理中被告辩称原告可能不具备原告资格，其中一个原因为原告可能具有单独提起本案诉讼的行为能力。本案中关于梁 A 是否具有独立提起诉讼的行为能力的法律适用问题，关键在于梁 A 的经常居所地的确定。本案虽为股权转让合同纠纷，但《法律适用法解释（一）》第 11 条①明确规定，对于涉及多重复杂的法律关系，审判机关应当逐一确定其应适用的法律。本案中原告资格的适格问题很显然与本案案由属于两个不同的法律关系，原告是否具有独立提起诉讼的行为能力要根据《法律适用法》第 11 条和第 12 条的规定判断。根据上述两条的规定，梁 A 的诉讼权利能力和行为能力同时指向了其经常居所地法。原告自母亲庞某清 2011 年 7 月 18 日病逝之后，一直随被告在中国生活，直至 2018 年 7 月返回美国。法院于 2018 年 1 月 15 日立案受理该股权转让纠纷。根据《法律适用法解释（一）》第 13 条②的规定，显然梁 A 的经常居所地为中国，其民事诉讼资格问题应适用中国法。

本案判决中虽然正确适用了中国法，但其法律适用过程存在明显错误。根据被告主张及基本案情，本案涉及三个法律关系的法律适用：一是原告的主体资格；二是股权转让；三是诉讼时效。

根据上述《法律适用法解释（一）》第 11 条之规定，人民法院应当分别确定应当适用的法律。第一个法律关系前段已分析；而对于第二个法律关系，本案系因股权转让产生的纠纷，根据《法律适用法》第 41 条，双方可以协议选择合同的准据法，如无约定，则适用履行义务最能体现该合同特征的一方当事人经常居住地法律或者其他与该合同有最密切联系的法律。本案中当事人没有就合同的准据法进行有效约定，本案系因股权转让产生的纠纷，案涉合同的签订地、履行地及被告住所地均位于中华人民共和国领域内，故法院确认中国法为案件的准据法；第三个法律关系，即关于诉讼时效的问题，《法律适用法》第 7 条③规定，对于诉讼时效的法律适用应当与准据法保持一致，即具体案件中的实体法律关系的准据法。本案中诉讼时效是关于股权转让，而股权转让的准据法为中国法，那么其诉讼时效也同样适用中国法的规定。本案中法院没有根据不同的法律关系分别确定其准据法，而是确定了案由准据法为中国法后，案件所涉其他问题也统统适用了中国法。法院没有经过对各个法律关系的判断和准据法的指引，直接选择法院地法作为案件所涉所有法律关系的准据法，这种做法显然不符

---

① 《法律适用法解释（一）》第 11 条规定："案件涉及两个或者两个以上的涉外民事关系时，人民法院应当分别确定应当适用的法律。"

② 《法律适用法解释（一）》第 13 条规定："自然人在涉外民事关系产生或者变更、终止时已经连续居住一年以上且作为其生活中心的地方，人民法院可以认定为涉外民事关系法律适用法规定的自然人的经常居所地，但就医、劳务派遣、公务等情形除外。"

③ 《法律适用法》第 7 条规定："诉讼时效，适用相关涉外民事关系应当适用的法律。"

合审理案件的正当程序。

**【实操分析】**

本案的实践意义可以体现在以下几个方面：

第一，依《法律适用法解释（一）》第 11 条之规定，法官在审理过程中要首先理清案件所涉法律关系，从萨维尼的法律关系本座说开始，冲突法就从法律规则转向了法律关系，案件的法律适用过程是分别找出案件中不同的法律关系的准据法。本案中法院的做法，不区分法律关系，统统适用一种法律的做法在实践中并不少见。不逐一分析法律关系，而统一适用法院地的法律，本案中关于诉讼时效的法律适用从基本案情来看即是这种情况。虽然法院未对不同法律关系进行分析并不必然导致准据法确定的错误，进而影响判决结果，但这种做法显然没有实现程序正义，同时也会成为上诉理由之一。

第二，本案中法官处理诉讼时效问题时，直接适用了我国《民事诉讼法》，即法院地法。这种做法很显然将诉讼时效问题识别为了程序问题，因为诉讼程序问题适用法院地法，程序问题适用法院地法在国际私法领域不管是立法还是学界都是公认的。但是，时效到底是程序问题还是实体问题，各国处理上有很大差异。英美法系国家传统上大多将时效作为一个程序事项来处理而适用法院地法，但美国联邦高等法院在界定诉讼时效这一问题上也存在分歧，时而将其归为实体范畴，时而将其归为程序范畴。我国则将诉讼时效归为实体问题，《法律适用法》第 7 条明确了这一点。本案法院在判决书中将诉讼时效正确归纳到实体问题中，但却直接适用了法院地法，实属自相矛盾。

第三，我国对于自然人民事行为能力的确定采用的是属人法中的"经常居所地主义"，而以行为地法作为例外。关于经常居所地的确定本章案例一已有论及，此处不再赘述。如果当事人从事的是特殊法律行为，如处置不动产的行为能力应当依照其特别规定，即适用不动产所在地法。而本案是涉及股份转让的纠纷，不属于特殊法律关系，也应当适用当事人的经常居所地法律作为判断其行为能力的标准。自然人的权利能力和行为能力的认定在一国国内发生的纠纷，比较容易解决，因为不存在法律规定冲突的问题。但是对于涉外民事关系的自然人的权利能力和行为能力的案件，由于各个国家对自然人的年龄、经常住所地等相关问题规定不一致，因此成为法律冲突的多发领域。例如，本案中如果适用美国法律，梁 A 是完全民事行为能力人，其可以直接向法院提起诉讼，无须委托代理人；如果适用中国法律，则梁 A 为限制民事行为能力人，尚需委托代理人进行诉讼。对于自然人权利能力和行为能力的法律适用，除了《法律适用法》第 11 条、第 12 条的一般规定，也要考虑特殊的民事行为能力问题。如婚姻之行为能力适用《法律适用法》第 21 条关于结婚实质条件法律适用的规定；继承之行为能力适用《法律适用法》第 31 条关于法定继承法律适用的规定。[①] 关于人格权内容

---

① 洪莉萍，宗绪志：《国际私法理论与实践探究》，北京：中国法制出版社，2014 年，第 162 页。

的法律适用，我国规定了适用权利人经常居所地法律，也有一些国家采用国籍国法律，一般认为，人格权的内容依当事人经常居所地法更有利于对权利人的有效保护。

## 思考题

1. 1995 年，刘某和李某自愿结为夫妻。结婚后刘某被单位派遣到法国进行为期两年的学习。随后刘某选择留在法国打工，在打工期间刘某先后给国内的李某汇款合计人民币 50 万元。2010 年，刘某被法国政府遣返回国。回国后，李某对刘某避而不见。2010 年年底，刘某向法院提起离婚诉讼，法院确认双方感情破裂，判决解除婚姻关系，并对财产进行了分割。李某不服判决提起上诉，声称她早以刘某下落不明为由，向法院申请宣告刘某死亡，且法院已经在 2005 年 10 月宣告刘某死亡。李某于 2008 年 5 月再次与他人登记结婚，所以没有所谓的"离婚"之说，请求法院予以撤销。得知自己已经"死去"，刘某将李某诉至法庭，控告李某在夫妻关系中有意隐瞒实情，并以非法手段宣告其死亡，从而实现了重婚的目的，其行为构成了重婚，请求法庭撤销对李某的判决，对其进行刑事处罚，并提出 10 万元的索赔。法院最终判决李某拘役 6 个月，缓刑 1 年，同时判决李某与他人的婚姻无效。①

问题：中国法院对刘某的宣告死亡是否有管辖权？有管辖权的法院应适用何国法律？

2. 在林某风、陈某花民间借贷纠纷案②中，关于当事人的经常居所地争议，深圳市中级人民法院认为，本案双方当事人对陈某花与林某风共同经常居所地在中国内地还是香港特区存在争议。法院依当事人申请调取了林某风、陈某花的出入境记录，二人在中国深圳和香港特区间频繁往来，时间基本一致，二人在深圳一般居住 3-5 天即返回香港特区居住，2015 年 6 月 1 日至 2017 年 12 月 31 日，在这 19 个月期间，陈某在深圳的居住天数约为 304 天，林某风约为 313 天。范某兴主张其二人在深圳居住的天数多于在香港特区居住的时间，故其二人的经常居住地为深圳。法院认为，林某风、陈某花在深圳居住的累计天数虽然略多于在香港特区居住的天数，但其在收取款项及出具《借条》之前的一年内，并没有连续居住于深圳，而是频繁往返于两地之间，又没有其他证据表明其以深圳作为生活中心，故据此不能认定二人的经常居所地位于深圳。林某风、陈某花均系香港特区居民，其共同经常居所地应为香港特区，故其夫妻财产关系应适用香港特区法律。

问题：法院在确定当事人经常居所地问题上适用的规则是什么？

---

① 刘晓红：《国际私法案例与图表》，北京：法律出版社，2012 年，第 129 页。
② 〔2019〕粤 03 民终 9271 号判决书。

# 第十章
# 婚姻家庭关系的法律适用

## 本章知识要点

随着国际民事交往的深入和人员流动的日益频繁，跨国婚姻逐渐增多。涉外婚姻的增多是我国对外开放程度加大的一种体现，但涉外婚姻关系的处理通常涉及不同国家的法律，而这些国家的婚姻法律制度存在差异，因此常引发法律适用的冲突。根据《法律适用法》第 21 条、第 22 条的规定，结婚的条件分为实质要件和形式要件。涉外婚姻的实质要件，适用当事人共同经常居所地法律；没有共同经常居所地的，适用共同国籍国法律；没有共同国籍，在一方当事人经常居所地或者国籍国缔结婚姻的，适用婚姻缔结地法律。涉外婚姻的形式要件，即结婚手续，只要符合婚姻缔结地法律、一方当事人经常居所地法律或者国籍国法律的，均为有效。

跨国婚姻虽然日益增多，但由于各个国家的历史文化、道德观念、传统习俗等不同，夫妻在相处过程中极易发生矛盾。尽管离婚是夫妻双方于婚姻存续期间解除婚姻关系的法律手段，但想要解除涉外婚姻关系却是困难重重。离婚制度在历史上经历了一个长期、曲折的过程。早期基督教宣布婚姻是圣典礼，除非当事人死亡，婚姻不可解除。受这种思想的影响，早先许多国家都不承认以离婚作为婚姻关系解除的方式。资产阶级在反封建的过程中，提出天赋人权的思想，宣称离婚是个人权利，从而逐步摆脱了婚姻不可解除的封建传统。目前，绝大多数国家都规定了有限制的离婚制度，但仍有极少数国家禁止离婚。离婚在解除夫妻之间人身关系的同时，还会终止夫妻之间的财产关系，并由此而引发一系列有待解决的法律问题，包括夫妻共同财产与个人财产的认定和分割、夫妻关系存续期间债务的定性和清偿、离婚后原配偶之间的扶养及离婚损害赔偿等。[①] 从各国的立法来看，离婚的条件也有实质要件与形式要件之分，由于各国的具体要求不尽一致，势必产生法律冲突，从而需要解决法律适用问题。关于离婚的法律适用，大致有以下几种主张：法院地法说、属人法说、选择适用属人法或法院地法说、重叠适用属人法和法院地法说、适用有利于实现离婚的法律说等。我国离婚制度实行的是诉讼离婚和协议离婚并行的方式。

---

① 杨大文，龙翼飞：《婚姻家庭法》（第八版），北京：中国人民大学出版社，2020 年，第 147 页。

《法律适用法》第 26 条、第 27 条分别规定了涉外协议离婚、涉外诉讼离婚的法律适用规则。其中，《法律适用法》第 26 条规定："协议离婚，当事人可以协议选择适用一方当事人经常居所地法律或者国籍国法律。当事人没有选择的，适用共同经常居所地法律；没有共同经常居所地的，适用共同国籍国法律；没有共同国籍的，适用办理离婚手续机构所在地法律。"《法律适用法》第 26 条赋予当事人有限的意思自治的权利，即可以在一方当事人经常居所地法律或者国籍国法律中加以选择。对于诉讼离婚，《法律适用法》第 27 条与已失效的《民法通则》的规定一致，即适用法院地法律。

扶养是指根据身份关系，在一定的亲属之间，有经济能力的人对于无能力生活的人应该给予扶助以维持其生活的一种法律制度。对于各国有关涉外扶养法律适用的立法，可作如下归类：首先，大多数国家规定应适用被扶养人的属人法；其次，有些国家规定适用扶养义务人的属人法；再次，个别国家规定适用双方共同属人法；最后，也有国家规定适用对被扶养人最为有利的法律。《法律适用法》第 29 条规定："扶养，适用一方当事人经常居所地法律、国籍国法律或者主要财产所在地法律中有利于保护被扶养人权益的法律。"该条充分体现了国际私法中对弱者利益保护的原则。对该条中的"扶养"一词一般应作广义解释，包括父母子女相互之间的扶养、夫妻相互之间的扶养及其他有扶养关系的人之间的扶养。

监护，一般是为监督和保护无行为能力人和限制行为能力人的人身和财产利益，以及其他合法权益而设置的一种法律制度。有关涉外监护的法律适用，大致有如下规定：监护制度是为保护被监护人的利益而设置的，以此为目的，大多数国家法律规定适用被监护人的属人法；有些国家在监护问题上适用法院地法；一些国家采用了政策导向与利益分析的法律选择规则，即适用有利于保护被监护人的法律。《法律适用法》第 30 条规定："监护，适用一方当事人经常居所地法律或者国籍国法律中有利于保护被监护人权益的法律。"也就是说，法官需要在监护人的经常居所地法律、被监护人的经常居所地法律、监护人的国籍国法律、被监护人的国籍国法律中进行比较，哪种法律对保护被监护人更为有利，就适用哪种法律。被监护人是指法律规定的无民事行为能力人和限制行为能力人，尤其是未成年人的心智、思想、经历等方面尚未成熟，将其视为"弱者"予以倾斜保护无可非议。此外，随着国际交流的不断深入，未成年人的国籍国并不总是与其生活中心相一致，此时若单一适用国籍国法，可能会与未成年人的实际联系地点相脱离，并不能真正保障未成年人的利益。《法律适用法》第 30 条除了考虑国籍因素，还增加了经常居所地这一重要连结点，防止了立法的空洞化，是一大进步。

## 案例一　毛某与陈某婚姻无效纠纷案[①]

### 【基本案情】

原告毛某与庞某于1954年8月29日在中国香港特别行政区（以下简称香港）按习俗举行婚礼，未在政府部门登记，共同在香港生活，并育有五名子女。1997年，被告陈某被聘用为保姆到广东省珠海市香洲区56号房照顾庞某的母亲，庞某母亲过世后，被告陈某继续留用照顾庞某。2013年6月15日，82岁高龄的庞某在香港因病去世，毛某在处理后事的事宜中，意外发现庞某与被告陈某瞒着所有的亲属于2013年5月16日到民政局办理了结婚手续，并共同在广东省珠海市生活。原告毛某认为庞某明知道自己有合法妻子还开具假证明办理结婚手续，严重伤害了家人的感情，属于重婚，遂提起诉讼，要求判决庞某与被告陈某的婚姻关系无效。

被告陈某辩称：（1）原告毛某提起本诉的主体不适格。根据当时《中华人民共和国婚姻法》（以下简称《婚姻法》）第10条和《最高人民法院关于适用＜中华人民共和国婚姻法＞若干问题的解释》（一）》第7条第（一）项的规定，以重婚为由提起的婚姻无效之诉，提起的主体包括婚姻当事人及利害关系人，利害关系人为当事人的近亲属及基层组织。本案中，原告毛某并非婚姻当事人，亦非当事人的近亲属，更非基层组织，且民事诉讼中身份关系不能自认，毛某在没有相应政府户籍登记部门出具的身份证明的情况下，作为原告的主体并不适格。（2）中国香港特别行政区与中国内地实行不同的司法制度，香港法律除关于婚姻登记的规定外，还有分居、离婚等多方面规定，两地社会制度和司法制度有巨大差异，香港法院对原告毛某与庞某是否具有事实婚姻关系不得而知。因此，在庞某本人不认可其与原告毛某存在事实婚姻关系的情况下，如果原告毛某认为其与庞某已经构成事实婚姻关系，那么原告毛某应先寻求香港法院对该事实婚姻关系作出认定后，另行寻求司法协助，而非直接在中国内地起诉请求确认婚姻无效。也就是说，只有原告毛某与庞某的所谓"事实婚姻关系"得到香港法律认可，其才能以庞某重婚为由在中国内地起诉婚姻无效。

### 【主要法律问题】

（1）本案应适用何种法律为准据法？
（2）庞某与陈某的婚姻关系是否有效？

### 【主要法律依据】

《法律适用法》第21条、第22条。

---

[①] ［2014］珠香法湾民一初字第305号判决书。

## 【理论分析】

涉外婚姻的法律适用是冲突法领域最为复杂的问题之一。结婚条件不仅关系到个体婚姻关系的建立或终止，也关系到社会伦理秩序的建构和维系。目前，各国对涉外婚姻缔结及有效性的认定，除了对在本国缔结的涉外婚姻施加限制，基本遵循了自由开放的态度和立场，以保护当事人基于婚姻自由的合法期望。婚姻成立的标志是结婚，结婚必须符合法律规定的实质要件和形式要件。结婚的实质要件事关婚姻制度的核心，与各国政治、经济、文化、宗教和人口等因素密切相关，一般要求达到法定婚龄、当事人出于自愿、不在一定的亲等之内等。对于结婚实质要件的法律适用，一般采用婚姻缔结地法、当事人本国法、当事人住所地法，或依不同情况采取混合制。结婚的形式主要有民事婚姻登记方式、宗教婚姻方式、普通法婚姻方式及领事婚姻方式。对于结婚形式要件的法律适用，一般采用婚姻举行地法、当事人属人法、选择适用当事人属人法或婚姻举行地法。《法律适用法》第21条中的"结婚条件"是指婚的实质要件，该条兼采共同属人法和婚姻缔结地法，规定了"共同经常居所地""共同国籍国""婚姻缔结地"三个连结点，试图在涉外婚姻有效性的认定中确立符合国际立法趋势的"有利于婚姻"的原则。[①]《法律适用法》第22条中的"结婚手续"是指结婚的形式要件，该条对于结婚的形式要求较为宽松，尽量确立形式有效。

## 【实操分析】

庞某虽是中国香港居民，但生前与被告陈某的共同经常居所地在中国内地，根据《法律适用法》第21条关于"结婚条件，适用当事人共同经常居所地法律"的规定，本案对于庞某与被告陈某之间婚姻关系的认定应适用中国内地法律。庞某在与原告毛某婚姻关系存续期间，在明知自己有配偶的情况下，又与被告陈某登记结婚，到婚姻登记机关骗领了结婚证，庞某与被告陈某之间的婚姻关系应为无效，且违反了我国一夫一妻的婚姻制度和公序良俗，是重婚行为。

关于原告毛某与庞某于1954年在香港按习俗举行婚礼的效力问题，尽管《法律适用法》自2011年4月1日起施行，但根据《法律适用法解释（一）》第2条的规定，可以参照《法律适用法》的规定确定，由于二人的共同经常居所地在香港，因此应适用香港法律。根据香港《婚姻制度改革条例》第7条的规定，凡于指定日期（1971年10月7日）前按照中国法律与习俗在香港举行婚礼者，即构成旧式婚姻。法院认定原告毛某与庞某系合法夫妻关系。原告毛某作为庞某的合法配偶，要求判决庞某与被告陈某的婚姻关系无效的请求，理由正当，法院予以支持。

---

[①] 黄进：《中华人民共和国涉外民事关系法律适用法建议稿及说明》，北京：中国人民大学出版社，2011年，第4页。

## 案例二　符甲与丙离婚后财产纠纷案①

【基本案情】

原告符甲（女，中国国籍）与被告丙（男，美国国籍）于2014年认识，在我国贵州省贵阳市民政局登记结婚，并育一子符乙。2019年年初，被告丙一直与他人同居，导致双方感情破裂，之后双方协议离婚，并于2019年10月30日领取离婚证，协议中约定被告向原告支付赔偿金50万元，并每个月支付5000元抚养费给符乙。协议离婚后，被告丙从2020年1月开始就一直未支付孩子的抚养费，原告符甲多次催告，被告丙直言要回美国，抚养费和赔偿金也不会再支付。经查明双方当事人在《离婚协议书》中约定：男方同意在离婚后补偿女方50万元，由男方按照每两年支付一次的方式分十期支付至女方的银行账户中，即2020年12月31日前支付第一笔5万元，2022年12月31日前支付第二笔5万元，2024年12月31日前支付第三笔5万元，依此类推。另查明：被告在2018年12月4日曾以团聚为由来中国居住，公安机关出具的外国人住宿登记表载明的拟离开日期为2019年11月24日。停留期间，被告先在贵州省贵阳市南明区居住，2019年7月21日后在贵州省贵阳市观山湖区居住。被告持有的《中华人民共和国外国人居留许可》载明的居留期至2020年11月3日，签发日期为2019年11月18日。

【主要法律问题】

（1）本案应适用什么法律为准据法？
（2）双方当事人在离婚时是否形成共同经常居所地？

【主要法律依据】

（1）《法律适用法》第26条。
（2）《法律适用法解释（一）》第13条。

【理论分析】

离婚在解除夫妻之间人身关系的同时，还会涉及夫妻之间的财产关系、孩子的抚养和监护等。各国对离婚的法定理由有着不同规定，有的采用过错离婚，有的采用无过错离婚，有的是列举式，有的是原则式。对于离婚的形式，有的是协议式，有的是判决式，有的二者均可。对于涉外离婚的法律适用规则，主要采用适用法院地法、适用当事人的国籍国法或住所地法、国籍国法或住所地法与法院地法相结合。《法律适用法》规定的解除婚姻关系的途径包括协议离婚与诉讼离婚两种，该法第26条、第27

---

① 〔2020〕黔0115民初8308号判决书。

条对于协议离婚、诉讼离婚的法律适用分别作出了规定。如果双方当事人选择在我国婚姻登记机关协议解除婚姻关系,对于能否离婚及离婚协议是否有效的问题应根据《法律适用法》第 26 条的规定确定准据法。

**【实操分析】**

本案中,原告的国籍为中国,被告的国籍为美国,双方当事人之间属于涉外民事关系,因此属于涉外离婚纠纷。根据《法律适用法》第 26 条的规定,夫妻双方可以选择适用任何一方的经常居所地法律或者国籍国法律。本案无证据证明在协议离婚时,双方当事人有选择适用法律的约定。结合被告在 2018 年 12 月 4 日以团聚为由来中国居住、2019 年 10 月 30 日协议离婚并予以登记,且在此停留期间变更居住地点的事实,不足以认定双方当事人在协议离婚时形成了共同经常居所地,加之双方没有共同国籍,故应适用办理离婚手续机构所在地法律,即适用我国法律对本案予以裁判。需要说明的是,协议离婚是当事人解除婚姻关系的离婚方式,因此,协议离婚的效力适用范围只需涉及离婚的条件和离婚的效力,即法院只需在考察根据当事人协议选择的准据法能否离婚和离婚协议是否有效性时才适用《法律适用法》第 26 条;而当涉外离婚案件需要具体考察夫妻人身关系、夫妻财产关系及父母子女间的人身和财产关系的法律适用时,分别适用其对应的《法律适用法》第 23 条、第 24 条和第 25 条即可。[①]

## 案例三 崔某诉朴甲等赡养费纠纷案[②]

**【基本案情】**

原告崔某(韩国国籍)生育子女三人:被告朴甲(崔某长女,中国国籍)、原告崔某的委托诉讼代理人朴乙(崔某长子,中国国籍)、被告朴丙(崔某次子,中国国籍)。2010 年 7 月 5 日,法院作出民事判决(已生效),由朴甲、朴乙、朴丙从 2010 年 7 月开始,每人每月向原告崔某支付赡养费 300 元人民币,支付方式为三个子女在每年的 1 月 30 日、7 月 30 日之前分别支付 1800 元。现原告崔某与长子朴乙共同生活,其年事已逾八十,生活基本不能自理,没有固定收入来源,并从 2018 年 1 月份开始雇请保姆照顾其生活,因其无法支付保姆费及其他生活费用而诉至法院,要求二被告朴甲、朴丙增加支付赡养费。

**【主要法律问题】**

本案应适用何种法律为准据法?

---

① 马志强,尹启云:《论我国涉外协议离婚法律适用与完善》,《福建江夏学院学报》2022 年第 5 期,第 77 页。
② 〔2018〕吉 24 民初 128 号判决书。

**【主要法律依据】**

《法律适用法》第 29 条。

**【理论分析】**

扶养通常是指有血缘关系的人之间或者是基于法律的规定而产生的人与人之间的一种权利义务关系。在扶养关系中,由扶养人负责对被扶养人提供经济来源,并且照顾其日常生活。广义的扶养不仅发生在平辈之间,还发生在不同辈分之间,例如长辈对晚辈的抚养、晚辈对长辈的赡养等。关于涉外扶养关系的法律适用,《民法通则》(已失效)第 148 条采用了最密切联系原则,虽未直接规定保护弱者利益,但在司法实践中,法官往往基于对弱者利益保护的角度寻找最密切联系地。《法律适用法》第 29 条要求在扶养人和被扶养人经常居所地法律、国籍国法律或者主要财产所在地法律中进行比较,有利于保护被扶养人权益的法律应予适用,其较《民法通则》的规定更为直接地体现了"弱者利益保护原则"。

**【实操分析】**

本案原告为韩国国籍,二被告均为中国国籍,因此本案属涉外民事纠纷。原告崔某向我国法院提起增加赡养费的诉讼,根据《法律适用法》第 29 条之规定,由于本案原、被告的经常居所地均在中国,原、被告的国籍分别为韩国、中国,主要财产所在地也在中国,因此适用中国法律最有利于保护被扶养人权益。

按照我国法律,成年子女对父母有当然的赡养扶助义务,子女不履行赡养义务时,无劳动能力的父母,有要求子女给付赡养费的权利。本案中,二被告均系原告崔某之婚生子女,由崔某抚养成人,虽 2010 年判决由三子女每人每月承担赡养费 300 元,但原告崔某现年事已高,体弱多病,没有劳动能力,生活成本增加,子女理应对其增加赡养费。考虑到原告崔某的年龄和身体状况,三子女亦应共同承担原告崔某雇请保姆的费用及增加支出的医药费等费用。作为子女,应尽力满足老人经济上的供养、生活上的照料,尤其注重对老人精神上的慰藉和关心,因此崔某要求三子女每人每月增加支付 1400 元的赡养费合乎常理,亦符合法律规定,法院应予以支持。

## 案例四  胡某某与余某某申请撤销监护人资格案[①]

**【基本案情】**

郑甲系申请人胡某某(加拿大国籍)之子郑乙与被申请人余某某之女葛某某所生

---

① 〔2015〕闵民一(民)特字第 39 号判决书。

之子，于 2004 年 8 月 2 日出生。2011 年 12 月 16 日，郑乙、葛某某因车祸死亡。2014 年 3 月 5 日，上海市静安区江宁路街道新安居民委员会指定余某某为郑甲的监护人。胡某某不服该指定，诉至上海市静安区人民法院，要求指定其为郑甲的监护人。该院于 2014 年 6 月 4 日作出〔2014〕静民一（民）特字第 3 号民事判决，判决对胡某某的诉讼请求不予支持。胡某某与余某某达成调解协议，双方约定：外祖母余某某暂为郑甲的监护人，祖父母胡某某、郑某某有探视权利；在祖父母回上海期间 2~3 个星期（20 天左右）看望孩子一次；祖父母可到学校里了解孩子的读书情况等。

现胡某某申请撤销余某某监护人资格，申请人胡某某称，2015 年 2 月，余某某未与申请人商量，擅自将郑甲带至加拿大，致使郑甲在国内的学习中断，亦造成其生活不安定，同时余某某的行为妨碍申请人行使探视权；现郑甲居住在加拿大，而余某某缺乏在国外的生活经验，对外交流存在障碍。胡某某认为，其有能力抚养郑甲，郑甲随其生活更有利于成长。余某某称：2015 年 2 月，带郑甲至加拿大，是为处理郑甲继承其父在加拿大的遗产事宜；其到加拿大后曾与申请人联系，但申请人已搬离原住处，故未联系上；在加拿大期间，郑甲正常上学，且得过奖状；申请人曾在加拿大申请对郑甲的监护权，加拿大政府经过调查，认为被申请人担任监护人是合理的。

**【主要法律问题】**

本案应适用哪国法律作为准据法？

**【主要法律依据】**

《法律适用法》第 30 条。

**【理论分析】**

在监护问题上，由于各国法律对被监护人的范围、监护的设立、监护人应具备的条件、监护的方式、监护人的人数、监护人的职责等作了不同规定，因而，具有外国因素的监护关系，可能因为适用法律不同而产生法律冲突。[①]

《法律适用法》第 30 条关于涉外监护法律适用的规定有以下几个特点：第一，在《法律适用法》出台之前，我国立法中并未有涉外未成年人监护准据法确定的规则，该条弥补了我国对涉外监护法律适用的立法空白。第二，设置了监护人的经常居所地、被监护人的经常居所地、监护人的国籍、被监护人的国籍四个连结点，避免了连结点的僵化和机械。第三，在监护关系中，作为无行为能力人和限制行为能力人的被监护人明显属于弱方，该条要求法官在上述四个连结点所指向的法律中进行全面比较分析，最有利于保护被监护人权益的法律应该作为准据法予以适用，充分体现了国际私法中的"弱者利益保护原则"。

---

[①] 刘想树：《国际私法》（第二版），北京：法律出版社，2015 年，第 266 页。

**【实操分析】**

因申请人胡某某系加拿大国籍，本案定性为涉外监护纠纷。被监护人郑甲自出生起，便随父母及外祖父母共同在上海生活，父母去世后，一直由外祖父母实际承担其日常的生活和学习开支。从有利于郑甲的身心健康及成长角度看，根据《法律适用法》第30条的规定，适用我国法律更有利于保护郑甲的权益。因此，应适用我国法律对案件予以裁判。根据我国法律规定，未成年人的父母是未成年人的监护人。未成年人的父母已经死亡或者没有监护能力的，由下列人员中有监护能力的人按顺序担任监护人：(1) 祖父母、外祖父母；(2) 兄、姐；(3) 经未成年人住所地的居民委员会、村民委员会或者民政部门同意的其他愿意担任监护人的个人或者组织。监护人应当履行监护职责，监护人不履行监护职责或者侵害被监护人的合法权益的，应当承担责任。人民法院可以根据有关人员或者有关单位的申请，撤销监护人的资格。

本案中，被申请人余某某作为郑甲的外祖母，在郑甲的父母已经死亡的情况下，是法律规定的郑甲的首选监护人之一。现余某某有监护能力且愿意承担监护职责，又经上海市静安区江宁路街道新安居民委员会指定，其依法担任郑甲的监护人。依照法律规定，申请人胡某某也可以担任郑甲的监护人，但双方经过协商，达成了由余某某担任郑甲的监护人的协议，该协议系双方真实意思表示，不违反法律规定，合法有效，具有法律约束力。现申请人申请撤销余某某的监护人资格，但未能充分举证证明余某某担任监护人后有不履行监护职责或者侵害被监护人合法权益的行为，故对于申请人的申请，法院不予支持。对于申请人要求探望郑甲的诉求，被申请人应当提供相应的便利，被申请人拒不配合的，申请人可以通过合法途径解决。

# 思考题

欧某系中国台湾居民，2016年在广州市天河区死亡。原告黄甲系欧某与被告黄乙两人生育的儿子。原告在本案诉讼中主张其母亲欧某与被告黄乙存有合法婚姻关系，并称两人在中国台湾地区结婚。为此，原告提交了经中国台湾公证机构公证的《结婚公证书》、被告与欧某婚礼和婚宴照片等。另原告提交了由上述机构公证并经广东省公证协会核验的《结婚证明书》。被告对《结婚公证书》《结婚证明书》有异议，认为上述《结婚公证书》《结婚证明书》所载的结婚登记，其与欧某均未亲自到场办理，可能是欧某通过关系向中国台湾地区相关部门领取了上述结婚证明及证件，因此认为两人婚姻关系无效。被告承认其与欧某于1989年在中国台湾地区有摆酒（即举行婚礼及婚宴），对原告提交的婚礼、婚宴照片的真实性无异议。

被告在本案中主张其与案外人孙某在中国香港登记结婚，现仍为夫妻关系。原告在本案诉讼中提交了其母亲欧某的自书遗嘱一份，遗嘱称本人去世之后，包括但不限于上述所列举的房产中归本人所有的份额及其他本人届时所实际拥有的全部财产均由本人的儿子黄甲个人继承。被告黄乙对上述自书遗嘱真实性无异议，但对关联性有异议，称：上述自书遗嘱所涉中国境内的5套房产均由本人出资购买，并非其与欧某的共同财产；该5套房产仅是交由欧某管理，其中登记在欧某名下的有2套，而登记在自己名下的有3套。

问题：本案对于欧某与黄乙之间婚姻关系的认定应适用什么法律？为什么？

# 第十一章
# 继承关系的法律适用

## 本章知识要点

继承是一种特殊的民事法律关系,即死者生前所留的财产(包括有关权利和义务)转移给有权利承受的他人的行为。[1] 继承制度涉及个人、家庭和社会价值观念,各国在调整继承关系时不可避免地受其政治、经济、历史、宗教和伦理等因素的影响,由此各国关于继承的立法差异较大,法律冲突普遍存在。正因为继承制度具有多元性,国际私法上的属人法则、属物法则及行为法则都不同程度地对继承制度产生影响。涉外继承主要分为涉外遗嘱继承和涉外法定继承两种形式。

遗嘱是立遗嘱人在生前对其财产进行处分并于死后发生法律效力的单方法律行为。[2] 世界上许多国家的立法一般都对遗嘱效力作了明确规定,但其内容不尽相同。随着国际民商事交往的加强,我国涉外继承关系日益复杂,涉外遗嘱继承中的问题尤为突出。在《法律适用法》颁布之前,我国对于涉外继承的法律适用,主要规定在《民法通则》第149条和《中华人民共和国继承法》(以下简称《继承法》)第36条中,但这两个条文只对涉外法定继承的法律适用作了规定,对涉外遗嘱继承的法律适用规则并未涉及。《民法通则》《继承法》缺少涉外遗嘱继承法律适用规则有其深刻的社会根源和思想根源。中国封建社会绵延宗祧、传承宗法为主旨的继承制度根深蒂固、影响深远,法律文化缺乏个人自由观念由来已久,遗嘱继承法律适用缺漏理所当然。[3]《法律适用法》没有区分动产和不动产,从遗嘱方式、遗嘱效力两个方面规定了遗嘱继承的法律适用问题。其中第32条规定:"遗嘱方式,符合遗嘱人立遗嘱时或者死亡时经常居所地法律、国籍国法律或者遗嘱行为地法律的,遗嘱均为成立。"该条设置了遗嘱人立遗嘱时经常居所地、遗嘱人立遗嘱时国籍国、遗嘱人死亡时经常居所地、遗嘱人死亡时国籍国、遗嘱行为地五个连接因素,指向的法律只要符合其中之一,遗嘱方式即合法有效,体现了对遗嘱形式极为宽松的立法态度,也反映了对遗嘱人生前意愿的充分尊重。第33条规定:"遗嘱效力,适用遗嘱

---

[1] 丁伟:《国际私法学》,上海:上海人民出版社,2004年,第438页。
[2] 李双元,欧福永:《国际私法》(第六版),北京:北京大学出版社,2022年,第340页。
[3] 刘宏:《我国涉外遗嘱继承法律适用的立法、理论与实践》,《中国政法大学学报》2019年第5期,第105-115页。

人立遗嘱时或者死亡时经常居所地法律或者国籍国法律。"该条为选择性冲突规范，设置了遗嘱人立遗嘱时经常居所地、遗嘱人立遗嘱时国籍国、遗嘱人死亡时经常居所地、遗嘱人死亡时国籍国四个连接因素，赋予法官较大的自由裁量权。但在国际社会中，为了保证遗嘱效力的稳定性，多数国家的国际私法对于遗嘱效力的法律适用采取较为严格的规定，较少采用选择性冲突规范，而我国的规定虽然赋予了法官的选择权，但影响了遗嘱的稳定性，可能造成遗嘱人立遗嘱时规避法律的情况发生。《法律适用法》对遗嘱方式与遗嘱效力的法律适用的规定，填补了《民法通则》与《继承法》的立法空白，具有开创性意义，但遗憾的是，其未明确遗嘱能力、遗嘱解释、遗嘱变更、遗嘱撤销等法律适用问题。也有学者认为，《法律适用法》中的遗嘱效力法律适用的规定应做广义理解，应包含遗嘱继承所有的实质要件，即遗嘱能力、遗嘱内容、遗嘱的解释与撤销等。①

法定继承也叫无遗嘱继承，是指在被继承人没有订立遗嘱或者所订遗嘱无效的情况下，根据法律规定的继承资格和继承程序进行的继承。法定继承以一定的人身关系为前提，如被继承人与继承人之间的婚姻、血缘关系等。目前各国对于法定继承的立法规定各不相同，在涉外法定继承中存在法律冲突的可能，具体表现在继承人的范围、继承人的顺序、继承遗产的份额及遗产管理等方面。关于法定继承的法律适用，主要有两种不同的立法方式：一种是同一制（单一制），即不区分遗产是动产还是不动产，统一适用被继承人的属人法；另一种是区别制（分割制），就是将被继承人的遗产分为动产和不动产，分别适用不同的冲突规范，不动产继承适用不动产所在地法，动产继承适用被继承人的属人法。同一制的优势在于顾及了继承的整体性，简单易行，避免了将同一继承关系适用不同法律而产生冲突的可能性；其劣势在于，由于不动产继承也适用被继承人的属人法，而没有适用不动产所在地法，因此不利于判决的承认与执行。区别制的优势在于，由于不动产继承适用了不动产所在地国家的法律，尊重了不动产所在地国家的继承法或民法典，判决容易得到承认与执行；其劣势在于程序难免复杂烦琐，导致法律适用的复杂化，加大了法官的工作任务，操作难度较大。从各国实践来看，两种立法方式各有利弊，不同国家也根据自身情况作出取舍，采取了适合本国国情的立法体例。我国《法律适用法》第31条规定："法定继承，适用被继承人死亡时经常居所地法律，但不动产法定继承，适用不动产所在地法律。"可见，我国对法定继承的法律适用采取了区别制的做法。

---

① 赵相林：《国际私法》（第四版），北京：中国政法大学出版社，2014年，第219页。

## 案例一　吴乙诉吴甲等继承纠纷案[①]

**【基本案情】**

吴父与赵母系夫妻，婚后生有三子一女，即吴甲、吴乙、吴戊、赵甲。吴父、赵母、吴甲、吴乙、赵甲均为澳大利亚国籍。吴戊与高甲系夫妻，婚后生有一子一女，即吴丙、吴丁。吴父自其单位北京某大学分得涉案房屋，后购买为个人所有，于2009年取得房产证，登记在吴父名下。赵母、吴父分别于2010年5月31日、2014年7月28日在澳大利亚去世。吴戊于2018年8月27日去世。2005年5月25日，吴父、赵母曾授权吴甲全权处理二人在北京某大学的房屋事宜。2007年3月22日，吴父、赵母就上述房屋委托事宜另行制作委托书，并经澳大利亚公证认证。吴乙提交了经澳大利亚公证认证的《临终遗嘱》，主要内容为：立遗嘱人为本人，居于新南威尔士州某路某房。本人谨此撤销之前由本人在任何时间作出的所有遗嘱及遗嘱性质的处置，并宣布此为本人的临终遗嘱。本人指派本人儿子吴乙为本临终遗嘱的执行人和受托人，但若本人儿子吴乙先于本人离世，那么本人指派本人儿媳 Svetlana Wu 为遗嘱执行人和受托人……本人将本人所有财产，不论是动产还是不动产，不论何种性质位于何处，均由本人的受托人按照以下持有：（1）偿还我的所有合法债务、葬礼和遗嘱费用、州遗产税、联邦遗产税及所有其他在本人死亡后或因本人死亡而应当支付的任何税项或税款。（2）为本人所述的儿子持有本人剩余遗产；若他先于本人离世，则为本人所述儿媳持有；而若儿媳亦先于本人离世，则为本人孙子 Andrew Nazarov Wu 持有。落款处有吴父及见证人的签名。吴乙要求依法由其继承吴父位于北京市的涉案房屋。高甲、吴丙、吴丁同意吴乙的诉讼请求。本案争议在于，吴甲、赵甲认为被继承人是澳大利亚国籍，死亡时经常居住地是澳大利亚新南威尔士州。澳大利亚新南威尔士州居民订立的遗嘱只对本州境内的财产有效，本案遗嘱对中国境内的遗产无效。

**【主要法律问题】**

（1）本案遗嘱效力应以何种法律为准据法？
（2）本案遗嘱内容所涉及的财产是否包含涉案房屋？

**【主要法律依据】**

《法律适用法》第33条。

**【理论分析】**

关于涉外遗嘱继承纠纷的解决大致归纳为以下步骤：第一步，识别案件争议问题。

---

[①]〔2019〕京01民终5350号判决书。

涉外继承案件往往涉及人身、财产等多种法律关系，因此首先需要在纷繁复杂的法律关系中抽丝剥茧，识别出最核心的问题，属于法定继承还是遗嘱继承，从而确定下一步应适用的冲突规范。第二步，确定准据法。依据上述识别的争议问题确定案件所应适用的准据法。遗嘱能力、遗嘱形式、遗嘱内容、遗嘱效力等不同问题所对应的准据法可能并不相同，因此需对应上述问题确定应适用我国法律还是外国法律。第三步，法律查明。若根据第二步，最终适用我国法律为准据法则相对容易，在此不再赘述。若最终适用外国法律，则可依据《法律适用法》第10条及《法律适用法解释（二）》等规定对外国法律进行查明。第四步，法律适用。如上所述，对最终适用我国法律的情形不再赘述。在适用外国法律时，应注意我国不承认"转致"或"反致"，因此不适用外国的法律适用法。第五步，解决案件争议问题。在完成上述确定准据法、查明相关法律等后，接下来需要结合个案具体情形，准确适用法律，对案件作出整体认定。

我国最早涉及遗产继承法律适用的规定是1985年4月10日颁布的《继承法》第36条，其对动产继承与不动产继承的法律适用作了区别规定，但没有明确调整的是涉外法定继承还是涉外遗嘱继承，一般认为该条款只调整涉外法定继承。1986年4月12日颁布的《民法通则》第149条明确规定了涉外法定继承的法律适用，但对涉外遗嘱继承的法律适用未有提及。2010年10月28日颁布的《法律适用法》对涉外法定继承和涉外遗嘱继承均有明确规定，其中对涉外法定继承的法律适用采用了区别制，即区分动产的法定继承与不动产的法定继承；而对涉外遗嘱继承的法律适用采用了同一制，即未区分动产遗嘱和不动产遗嘱。《法律适用法》第32条规定了遗嘱形式要件的法律适用，第33条规定了遗嘱实质要件的法律适用。

**【实操分析】**

《法律适用法》第33条规定："遗嘱效力，适用遗嘱人立遗嘱时或者死亡时经常居所地法律或者国籍国法律。"本案遗嘱人立遗嘱时经常居所地、遗嘱人立遗嘱时国籍国、遗嘱人死亡时经常居所地、遗嘱人死亡时国籍国均为澳大利亚，因此应适用澳大利亚法律。根据《法律适用法》第6条的规定，涉外民事关系适用外国法律，该国不同区域实施不同法律的，适用与该涉外民事关系有最密切联系区域的法律。澳大利亚各州有不同的法律体系，因吴父、赵母居住地、死亡地均为澳大利亚新南威尔士州，故确定最密切联系区域的法律为澳大利亚新南威尔士州有关继承的法律规范。经询问，双方当事人对上述法律规范的适用无异议。诉讼中吴乙向法院提供了经公证认证的澳大利亚新南威尔士州的继承法，吴甲、赵甲对该法律的真实有效性无异议，故本案的具体准据法应确定为该法。一审法院对外国法律的查明准确，二审法院予以确认。

二审审理中，吴甲、赵甲认为，在澳大利亚新南威尔士州处理遗嘱继承案件，除了必须有遗嘱，还需向法院提供财产清单，并由司法机关进行认证，而本案吴乙提供的财产清单中并不包含本案涉案房屋，但吴甲、赵甲未能提供准确的法律依据。从吴甲、赵甲提供的翻译文件内容来看，遗嘱认证只是一种确认效力的程序，而非遗嘱有效的必要条件。一审庭审中,双方也认可遗嘱一经订立即发生法律效力,当地法院的认证仅是遗嘱执行的依据。因此,财产清单是否包含涉案房屋,澳大利亚新南威尔士州法院的认证是否准确,均不涉及遗嘱本身的效力认定。本案遗嘱内容所涉及的财产是否包含在中国境内的涉案房屋,澳大利亚新南威尔士州《继承法》确无明确的规定,但依据该法第4条,个人可以通过遗嘱处分其未来的可得财产,由此亦不能认为遗嘱内容没有涉及本案的涉案房屋。另外,吴乙虽然在提供的财产清单上未列明中国境内的房产,但诉讼中吴乙对此已经进行了合理的解释,认为财产清单范围和实际财产范围并不需要一致。吴甲、赵甲亦未提供相应的法律规范指明该情形产生的法律后果,故而,仅仅以财产清单与实际财产范围不符便认为遗嘱未处分涉案房屋的理由亦不能成立。

综上所述,吴甲、赵甲关于"遗嘱无效,应该适用中国法处理"的意见欠缺相应的法律依据,法院对该上诉意见不予支持。

## 案例二 关某与张甲、张乙遗赠纠纷案[①]

### 【基本案情】

张甲、张乙系被继承人张某(加拿大籍)之女。为避免日后纠纷,在张某要求下,关某陪同张某在加拿大做了遗嘱公证。2016年10月19日,张某通过视频方式再次重申遗嘱内容,明确要将自己名下的中国某某中心、某某文化公司两个企业的50%的股权全部赠与关某。2016年11月5日,张某于加拿大温哥华病逝。张某去世后,关某向张甲、张乙明确表示接受遗赠,但是张甲、张乙非法侵占张某名下财产及权益,拒不归还,严重侵害了关某的合法权益。关某为维护其合法权益,故提起民事诉讼。关某要求继承张某在中国某某中心、某某文化公司两个企业的名下股权,并就其主张向法院出示张某在加拿大所立遗嘱。该遗嘱系一份打印遗嘱,"立遗嘱人"处显示有张某的手写签名并摁有手印,"见证人"处显示有吕某及H某手写签名,落款日期为2016年10月16日。该遗嘱并载有H某的印章。诉讼中,张甲和张乙称关某提交的遗嘱系境外形成,其形式不符合我国法律的规定,且按照关某的陈述,其指向的是代书遗嘱,但不符合代书遗嘱的生效要件,为无效遗嘱。张甲和张乙并主张从内容上看,关某提交的材料不是遗嘱,也不是处置财产,只具有代管的性质,并且张某在立遗嘱时不具有完全的民事行为能力,并非作出遗嘱的真实意思表示。

### 【主要法律问题】

本案对遗嘱方式的准据法如何确定?遗嘱内容是否有效?

---

① 〔2018〕京0102民初37315号判决书。

**【主要法律依据】**

《法律适用法》第 32 条、第 33 条。

**【理论分析】**

遗嘱是立遗嘱人在生前对其财产进行处分并于死后发生法律效力的单方法律行为。为了处理好涉外遗嘱继承问题，国际私法上一般需要确定遗嘱能力、遗嘱方式、遗嘱效力、遗嘱解释、遗嘱撤销等问题的准据法。遗嘱是一种要式法律行为，非依法定方式成立的遗嘱无效。遗嘱的方式包括遗嘱是否必须采取书面形式，是否可以代书，是否必须经过公证，是否允许口头、录音或打印等问题。遗嘱的效力，是指遗嘱人订立的遗嘱所发生的法律后果。遗嘱作为一种单方民事法律行为，只要有遗嘱人单独的意思表示就可以成立，但成立的遗嘱并不一定就能发生遗嘱人预期的法律后果，即未必有法律效果。只有具备法律规定的条件，遗嘱才能发生法律效力，也只有有效的遗嘱，才能被执行，使遗嘱人的意愿得以充分、完全地实现。关于遗嘱的有效性，一些国家不区分动产与不动产，统一规定应适用的法律，一般采用属人法或行为地法方式确定准据法；而另一些国家则针对动产与不动产分别规定应适用的法律，即处分不动产的遗嘱适用不动产所在地法，处分动产的遗嘱适用遗嘱人属人法或遗嘱行为地法。我国《法律适用法》第 32 条、第 33 条分别对遗嘱方式、遗嘱效力的法律适用作出规定，弥补了之前的法律空白。

**【实操分析】**

《法律适用法》第 32 条规定："遗嘱方式，符合遗嘱人立遗嘱时或者死亡时经常居所地法律、国籍国法律或者遗嘱行为地法律的，遗嘱均为成立。"该条的立法精神是在遗嘱的形式要件上不作严苛的要求，尊重立遗嘱人的意愿，尽量使遗嘱形式合法有效。

本案中，张某为加拿大国籍，生前已经在加拿大生活，且其订立遗嘱时及死亡时均在加拿大哥伦比亚省，因此对于其所立遗嘱的方式应适用加拿大的法律。加拿大关于遗嘱方式的相关法律规定为：年满 16 岁且无精神障碍的人可以订立遗嘱，但遗嘱必须是以书面形式作出，由遗嘱订立者在其最后签名，同时有两名或多名证人出席，并且在遗嘱人在场的情况下由 2 名或以上的证人签署。本案中，张某订立遗嘱时已年满 16 周岁，且精神正常，具有完全的民事行为能力；遗嘱以书面形式订立，本人签署名字，且同时有包括律师在内的两名见证人出席并签字。故张某在加拿大所立遗嘱形式合法有效。

对于遗嘱的效力，根据《法律适用法》第 33 条的规定，由法官在遗嘱人立遗嘱时经常居所地法律、遗嘱人立遗嘱时国籍国法律、遗嘱人死亡时经常居所地法律、遗嘱人死亡时国籍国法律中选择适用。本案被继承人张某立遗嘱时及死亡时的经常居所地及国籍均为加拿大，因此应以加拿大继承法为准据法。根据加拿大的法律，遗嘱内容合法有效，应尊重立遗嘱人对其财产的处分权，因此张某名下持有的中国某某中心、某某文化公司两个企业的 50% 的股权应由关某继承取得。

## 案例三　刘甲与张某法定继承纠纷案[①]

**【基本案情】**

被继承人刘丙生前与张某系夫妻关系，二人生育一女，即刘乙。2015 年 10 月 20 日，刘丙因脑血管病在我国广东省珠海市死亡。据张某、刘乙陈述，刘丙生前未立遗嘱，未与他人签订遗赠扶养协议。中国香港生死登记处签发的出生登记记录显示，刘甲于 2011 年 11 月 15 日在香港浸会医院出生，其父亲为刘丙，母亲为李某。现刘甲向法院起诉，请求判令被告张某、刘乙给付原告刘甲依法继承刘丙的财产应得的份额。关于刘甲的身份，经中国香港入境事务处核证，该处显示刘甲父亲为刘丙，母亲为李某，该申请表格声明一栏有如下内容：刘丙、李某是刘甲的父/母亲。刘丙、李某现要求将刘丙作为父亲的名字加入刘甲的出生记项上。刘丙、李某并没有在任何地方举行过任何结婚宗教仪式或办理过任何结婚登记手续。刘丙、李某同意为办理该申请而进行任何有关查询。声明下方有刘丙、李某签字（刘丙签名部分使用繁体中文字签署），日期为 2011 年 11 月 21 日。

庭审中，针对刘丙、李某生育养育刘甲的情况，刘甲的委托诉讼代理人陈述：李某称刘丙对其要求极其严格，未经允许李某不得与其打电话、发短信，李某按照要求从未主动与刘丙联系，二人的关系无他人知晓；刘甲出生时双方共同办理出生登记手续，签名为刘丙本人所签；刘丙通过他人向李某支付生活费，李某从未主动索要费用；李某经打听才得知刘丙死亡一事，此后刘甲由李某独自抚养。诉讼中，因张某、刘乙对刘甲与刘丙之间的亲子关系不予认可，刘甲申请就其与刘丙之间的亲属关系进行司法鉴定。法院依法委托鉴定机构对刘甲与刘丙进行 DNA 鉴定，该机构致函法院称因刘丙突发疾病死亡并已火化，无法直接鉴定刘丙与刘甲是否存在亲子关系，但刘丙亲生父母、刘丙兄弟（已知为两位）、刘甲的母亲李某均健在，故可鉴定证明祖孙关系，再通过与祖父母的其他儿子的亲子鉴定来间接证明刘丙与刘甲的亲子关系。因无法联系刘丙父母及兄弟，该项鉴定未能进行。

**【主要法律问题】**

（1）本案所适用的准据法如何确定？
（2）刘甲是否具有继承人资格？

---

[①] 〔2019〕粤 03 民终 10564 号判决书。

## 【主要法律依据】

《法律适用法》第 31 条。

## 【理论分析】

关于涉外法定继承的法律适用,主要有同一制和区别制两种制度:

同一制,是指在涉外法定继承中,对被继承人的遗产不区分动产和不动产,也不问其所在地,其继承统一由被继承人的属人法支配。这是一条古老的冲突规范,是由古代罗马法的"普遍继承"制度发展而来的。按照古罗马法的规定,继承就是继承人在法律上取得被继承人的地位,是死者人格的延伸。就各国继承制度而言,继承人的范围、顺序及特留份等,都是依据一定亲属关系的远近来确定的,继承与亲属关系之间的紧密联系决定了继承应统一适用死者属人法,不宜将动产与不动产继承分割开来,使它们分别受制于不同的法律。由于住所和国籍是确定属人法的两大原则,因而涉外法定继承的法律适用又表现为:(1)法定继承依被继承人的住所地法。(2)法定继承依被继承人的本国法。

区别制,是指在涉外法定继承中,将死者的遗产区分为动产和不动产,分别适用不同冲突规范所指引的准据法,即动产法定继承适用被继承人的属人法,不动产法定继承适用物之所在地法。区别制最早是由 14 世纪意大利后期注释学派的巴尔特提出。或是出于判决容易在不动产所在地国家得到承认与执行,或是出于保护位于本国境内的不动产的需要,这一制度在实践中被很多国家所接受。

以上两种制度各有利弊。同一制虽简单易行,但最大的缺陷在于适用死者的属人法去处理位于法院地国以外的不动产,而每个国家都想以自己的法律来支配位于本国境内的物,因此其判决往往得不到物之所在地国家的承认和执行。区别制虽易得到不动产所在地国家的承认与执行,但涉外法定继承可能要分别受几个国家法律的支配(如被继承人在 A 国、B 国留有动产,在 C 国、D 国、E 国留有不动产),而这些国家的继承法很可能存在差异,因此准据法的确定不仅复杂和烦琐,而且造成对位于不同国家的不动产继承判决结果的迥异。

## 【实操分析】

刘甲系中国香港永久性居民,刘甲的诉求是继承刘丙的遗产,而被继承人刘丙生前未留下遗嘱,因此本案为具有涉外因素的法定继承纠纷。《法律适用法》第 31 条规定"法定继承,适用被继承人死亡时经常居所地法律,但不动产法定继承,适用不动产所在地法律。"刘丙留下的不动产位于广东省珠海市,刘丙死亡时的经常居所地也在广东省珠海市,因此对于该继承纠纷,不管是不动产还是动产,均应适用中国内地法律。

刘甲主张其为刘丙与李某的非婚生子,为此提交中国香港生死登记处的出生登记资料。根据香港《生死登记条例》第 174 章第 12 条,存在以下情形,可登记为非婚生子女的父亲：一是母亲和父亲一同提出登记请求；二是母亲提出登记请求并声明另一方为子女的父亲，而另一方出具法律声明书，声明其为子女的父亲；三是父亲一方提出登记请求，并声明其为子女的父亲，而母亲出具法律声明书，声明申请登记的一方为子女的父亲；四是一方提出登记要求，并有法院的命令，以及年满16岁的子女的同意书。无论是哪种登记形式，除了上述第四种情形，非婚生子女要登记父亲的姓名，均需父亲提出申请或者出具法律声明书。中国香港某《出生登记/重新办理所需的资料》显示刘丙登记为刘甲的父亲，乃李某、刘丙一同提出登记请求。因本案客观原因，无法通过亲属关系司法鉴定证明刘丙与刘甲之间的亲子关系，但从证据优势角度，刘甲所举证据证明力明显大于张某、刘乙举证，故法院依法采信刘甲主张，认可刘甲系刘丙非婚生子，具有刘丙继承人资格。

# 思考题

　　被继承人萧某，于2004年5月10日死亡。被继承人洪某于2014年3月24日死亡。萧某与洪某为夫妻关系，育有三名子女，分别为萧甲（中国香港居民）、萧乙（中国香港居民）、萧丙。萧丁系萧丙之子，即被继承人外孙。2013年9月18日，洪某立下遗嘱：本人目前拥有深圳市某股份合作公司的股份……本人去世之后，上述所列举的本人届时实际拥有的全部财产由萧丁个人继承……本遗嘱中未列明的财产按国家相关继承法律的规定法定继承。该遗嘱由广东省深圳市宝安区江边社区居委会在场见证签章确认。但是涉案遗嘱内容系打印，而非见证人书写；见证人签署和居民委员会的印章加盖在第二页，而遗嘱主文在第一页。萧甲、萧乙向法院共同起诉请求确认母亲洪某于2013年9月18日所立遗嘱为无效遗嘱。

　　问题：本案适用的准据法如何确定？涉案遗嘱是否有效？

# 第十二章
# 物权关系的法律适用

## 本章知识要点

在涉外物权关系的法律适用中,"物之所在地法"是最为普遍适用的原则。根据我国《民法典》的相关规定,物权是指权利人对特定的财物拥有支配和排斥他人干涉的权利,涵盖了所有权、用益物权及作为债权保障的担保物权等多种形态。"物之所在地法"指的是物权关系的客体(物)所在地的法律,是物权关系与特定法律之间客观联系的表现。

"物之所在地法"原则根源于14世纪意大利的"法则区别说",该学说主要把物权分为两类:动产物权和不动产物权。动产物权适用属人法,即当事人的国籍或住所地法律;不动产物权适用不动产所在地法律。学术界对于物之所在地法的理论依据众说纷纭,主要观点包括主权说、法律关系本座说、政府利益分析说或实际需要说、物权性质说、方便和控制说及客观依据说等。"物之所在地法"是各国解决物权法律冲突的基本原则,从各国司法实践来看,该原则主要处理以下有关物权的纠纷:第一,动产与不动产的识别。第二,物权客体范围的认定。第三,物权的种类及其包含的具体权利内容。第四,物权的取得、转移、变更和消灭的方式及条件。第五,物权的保护方法等。

对于大部分的物权法律冲突都可以适用"物之所在地"原则,但由于某些客体具有特殊性或处于特殊状态,应适用其他冲突原则。例外情形主要包括以下几个方面:第一,运输中的物品的物权关系。可适用发送地法、目的地法或所有人的属人法、交易时物品实际所在地法或转让契约的准据法等。立法和实践中采用发送地和目的地法较多。运输中的物的法律适用还存在例外情况,如果运送中的物品因某种原因长期滞留于某地,则该物品与该地建立了紧密的联系,则该物品的买卖和抵押也可适用物品的现实所在地法。第二,运输工具例如飞行器、船舶等可适用国籍国法、注册地法、悬挂的国旗国法等。第三,外国法人的终止或解散一般适用法人属人法。第四,与个人密切相关的人身依附财产,如遗产继承、夫妻财产制中的动产、亲子关系中产生的抚养费等动产物权。第五,无主土地或无主空间之物的物权关系,如月球、公海和南极等没有归属国的物的物权关系,其物权关系的法律适用通常优先遵循国际条约的规定,若无相关条约,则依占有者或先占者的属人法。第六,外国国家财产的所有权一般适用财产所属国法律。

有体动产物权的法律适用，历史上有所有人住所地法、物之所在地法、行为地法、支配转让行为的自体法（与交易有真实联系的国家的法律）等四种主张。目前立法和理论倾向于适用物之所在地法。无体动产流通过程中的法律适用，其中股份转让对公司的效力通常由股份所在地法决定；股份转让对当事人及相关第三人的效力由交易的准据法决定，实践中一般都是证券交付地法。

国有化，通常指政府通过法定途径，如征收、征用、没收等方式，将原本属于私人所有，不论是本国公民还是外国实体（包括个人和企业）的特定资产或财产强制转归国家的法律措施。国有化的结果导致所涉财产发生物权变动，也属于物权问题。原来各国依习惯国际法上禁止征收外国人产的规则，拒绝承认国有化法令的域外效力。近年来，各国一般倾向承认外国国有化法令对位于其境内的外国人财产的效力，但要求所在国给予一定的补偿。

信托，是委托人将自己的财产交付给信赖的第三方所有，并使委托人依法享有信托财产利益或者受益请求权的制度。很多学者主张根据信托不同性质的各个方面（信托的有效性、解释、效力和管理），采用分割法来确定涉外信托的准据法，还有学者主张根据意思自治原则由当事人自主选择适用的法律，叠加适用最密切联系原则确定准据法。在1985年签署的《海牙关于信托的法律适用及其承认的公约》中，一项关键原则被明确规定：信托关系中的法律适用首先考虑当事人自主选择的法律，若无明确指示，则依据与信托设立或其效力有最紧密联系的国家法律进行判断。

中国关于物权法律适用的立法主要包括：《法律适用法》第五章第36~40条对于涉外物权关系的法律适用作出了专门性的规定，《海商法》第14章和《民用航空法》第14章对船舶、民用航空器两类运输工具的物权关系作了特殊规定。《法律适用法》第36条规定，不动产物权，适用不动产所在地法；第37条规定，动产的法律适用，首先考虑当事人的意思自治，当事人没有选择的，根据法律事实发生时动产所在地法；第38条规定，运输中的动产，当事人有权协商决定适用的法律，否则以运输目的地法为准；第39条规定，有价证券，适用其权利实现地或者最密切联系的法律；第40条规定，权利质权的法律适用依据质权设立地法律。

## 案例一　李某昇诉邹某租赁合同纠纷案[①]

**【基本案情】**

2010年，借款人邹某和李某昇（中国台湾居民）签订了20万元的借款合同，约定在2011年12月30日借款合同到期后，邹某应向李某昇偿还20万元及利息。后邹某向

---

[①]〔2020〕粤01民终15059号判决书。

李某昇偿还了10万元，对于剩下的10万元借款主张和李某昇签订了房屋租赁合同抵消剩下的借款。2011年7月16日，邹某就出租案涉房屋出具《承诺书》载明：即日起，本人郑重承诺李某昇按合同装修期完工，两年期内本人不转租他人、不出售他人，如果要卖房，同等条件下李某昇则有优先购买权利。因为邹某在外地出差，李某昇无法将租金交付给邹某，于是把钱转交给邹某的同事程某剑，程某剑并给李某昇出具了《收条》。后来李某昇发现案涉房屋并非邹某所有，导致李某昇无法实现合同目的，向一审法院提起诉讼要求邹某承担相应的民事责任，请求邹某返还李某昇预付的房屋租金10万元及利息，并要求邹某支付违约金。邹某对此提出反诉，要求李某昇返还涉案房屋的房产证，并要求李某昇赔礼道歉。

一审法院认为，本案系房屋租赁合同，关于适用法律问题。双方未约定适用的法律，根据《法律适用法》第41条①的规定，在合同关系中，双方当事人有权协议决定纠纷解决适用的法律，若无明确约定，将依据当事人的经常居所地法律，或者适用与合同有密切联系的法律。本案的房屋租赁合同履行地及被告经常居所地均在我国大陆，故本案应适用我国大陆法律作为处理实体争议的准据法。本案中，邹某不是涉案房屋所有权人，仍向李某昇出租涉案房屋，即使该合同中的房屋未进入装修，由于李某昇已经支付相应的租金，邹某实际不能履行交付租赁物的义务，李某昇主张退回相应的租金及资金占用期间的利息损失，有事实和法律依据，应予以支持。因此一审法院判决支持李某昇的诉讼请求，驳回邹某的所有诉讼请求。后邹某不服一审判决，向广东省广州市中级人民法院上诉，请求法院撤销一审判决，支持其在一审中全部的反诉请求。

二审法院认为，本案一方当事人为中国台湾居民，涉及中国台湾地区的案件应参考涉外民事案件程序审理。根据《法律适用法》第36条，本案系租赁合同纠纷，属不动产纠纷案件，案涉不动产所在地位于广东省广州市，一审法院适用法律正确，邹某的上诉请求不能成立，应予驳回。

【主要法律问题】

不动产租赁纠纷属于合同纠纷还是不动产物权纠纷？

【主要法律依据】

《法律适用法》第36条、第41条。

【理论分析】

本案中，李某昇为中国台湾居民，案件涉及合同成立、解除、违约赔偿等问题。

---

① 《法律适用法》第41条规定："当事人可以协议选择合同适用的法律。当事人没有选择的，适用履行义务最能体现该合同特征的一方当事人经常居所地法律或者其他与该合同有最密切联系的法律。"

一审法院将案件定性为房屋租赁合同纠纷,依据《法律适用法》第41条,本案的房屋租赁履行地及被告经常居所地均在我国大陆,故案件适用我国大陆法律作为处理实体争议的准据法。二审法院也将案件定性为房屋租赁合同纠纷,但在适用法律的过程中,由于合同是关于不动产,适用了《法律适用法》第36条的规定。涉案房屋位于广州市,因此调整合同的实体法也指向了我国大陆法律。二审法院虽然也正确地将案件定性为合同纠纷,但其法律适用却是按照物权纠纷,存在明显的矛盾和法律适用错误。

不动产物权归属通常是依不动产所在地法律裁判,在司法实践中,各国法院对此原则的理解和裁决有很大的不同。在物权的转让中,"物权"可能与"合同"竞合,一些国家对于物权的变动采用的是意思主义,物权的转让行为就是债权行为,所以当两者发生竞合时,权利人可以选择适用的法律。① 我国坚持物权法定主义认为合同行为和物权行为应严格区分开。物权行为是处分行为,债权行为是负担行为;物权主要在于对所有权的处分,而债权行为主要考察当事人之间是否存在合意。基于上述物权和债权行为的对比可以得知,当事人对交付方式和后果产生争议,属于"物权"而非"合同";如果对有关不动产对价的争议及履约过程出现的违约情形,应属于"合同"而非"物权"。

本案中,邹某和李某昇签订的租赁合同是因为邹某违约而无法实现当事人的合同目的。案涉房屋《承诺书》约定了,邹某在两年内不得转租或出售他人,如果违反承诺,需要支付违约金。后案涉房屋所有权产生争议,无论案涉房屋事后归谁所有,都已经造成了李某昇不能租用该房产的事实,李某昇均有权依据合同履行不能要求收款方退还租金。并且邹某不是案涉房屋的所有人仍然向李某昇出租,存在过失,李某昇当然有权依据合同追究其违约责任。据此,一审法院,认定该案属于租赁合同纠纷,依法适用《法律适用法》第41条合同的有关规定正确,二审法院虽然也将案件识别定性为合同纠纷,但却按照物权冲突规则确定其准据法明显存在错误。

涉外不动产法律纠纷一般包括两个方面:其一,是在不动产归属问题上面的争议。其二,是涉外不动产纠纷合同方面,主要以不动产买卖合同及租赁合同为主。② 虽然都是不动产案件纠纷,但是前者依据物之所在地原则适用的是"不动产所在地"的法律,后者是适用有关"合同"的相关法律。因此,法院在处理案件时,不能一味地将案件定性为不动产纠纷,适用不动产所在地法审理案件。

【实操分析】

根据《法律适用法》第36条,无论是对自己财产的所有权(自物权)还是对他人财产的权利(他物权),都应严格遵循"物之所在地法"原则适用不动产所在地法。然而在司法实践过程中,对物权的设立、变更、转让、消灭等法律问题,原则上适用

---

① 洪莉萍,宗绪志:《国际私法理论与实践探究》,北京:中国法制出版社,2014年,第249页。
② 何其生:《国际私法》,北京:北京大学出版社,2023年,第153页。

"物之所在地法"。不动产买卖、物权的所有权转移又涉及合同相关的规定，适用物权的法律适用容易和涉外债权的法律适用发生混淆，审判机关一贯地适用物之所在地法进行裁判，不符合程序性正义的要求。因此，法官在裁量案件时，应准确地定性识别是"物权"行为，还是"债权"行为，进而选择适用的法律。如果识别为物权纠纷，一般遵循"物之所在地法"原则进行裁决；如果识别为债权纠纷，在处理合同纠纷时，应首先尊重合同双方有关准据法的约定，如果没有约定，则应依据与争议事项最密切相关的法律确定准据法。不管是动产还是不动产买卖或租赁，其法律关系同样都涉及物权法律关系和合同法律关系的区分。法院审理关于物的纠纷的案件最关键的是识别法律关系的性质是物权还是合同纠纷。

在处理物权变更过程中，其成立条件、效力及其对第三方权利的影响等问题时，可依据《法律适用法》中详尽阐述的物权部分进行判断；反之，若争议焦点基于设立或转移物权的契约行为，如各方意思表示的明确性、协议内容的合法性、执行情况及违约责任的认定，那么这将被定性为合同纠纷，适用《法律适用法》中关于债权的条款。

## 案例二　重庆某汽车销售有限公司诉重庆某物流公司等物权纠纷案[①]

### 【基本案情】

2019年2月28日，A公司与B公司、重庆某物流公司（以下简称物流公司）共同签署了一份自德国进口汽车业务的合作协议（以下简称汽车进口协议），该三方在汽车进口协议中具体约定了各方的权利和义务。其中由乙方A公司为买方、托运人，由其在德国进口两辆案涉汽车，其与出口商约定货款之支付方式为托收；甲方B公司为铁路提单所记载的指示人，由其为乙方向托收行提供担保；丙方物流公司是货运代理人，各方约定由其向案涉车辆出口方签发涉案铁路提单，并负责从装运车站运输、保管车辆至卸货车站。在该协议中，铁路提单被明确视为无异议且具有排他性的货物提取证明，亦是涉案车辆出口商据以完成托收手续的单证。A公司支付全部货款后，铁路提单经B公司背书给A公司。后车辆由物流公司运送并抵达目的地中国重庆市，其间一直由物流公司保管。6月24日，A公司与重庆某汽车销售有限公司（以下简称汽车公司）约定交付铁路提单视为交付车辆，汽车公司付款后于A公司处取得三份案涉铁路提单正本。2019年6月26日，货物送达目的地之后，汽车公司持铁路提单请求物流公司交付案涉货物，物流公司拒绝汽车公司的提货要求，汽车公司向重庆市高级人民法院提起诉讼，要求确认铁路提单下涉及货物的所有权。

法院认为："本案各方当事人虽均为在中华人民共和国注册的法人，但是本案所涉

---

① 〔2019〕渝0192民初10868号判决书。

及的铁路提单签发等产生、变更或者消灭民事关系的法律事实发生在中华人民共和国领域外，依据《法律适用法解释（一）》第 1 条之规定，本案属于涉外民事关系。本案系物权纠纷，根据《法律适用法》第 37 条之规定，本案中，导致原、被告双方产生纠纷的法律事实是原告持由被告签发的铁路提单要求被告交付案涉车辆，被告予以拒绝，此时车辆已经运送至目的地，即中华人民共和国重庆市，故本案应当适用中华人民共和国法律。"

法院经审理认为，双方约定了以铁路提单作为一方当事人向另一方请求提取货物的权利，合同中明确指出 A 公司将铁路提单转交给汽车公司，授权其向物流公司提取货物。实际上，A 公司已通过交付提单的方式，有效地将其对物流公司的返还原物请求权转移给了汽车公司。因此，基于这些事实，理应支持原告汽车公司行使提货请求权的主张。

【主要法律问题】

本案中关于提单项下的动产纠纷，适用动产的法律适用条款还是运输中的动产法律适用条款？

【主要法律依据】

（1）《法律适用法》第 37 条、第 38 条。
（2）《法律适用法解释（一）》第 1 条。

【理论分析】

根据《法律适用法》第 37 条的规定，对于普通动产物权关系的法律适用，我国允许当事人意思自治，在当事人没有选择法律的情况下，适用法律事实发生时的动产所在地法律。本案所涉及的铁路提单签发等产生、变更或者消灭民事关系的法律事实发生在中华人民共和国领域外，法院认为属于涉外民事物权纠纷，依《法律适用法》第 37 条之规定，因汽车公司和物流公司对法律适用未做选择，故本案适用法律事实发生时车辆所在地的法律。本案中，导致原、被告双方产生纠纷的法律事实是原告持由被告签发的铁路提单要求被告交付案涉车辆，被告予以拒绝，当时涉案车辆的所在地为中国重庆市，故本案纠纷的解决应适用中国法律。

本案纠纷是关于铁路提单项下的汽车，而交易过程直至产生纠纷汽车是在运输过程中，那么其法律适用应该依据《法律适用法》第 37 条关于动产物权，还是第 38 条关于运输中的动产物权的规定。虽然本案不管是适用第 37 条还是第 38 条，其准据法都会指向中国法律，但毕竟法律适用的依据有所不同。在《法律适用法》中，针对动产物权的法律适用问题，允许当事人自主决定，然而这种选择权在运输过程中有所局限，仅适用于物权在运输过程中的实际转移，不扩展到引起物权变动的原始法律关系或运输合同的具体条款。① 如果当事人没有选择，动产物权适用事实发生时动产实际所在地法律，而运输中的动产物权发生变更则适用运输目的地法。结合本案的案情，案涉铁路提单项下的两辆汽车已经运抵合同约定的目的地，物流公司的主要合同义务已经履行完毕，可知双方当事人不是对动产运输中法律关系的变动有异议，而是对于铁路提单下原告是否有权利向被告物流公司请求交付动产有争议，所以法院适用《法律适用法》第37条并无不当。

一审法院将铁路提单认定为物权凭证，明确原告对于该提单项下的车辆享有所有权，因此判决被告应向原告合法交付相关车辆。本案中，双方当事人通过指示交付将铁路提单视为货物流动时的凭证，也符合《中华人民共和国物权法》有关的规定（当时《民法典》尚未施行），有相关法律依据。在国际铁路货物运输的司法实践中，当市场主体选择适用铁路提单，并明确赋予持有者提货权利，实质上开创了一种新的交付形式，即将提单转让作为指示交付的手段。这种通过铁路提单的流转替代实物货物的转移方式简化了交易流程，只要其不违背现行法律、行政法规的强制性规定，不侵犯社会公共利益，其存在本身就是合法有效的。这种新型指示交付模式的独特性体现在，相关市场参与者通过签订协议并结合铁路提单流转（涵盖交付和背书两种形式），显著区别于传统的协议配合通知流程。特别是铁路提单签发方通过预先设定的三方协议，承诺一旦收到提单即刻履行支付义务，彰显了其创新性和高效性。在此前提下，铁路运输的提单因其独特的预设交付机制，确保了其能够在各环节顺畅流转，赋予持有者实质性的权利，即合法持有人有权要求无条件提取货物。铁路提单与铁路运单具有本质区别，铁路提单具备物权性质，在司法实践中法院通常会支持原告基于铁路提单要求被告履行交付动产的诉求，本案法院认定铁路提单的效力对我国司法实践具有重大意义。

**【实操分析】**

随着全球范围内跨越国边境的民商事交往日益频繁，涉外物权纠纷也随之增加，对于物权冲突法司法实践中，第一个问题应先识别是属于动产还是不动产。根据《法律适用法》第8条，案件的识别应根据法院地法，所以应当根据我国法律确定案件标的物是动产还是不动产。但船舶、飞行器等运输工具的法律适用并不作为动产予以规制，可适用旗国法、登记地国法或标国法。

对于动产的法律适用，要注意区别《法律适用法》第37条和第38条的适用范围，对于运输中的动产物权的法律适用是指，运输状态下的动产发生物权的问题，而非该动产的其他物权问题。从国际社会立法与实践来看，在货物运输过程中，动产物权的转移不仅可以适用目的地法，在司法实践中还允许适用发送地或者物权所有人所属国的法律。尽管如此，"物之所在地法"原则并未被彻底摒弃。在物品运输过程中若长时

---

① 何其生：《国际私法》，北京：北京大学出版社，2023年，第156页。

间停留在某个地点，涉及该物品的买卖、抵押等事务通常遵循该地法律；而当所有权凭证在交易所完成交易并引发物权转移时，应适用交易所在地法律。①

在货物运输中，提单是国际海上运输使用最广泛的单据，是承运人与托运人之间订立运输合同的凭证，也是代表货物所有权的凭证。通过明确标示提单上所载信息及相关条款和责任规定，可以避免对承运人在货物交付方面责任的错误认定。尽管铁路提单在我国法律体系中得到了广泛应用，但就国际上适用还不具有普遍性。在"一带一路"倡议下的中欧铁路运输中，虽然国内段主要采用铁路提单，但到了国际联运的欧洲部分，大部分国家依然沿用铁路运单。因此，至关重要的是理解并区分提单和运单在欧洲铁路运输中的角色。明确提单的法律属性，避免提单性质的误判导致承运人的放货责任。

## 思考题

1. 成都某环保科技公司、中国某控股公司动产质权纠纷案。② 一审法院认为案件审理的争议焦点为，中国某控股公司对成都某环保科技公司在长城华西银行成都分行处的银行账户中的存款人民币8100万元是否享有质权。本案属于涉港纠纷，因为中国某控股公司是在中国香港注册成立的公司。根据《法律适用法》第3条③的规定，当事人可以自主选择适用的法律，本案双方当事人确定了适用中国内地法律解决纠纷，因此中国内地法律为本案的准据法。

二审法院认为，中国某控股公司的诉讼请求为确认其对案涉账户的款项享有优先受偿权，并判令成都某环保科技公司承担相应的质押担保责任。据此，本案中法院不仅需要审理相关合同性质及效力，在此基础上亦当审查质权的设立问题，故本案案由应界定为动产质权纠纷。中国某控股公司为在中国香港注册成立的公司，一审法院将本案认定为涉港案件。根据《法律适用法解释（一）》第6条第2款④的规定，在涉外民事纠纷中，如双方当事人均引用同一国家的法律，并且无异议地接受其法律效力，法院通常会视为他们已自主选择了该国法律作为裁判依据。因本案中当事人约定"本协议适用中华人民共和国法律（不包括中国香港、澳门及台湾地区的法律）"，且就质权设立问题当事人在诉讼中均援引中国内地法律，故一审法院适用中国内地法律审理本案正确。最终法院依照《民事诉讼法》第170条第1款第（一）项以及《法律适用法》第41条的规定作出终审判决。

---

① 冯霞：《国际私法原理与案例》，北京：北京大学出版社，2017年，第148页。
② [2020]最高法民终1101号判决书。
③ 《法律适用法》第3条规定："当事人依照法律规定可以明示选择涉外民事关系适用的法律。"
④ 《法律适用法解释（一）》第6条第2款规定："各方当事人援引相同国家的法律且未提出法律适用异议的，人民法院可以认定当事人已经就涉外民事关系适用的法律做出了选择。"

问题：一审法院将案件识别为担保合同纠纷，其法律适用是否恰当？为什么？

2. 吴某展与冯某琪等所有权确认纠纷案。① 本案中关于法律适用问题，一审法院认为：案件被告冯某琪系美国人，因此本案为涉外纠纷。案由为所有权确认纠纷，要求确认的是股票及资金所有权，依照《法律适用法》第39条及第41条，在合同关系中，双方当事人有权自主决定法律适用，若无明确选定，将依据履行义务方的经常居所地法律，或者依据与合同最密切联系地法律。案件争议中所涉资金账户和证券账户均开设在中华人民共和国境内，证券权利实现地在中华人民共和国境内，且审理中各方当事人均同意本案准据法适用中华人民共和国法律，故一审法院确定本案准据法应适用中华人民共和国法律。

二审法院认为案件争议焦点为：案涉账户中的股票与资金，是属吴某展个人所有，还是属吴某展与冯某琪共同共有。一审法院对回避申请之处理及其他审理过程，并无明显不当之处。驳回上诉，维持原判。

问题：本案法院认定为股票及资金所有权确认纠纷，其法律适用是否存在问题？

---

① ［2020］沪01民终2383号判决书。

# 第十三章
# 合同关系的法律适用

## 本章知识要点

合同是指当事人之间设立、变更、终止民事权利义务关系的协议。国际私法所涉合同均为涉外合同或国际合同，但无论名称如何，涉外性都是其根本属性。有学者将涉外合同定义为"与两个或两个以上的国家存在着实质性联系的合同"[1]。

实践中，一般认为对"涉外合同"的判断标准有四种：第一，合同当事人一方或双方为外国自然人或法人；第二，合同当事人一方或双方的住所或营业地在国外；第三，合同标的位于国外或需在国外完成；第四，合同的订立、变更、履行等发生在国外。

对国内合同而言，由于只局限于国内法的适用，一般不会出现法律冲突问题，但涉外合同涉及两个或两个以上国家的法律适用，而不同国家对当事人的缔约能力，合同的形式、成立、效力、变更、解除，违约责任，以及是否触及本国公共利益等规定都不尽相同，在当事人发生合同纠纷时就易出现法律适用的冲突。鉴于涉外合同法律适用的复杂性，不同学者对涉外合同准据法的确定所持观点各不相同，概括言之大致有以下几种理论：

"单一论"。持此观点的学者认为无论是从法律抑或经济的角度，都应将合同本身视作不可分割的整体，故有关合同的所有事项、内容、问题均应只受一种法律支配。如法国、比利时、卢森堡、葡萄牙等国采取这一主张。

"分割论"。该观点与"单一论"相反，认为一个合同可以分割出当事人缔约能力、合同形式、合同成立、合同效力、合同变更、合同解除、违约责任等诸多不同的法律关系，且这些问题应依其性质差异采取不同的法律加以调整。巴托鲁斯的法则区别说可以被视为"分割论"的最早主张，他认为，法则首先应分为物法和人法两大类，其次则应视具体情况分别对待，如人的权利能力和行为能力应适用人的住所地法，因为人与其住所地联系更为密切；合同成立则依"场所支配行为"原则适用合同缔结地法，但关于合同时效则应受合同履行地法调整。

"主观论"。该观点是指依合同当事人的共同意思表示确定合同所应适用的法律，

---

[1] 吕岩峰：《论国际合同法体系》，《吉林大学社会科学学报》2006年第1期，第18页。

这样能使当事人更好地预见到自己行为的结果。"主观论"认为，既然当事人可以约定合同的具体内容，那么当合同出现争议时，解决争议所适用的法律也应该允许当事人自己约定。这一观点对当事人的意思自治给予充分的尊重和满足，更符合国际私法的精神，经过多年的发展，现已为各国普遍接受。

"客观论"。即以某种固定的场所因素为连结点来确定合同所应适用的法律，实践中常见的合同连结点有合同缔结地、合同履行地、法院地或仲裁地、自然人或法人的国籍或住所地、不动产所在地等。"客观论"最早可追溯至巴托鲁斯所提出的合同缔结地法。萨维尼提出的"法律关系本座说"也属于"客观论"的一种，他认为合同债务的履行是当事人期望所集中之地，因此合同履行地为债务关系的本座，故应以合同履行地法律调整合同债务关系。

基于上述理论观点，结合各国相关法律规定和司法实践，大致可以归纳出以下四种涉外合同准据法确定的原则或方法：

意思自治原则。即根据合同当事方共同的意思表示确定合同准据法，该原则最早由法国学者杜摩兰提出，现已为绝大多数国家所采用。当事人意思自治仅限于法律允许的范畴，实践中对意思自治原则的限制大致体现为四个方面：强制性规定、公共秩序保留、实际联系和特殊类型合同。在我国，意思自治原则是解决涉外合同法律适用问题的首要原则，但对于一些特定法律问题（如合同形式、当事人缔约能力）和特殊类型合同（如消费者合同、劳动合同）作了一定的限制。

最密切联系原则。该原则突破了客观连结点僵固的限制，要求从连结点的质和量等方面来确定与所涉法律关系联系最为密切的国家，进而适用该国法律进行调整。但实践中如何确定具体的"最密切标准"是个十分棘手的问题，究竟是从质还是量还是质、量相结合来考虑最密切程度都无统一定论，多依靠于各国法院的自由裁量，故而也有学者担心可能产生法官主观臆断的情况。

特征性履行。特征性履行由瑞士学者施尼策尔提出，他认为，在双务合同中，一方当事人提供货物或服务，另一方当事人支付金钱，由于金钱是种类物，不具有单独特性，而交付货物或提供服务则相对具有自身特性，因而交付货物或提供服务的一方更能体现合同的本质特征，故合同应依该方当事人住所地法或惯常居所地法或营业地法为准据法。在我国，《法律适用法》第41条将其表述为"履行义务最能体现该合同特征的一方当事人经常居所地法律"。

合同自体法（proper law of contract）。合同自体法的核心是寻求合同最为"恰当""合适"的准据法，《戴西和莫里斯论冲突法》一书中将其阐述为"当事人意欲适用于合同的法律，或在当事人意思没有表达出来，也不能从情况中推定出来的场合，与交易有最密切联系和最真实联系的法律"。合同自体法致力于寻找最为合适的法律，且并不局限于冲突法领域，还包含了其他更为恰当、合适的方法。

# 案例一　上海某公司与希腊某公司承揽合同纠纷案[①]

**【基本案情】**

2009年，希腊某公司（以下简称M公司）同上海某公司签订一份制服定做合同，双方约定：由上海某公司向M公司提供制服2万件，总价值46万美元，货物分两批交付，M公司预先支付15万美元，剩余款项在船运结束时支付；衣服的颜色依据Lab规格确定，最大色差（DE，表示两个颜色间的差异值）为1，以M公司所给定模式进行印刷；制服的经向收缩和纬向收缩为1%，浅绿色、深绿色和板栗色的色差最高值为1，在每次发货前均需由S集团进行质量控制检查，若出现订单规格错误，则由上海某公司承担百分之百的责任；上海某公司必须严格按照交付日期交付，如有延误，应缴纳10%罚款，前提是M公司在规定日期前提供正确的规格标签。

合同订立后，M公司向上海某公司发送电子邮件，要求衣服缩水率必须低于1.5%，且衣服颜色色差值不超过1。上海某公司在制服制作完成后交由S集团进行抽样检查，检验报告结果显示所检样衣及布料外观工艺、质量和包装合格，但衣服式样、材料及颜色等须由M公司自行评估。其后M公司向上海某公司以电子邮件形式表示样衣等已通过第一步宏观检测，待第二步在S集团实验室采用ISO、IR图标等方法均检测符合要求后，M公司将接受订单。但S集团实验室对样衣等的检测报告显示样衣洗衣后的纵长为1.8、碧绿色差为1.41、棕色色差为1.55，均与约定标准不符。其后，M公司与上海某公司协商未果，遂以根本违约为由向上海市某法院提起诉讼，要求解除合同并返还预付款项。

上海市某法院另查明，M公司所定做制服的目的是向希腊军方提供，因此衣服颜色色差值等规格合格与否将直接影响其合同目的能否实现。

**【主要法律问题】**

（1）本案应适用何国法律为准据法？
（2）M公司的要求能否被支持？

**【主要法律依据】**

《法律适用法》第41条。

**【理论分析】**

我国对一般涉外合同的法律适用是以意思自治原则为主、特征性履行或最密切联

---

[①] 〔2012〕沪高民二（商）终字第4号判决书。

系原则为辅。

对于意思自治原则的司法运作需注意以下几点：第一，当事人选择法律的时间，依《法律适用法解释（一）》第6条的规定，当事人在一审法庭辩论终结前可以协议选择或者变更选择适用的法律；第二，当事人选择法律的方式，依《法律适用法》第3条的规定，一般要求明示选择；第三，当事人选择法律的范围或对象，依《法律适用法》第9条的规定，排除反致，即不得选择外国的冲突法；第四，当事人选择法律的限制，依《法律适用法》第4条、第5条、第42条、第43条，以及《民法典》第467条的规定，要注意强制性规定、公共秩序保留、特殊类型合同的限制。

根据《法律适用法》第41条的规定，在当事人未选择准据法的情况下，适用履行义务最能体现该合同特征的一方当事人经常居所地法律或者其他与该合同有最密切联系的法律。该规定对于最密切联系原则和特征性履行方法的关系并未作出明确说明，因此不同学者对此也有着不同的观点：一种观点认为在该规定下特征性履行方法是首选，但若存在其他相较于特征性履行方法所确定的准据法联系更为密切的法律，则依该法律为准据法；还有一种观点则认为特征性履行方法是最密切联系原则的一种具体表现，对其适用本质上仍旧是对最密切联系原则的适用。在我国司法实践中，由于对该条理解的差异，导致法院作出的判决理由也有所不同，大致可归为三种做法：第一，并不明确是依据特征性履行方法还是依据最密切联系原则来确定准据法，而只说明依据的是《法律适用法》第41条，这种情况为大多数；第二，明确依据特征性履行方法确定准据法；第三，明确将特征性履行作为确定最密切联系原则的一种具体方法。本书倾向于第三种，认为特征性履行只是向司法者指明了一个通向最密切联系连结点的方向，是一种考虑问题的方法，只是确定最密切联系地的标准之一，而不是唯一的标准，更不是一个教条来代替最密切联系原则的万用钥匙。当然，最密切联系原则也需要特征性履行来约束法官在运用该原则时过大的自由裁量权，二者结合，兼顾了法律适用的灵活性和确定性。[1]

**【实操分析】**

本案应适用中国法。首先，合同当事人M公司为希腊籍公司，且案涉合同最终交付地点亦应为希腊，故本案存在涉外因素，属于涉外民商事案件。其次，根据我国《法律适用法》第41条的规定，在当事人未协议选择法律的情况下，依特征性履行或者最密切联系原则确定准据法。本案为涉外加工承揽合同，上海某公司是加工承揽人，作为提供货物或服务的一方，相对于支付金钱的M公司一方，其所履行的义务更能体现合同的本质特征，因此应适用上海某公司所在地即中国法作为准据法。

M公司要求解除合同并返还预付款能够被支持，因为上海某公司提供不符合约定

---

[1] 马志强：《正确适用最密切联系原则的理论构想》，《郑州大学学报（哲学社会科学版）》2015年第5期，第75页。

标准的制服已构成根本违约。通过 S 集团提交的检验报告来看，虽然所检样衣等已通过第一步宏观检测，但在第二步有关色差、缩率等规格的具体检验中不符合制服规格的约定标准。M 公司定做制服的目的在于向希腊军方供货，而规格不符直接导致其无法实现向希腊军方供货的根本目的，即上海某公司的行为已直接导致 M 公司合同目的落空或无法实现，因此 M 公司可以此为由要求解除合同并返还预付款项。

在涉外合同法律适用的司法实践中，运用特征性履行方法和最密切联系原则需注意以下三点：

第一，把握适用前提。无论是特征性履行方法还是最密切联系原则，其适用前提均为当事人未选法或是选法无效，对属于我国参加或缔结的国际条约所约束的范畴，以及落入我国强制性规定的范围，均不适用上述方法。

第二，准确辨认特征性履行方。首先，应当根据合同的性质，确认哪一方为金钱给付义务，哪一方为提供服务义务方，只有正确判定合同性质，才能顺利开展之后的选法流程。其次，确定合同特征性履行的场所，《法律适用法》第 41 条规定为"经常居所地"，因此如何正确认定特征性履行方的经常居所地亦是需要考虑的。最后，对于一些无名合同，则可采取类推的方法确定其特征性履行方。

第三，正确确定最密切联系地。最密切联系原则适用的关键在于法官的认定，因而若运用不当便可能产生法官妄加裁断、任意行使自由裁量权的不良现象，这明显与最密切联系原则的初衷相悖。一般认为，对最密切联系原则的认定应从"质"和"量"两个标准入手，不仅只看与某地存在连接因素的数量，更要看该连结点对合同的影响是否足以达到适用一国法律作为准据法的程度，如在当事人为中国国籍和外国国籍、合同履行地在中国、合同缔结地在外国、合同文本为英文的涉外合同案件中，不能仅因为合同文本为英文而草率认定该外国为最密切联系地。合同文本为英文确实是一个涉外因素，但其重要性并不足以达到影响整个合同法律关系的程度，因而并不符合最密切联系原则的要求。

## 案例二　胡某与海南某航空公司航空旅客运输合同纠纷案[1]

### 【基本案情】

2019 年 10 月，胡某搭乘海南某航空公司航班从意大利罗马飞往中国重庆，但实际航班到达时间比原定到达时间延误 7 个多小时。随后，胡某通过电话方式联系海南某

---

[1] 〔2019〕渝 0192 民初 16677 号判决书。

航空公司，并依据欧盟261号条例①提出600欧元赔偿的要求，海南某航空公司客服亦通过电话形式回复确认胡某依欧盟261号条例所提的600欧元赔偿要求，但需按照当天汇率折合成人民币共计4693元。次日，依海南某航空公司关于赔偿材料短信上传的要求，胡某在其短信所附链接内上传了相关材料，但迟迟未见海南某航空公司的赔付款，遂向法院起诉。

法院经审理查明：（1）胡某提供了客票登机牌，足以证明其与海南某航空公司之间存在航空旅客运输合同。（2）海南某航空公司客服人员在电话中同意了胡某依欧盟261号条例所提出的600欧元赔偿要求，折合人民币共计4693元，但在胡某依要求提交相关材料后并未支付该赔偿金。（3）海南某航空公司向胡某出具了《不正常航班证明》，其中载明导致飞机延误的原因为飞机故障影响。（4）海南某航空公司官网上公示了《海南某航空公司旅客、行李国际运输总条件》（以下简称《运输总条件》），规定《运输总条件》与公约、国家法律法规不一致的，优先适用公约和国家法律法规，该公约包含《华沙公约》《海牙议定书》《蒙特利尔公约》；《运输总条件》还规定，对于航空运输因延误引起的损失应向旅客进行相应赔偿，但已采取一切合理措施或不可能采取此种措施的，不承担赔偿责任，赔偿限额以《蒙特利尔公约》为准。（5）胡某认可海南某航空公司在延误期间提供了相应的餐食和休息区。此外，《蒙特利尔公约》第55条规定，对于同时还签订了《华沙公约》和《海牙议定书》等的本公约缔约国，优先适用本公约；《蒙特利尔公约》第49条规定，当事人不可通过约定排除本公约的适用。

**【主要法律问题】**

（1）本案应适用何种法律为准据法？
（2）胡某和海南某航空公司依据欧盟261号条例约定的赔偿是否有效？

**【主要法律依据】**

（1）《民法通则》第142条。
（2）《民用航空法》第184条。
（3）《蒙特利尔公约》第22条、第27条、第49条、第55条。

**【理论分析】**

自《民法典》颁布以来，学界不乏关于如何界定国际条约在我国法律地位的争论。《民法通则》第142条曾一度被认为是明确国际条约在我国民商事法律地位的规定，不仅明文规定了国际民商事条约原则上优于国内法适用，更肯定了国际民商事惯例在我

---

① 欧盟261号条例［Regulation (EC) No 261/2004］对于因航班拒载、延误或取消时旅客索赔设置了阶梯式标准：对航程小于等于1500公里的航班，导致旅客延误超2小时，应赔偿250欧元；对航程大于1500公里且小于等于3500公里的航班，导致旅客延误超3小时，应赔偿400欧元；对于航程大于3500公里的航班，导致旅客延误超4小时，应赔偿600欧元。

国国内立法和国际条约缺失情况下的补充作用。但自 2021 年 1 月 1 日起施行的《民法典》既未继承《民法通则》的规定，也未作出新的规定，导致在国际条约的国内适用方面留下了法律空白。

国际条约的国内适用不仅有助于我国统筹推进国内法治和涉外法治的进程，更是体现我国在国际社会中大国司法的重要举措。虽在民商事领域基本法律中缺失了关于国际条约在我国法律地位的规定，但有些部门法中仍有《民法通则》第 142 条的影子。自 2024 年 1 月 1 日起施行的《中华人民共和国海洋环境保护法》第 123 条就明确规定，在海洋环境保护领域，除我国声明保留的条款外，若本法与国际条约规定不一，应优先适用国际条约。《民事诉讼法》第 271 条亦规定，除我国声明保留的条款外，本法与国际条约有冲突的，优先适用国际条约。诸如此类的还有《外国国家豁免法》第 22 条、《民用航空法》第 184 条、《中华人民共和国海上交通安全法》第 121 条等。此外，《中华人民共和国票据法》《海商法》《民用航空法》不仅规定了国际条约的优先适用地位，而且明确了国际惯例的补充作用。

**【实操分析】**

鉴于本案中所涉航班航线为从意大利飞往中国，因此属于国际航空运输，应依照涉外民商事法律纠纷进行处理。根据《民法通则》第 142 条、《民用航空法》第 184 条的规定，我国缔结或参加的国际条约与我国国内法律若有不同规定，除我国声明保留的条款外，应优先适用国际条约的规定。故本案最终应以相关国际条约作为裁判依据，国际条约中没有规定的，再适用我国法律的规定。

此外，根据海南某航空公司《运输总条件》的规定，发生法律纠纷时应优先适用公约和我国国内法，其中该公约包含《华沙公约》《海牙议定书》和《蒙特利尔公约》。鉴于我国和意大利均为上述三公约缔约国，因此须确定适用哪一公约为准据法。又依《蒙特利尔公约》第 55 条的规定，在国际航空运输纠纷当事人同为上述公约缔约国时，应优先适用本公约。且《蒙特利尔公约》第 49 条规定，当事人不可通过约定方式排除本公约适用。因此，只要当事人所属国为《蒙特利尔公约》缔约国，那么就国际航空运输纠纷而言，就应当适用《蒙特利尔公约》。

根据《蒙特利尔公约》第 19 条的规定，航空公司应对旅客就航班延误进行赔偿。本案中航班延误是由于客机自身机械故障，并非天气等不可抗力事由，且提供餐食和休息区属于正常服务而非避免延误及因延误造成损害的措施，故海南某航空公司就飞机延误应当对胡某进行赔偿。

依据《蒙特利尔公约》第 27 条的规定，在不与公约抵触的情况下，当事人可就赔偿事宜自行协商。本案中，双方当事人依据欧盟 261 号条例作出赔偿金额为人民币 4693 元的约定，是意思自治的体现，此时是将欧盟 261 号条例作为赔偿金额判定标准来看，并非案件所适用的法律；且胡某提出的 600 欧元赔偿请求并没有超出《蒙特利尔公约》第 22 条有关最高赔偿金额的范围，因而应予以支持。

## 案例三　德某诉上海某餐饮管理公司、吕某劳务合同纠纷案①

【基本案情】

2017年初，上海某足球俱乐部公司与原告德某（塞尔维亚籍教练员）签订《职业教练工作合同》，约定德某作为职业教练为上海某足球俱乐部公司提供足球教练方面的劳务。6个月后，双方签订《解除合同协议》，约定《职业教练工作合同》自当日终止，上海某足球俱乐部公司应向德某支付剩余工资等款项。同时，该《解除合同协议》还约定，若因合同解除产生任何纠纷，应当受限于国际足联球员身份委员会（以下简称球员身份委员会）或其他任何国际足联有权机构的管理；若国际足联对所涉争议不享有司法管辖权，当事方应将该争议提交至国际体育仲裁院，依照《与体育相关的仲裁规则》予以解决；上述仲裁程序应当在瑞士洛桑举行。

其后，上海某足球俱乐部公司并未依约支付德某相应工资等款项，德某遂向球员身份委员会申请，要求上海某足球俱乐部公司支付剩余款项。2018年，球员身份委员会在受理该案后作出《单一法官裁决》，要求上海某足球俱乐部公司自收到该裁决之日起30日内向德某支付剩余款项。此外，《单一法官裁决》还写明，若当事人对该裁决结果有任何异议，应在规定时间内向国际体育仲裁院提起上诉，否则该裁决便为终局性、具有约束力的裁决。裁决作出后，双方均未提出上诉。

上海某足球俱乐部公司在《单一法官裁决》所规定期限内仍未向德某支付相应款项，且在《单一法官裁决》作出后，上海某足球俱乐部公司变更为上海某餐饮管理公司，法定代表人为吕某。因上海某足球俱乐部公司已解散，且其不再继续在中国足球协会注册，从而德某无法就《单一法官裁决》向足球行业自治机制申请执行，故德某向上海某法院起诉，请求判令上海某餐饮管理公司支付剩余款项，并要求吕某就此债务承担连带责任。

【主要法律问题】

球员身份委员会作出的裁决是否具有法律效力？

【主要法律依据】

(1)《法律适用法》第18条。

(2)《纽约公约》第1条第1款、第2款。

(3)《瑞士联邦国际私法》第178条。

---

① 〔2020〕沪01民终3346号裁定书。

## 【理论分析】

对于商事合同纠纷，仲裁是常用的争议解决方法。相比于诉讼，仲裁具有耗时相对短、程序相对简便和花费相对较少的特点，因此为多数当事人所青睐。《纽约公约》是当下绝大多数国家参与的有关外国仲裁裁决承认和执行的公约，是国际仲裁制度的基石。

在适用《纽约公约》时，要注意对于该公约中"仲裁裁决"范围的理解。《纽约公约》第1条第1款规定，外国仲裁裁决是指在一国领土外作出的仲裁裁决，不仅指由专案选派之仲裁员所作的裁决，也指当事人提请仲裁之常设仲裁机关所作的裁决。概言之，《纽约公约》所调整的仲裁裁决具有以下特点：第一，以当事人自愿为基础。无论是仲裁员选任还是仲裁管辖权等方面，当事人在整个仲裁过程中都具有较大的自主权。第二，由独立于当事人且非官方的第三方作出。第三，仲裁裁决具有终局性。即裁决内容已实际在最终层面处理了当事人之间的纠纷。第四，裁决具有普遍的约束力。作为替代性纠纷解决机制，仲裁所作出的裁决对当事双方均具有法律约束力，当事人亦可在对方拒绝执行仲裁裁决时向法院申请强制执行。本案中关于《单一法官裁决》的效力亦应从以上四点出发进行判断。

## 【实操分析】

在讨论德某请求能否被支持前，应首先查明德某请求上海某法院依照《单一法官裁决》判令上海某餐饮管理公司支付剩余款项的法律效力。依据德某请求，其认为《单一法官裁决》应属于在我国领土外作出的仲裁裁决，因此作为《纽约公约》缔约国，我国司法机关应承认并执行该仲裁裁决。故现在的问题落脚于球员身份委员会所作出的《单一法官裁决》究竟是否属于《纽约公约》的调整范围。

首先，通过比照上述《纽约公约》关于仲裁裁决的定义和特征，可以得出《单一法官裁决》并不属于公约所辖范畴。第一，球员身份委员会属于国际单项体育组织内设纠纷解决机构，不属于具有独立性的仲裁机构。[①] 第二，球员身份委员会所作出的决定属于内部决定，决定内容的执行主要依靠行业内部自治机制，如扣分、罚款、降级、禁赛等，并不具有普遍、严格的约束力。第三，球员身份委员会所作出的决定并不具有终局性。《球员身份和转会管理条例》第22条规定，国际足联所作出纠纷处理决定并不影响当事人向法院寻求救济的权利。以上分析表明球员身份委员会与一般意义上的仲裁机构存在明显区别，其所作出的《单一法官裁决》并不属于《纽约公约》的调整范围。

---

[①] 球员身份委员会为国际足联常设委员会之一，其纠纷处理依据为《球员身份和转会管理条例》及《关于球员身份委员会和争议解决委员会的程序和适用规则》。其中《球员身份和转会管理条例》第22条c项和第23条第1款规定，球员身份委员会有权管辖国际教练雇佣争议，但国内法层面存在能够保障公正程序的独立仲裁机构除外。由此可见，球员身份委员会并非独立仲裁机构。

其次，《解除合同协议》所约定的纠纷解决的仲裁条款并不能排除法院的司法管辖权。第一，根据《法律适用法》第 18 条，双方当事人并未约定确定仲裁条款效力所适用的法律，故应适用仲裁机构所在地或仲裁地法律。结合本案，应为瑞士法。根据《瑞士联邦国际私法》第 178 条关于认定仲裁条款和仲裁协议效力的规定，可以认定《解除合同协议》中约定的仲裁条款符合瑞士法要求，为有效条款。第二，尽管《解除合同协议》中的仲裁条款有效，但《解除合同协议》约定当事人在国际足联不管辖的情况下才可以向国际体育仲裁院申请仲裁，而球员身份委员会作出《单一法官裁决》表明国际足联已行使了管辖权，因此德某不能再向国际体育仲裁院提起仲裁，故该仲裁条款不适用于本案争议，不能排除人民法院对本案行使司法管辖权。

综上所述，由于《单一法官裁决》并不属于《纽约公约》中所规定的外国仲裁裁决，故法院不能直接依此作出强制执行的裁定。而《单一法官裁决》的作出表明德某不能再依《解除合同协议》中的仲裁条款向国际体育仲裁院申请仲裁，因此所约定仲裁条款并不能排除人民法院的司法管辖权，故德某的请求不会被支持。德某为维护自身利益，可以向我国法院另行起诉。

## 思考题

2011 年 5 月，李某（中国公民）与 GGL 公司（注册地为英属维尔京群岛的外资公司）在中国签订一项《借款协议》，约定由 GGL 公司向李某出借 500 万美元，贷款期限 18 个月，年利率 12%。此外，《借款协议》还约定，若当事人因该协议产生纠纷，应参照中国香港法律为合同准据法，香港法院享有非排他的管辖权。协议签订后，GGL 公司首先向李某汇款 250 万美元，同日 GSGD 公司受 GGL 公司的委托亦向李某汇款 250 万美元。还款期限截止前半个月，李某分三次分别还款 200 万美元、200 万美元和 100 万元人民币。对李某剩余未还部分，GGL 公司将其债权转让给了本公司董事翁某，并及时向李某出具了《债权转让通知书》。

还款期限到期后，翁某曾多次同李某协商还款事宜，均未果。2015 年 5 月，李某收到翁某委托律师发出的催收欠款《律师函》。2016 年初，鉴于李某迟迟未还款付息，翁某遂向法院提起诉讼。

问题：

（1）李某与 GGL 公司的《借款协议》（关于《借款协议》的效力认定）应适用的准据法是什么？为什么？

（2）GGL 公司与翁某关于债权转让行为应适用的准据法是什么？为什么适用该法？

# 第十四章

# 侵权关系的法律适用

## 本章知识要点

涉外侵权的法律适用最早可以追溯到13世纪，侵权适用"侵权行为地法说"成为世界各国普遍接受的一种确定涉外侵权准据法的最基本理论。19世纪中期，"法院地法说"也产生了一定影响。随着各国对传统理论进行扬弃和软化处理，新的规则如共同属人法、最密切联系原则、意思自治原则为侵权关系法律适用注入灵活性因素。

1. 侵权关系法律适用的一般规则

（1）侵权行为地法。

侵权行为适用侵权行为地法，这一系属公式早在巴托鲁斯时代就广泛被学者们所认可。然而随着社会的发展，侵权行为地法原则显现出了不足：各国对于何为侵权行为地的认识并不一致，国与国之间的私法冲突不能得到妥善解决，且只适用侵权行为地法难以满足复杂多变的案情，很难保证案件结果的公平和公正。

（2）法院地法。

最早由德国国际私法学者韦希特尔提出，后得到萨维尼的支持。[1] 由于该规则存在固有缺陷，[2] 目前采取该规则的国家已然不多，这些国家多采用重叠适用侵权行为地法和法院地法的混合做法。[3]

（3）共同属人法。

共同属人法指的是当事人具有相同国籍或在同一个国家具有住所或惯常居所，那么他们的国籍国法或住所地法或惯常居所地法即为他们的共同属人法。在各国立法中，共同属人法在多数情况下是作为侵权行为地法的补充发挥作用的。

（4）最密切联系地法。

最密切联系原则被大多数国家所采用，在许多国家新近立法中均有重要反应。

---

[1] 杜涛：《德国国际私法：理论、方法和立法的变迁》，北京：法律出版社，2006年，第129页。

[2] 刘宁元：《围绕法院地法的理论和实践研究》，载《和谐社会价值·政策·制度——上海市社会科学界第四届学术年会论文集（2006年度）（政治·法律·社会学科卷）》，2006年，第92-100页。

[3] 马丁·沃尔夫：《国际私法》（第二版），李浩培、汤宗舜译，北京：北京大学出版社，2009年，第528-529页。

《美国第二次冲突法重述》将最密切联系原则作为一项基本法律原则,在确定最密切联系地时,应重点考虑的不是连结点的多少,而是其重要程度。1982年的《土耳其国际私法和国际诉讼程序法》及1978年的《奥地利联邦国际私法法规》中皆可以看到关于最密切联系的规定。

(5) 当事人选择法。

也是我们通常所说的意思自治原则,指涉外侵权关系当事人可以通过协商一致自由选择支配其侵权关系的法律。所谓意思自治,是指人的意志可以依其自身的法则为自己创设权利义务,当事人意思一致不仅是当事人权利义务的渊源,还是其发生的根据。[1]

2. 中国涉外侵权关系法律适用的一般规则

最初,侵权关系法律适用规则主要体现在《民法通则》和《民通意见》中;一些特殊侵权零散分布在《海商法》与《民用航空法》等法条之中。2010年的《法律适用法》的相关规定构成侵权关系法律适用的主要法律渊源;与此同时,《海商法》与《民用航空法》的相关规定继续有效。

《民法通则》第146条规定:"侵权行为的损害赔偿,适用侵权行为地法律。当事人双方国籍相同或者在同一国家有住所的,也可以适用当事人本国法律或者住所地法律。中华人民共和国法律不认为在中华人民共和国领域外发生的行为是侵权行为的,不作为侵权行为处理。"对于侵权行为地的认定,《民通意见》第187条补充解释道:"侵权行为地的法律包括侵权行为实施地法律和侵权结果发生地法律。如果两者不一致时,人民法院可以选择适用。"可以看出我国当时立法采用了以侵权行为地法原则为主、以法院地法和共同属人法原则为辅的做法确定侵权行为的准据法,[2]没有单纯适用侵权行为地法,具有一定的灵活性。随着《民法典》的施行,《民法通则》及其司法解释已被废止。

2010年颁布的《法律适用法》第44条的规定:"侵权责任,适用侵权行为地法律,但当事人有共同经常居所地的,适用共同经常居所地法律。侵权行为发生后,当事人协议选择适用法律的,按照其协议。"根据这一条的规定,在涉外侵权纠纷中,确定准据法应依据以下顺序:首先,看当事人在侵权纠纷发生后能否就法律适用达成协议,如达成协议,从其协议;其次,看当事人是否具有共同经常居所地,如有,则适用该共同经常居所地法;最后,如上述两项条件均无法满足,则适用侵权行为地法。

3. 中国涉外侵权关系法律适用的特殊规则

《法律适用法》还对产品责任、网络侵权与知识产权侵权等特定侵权行为规定了法律适用条款。

对于产品责任,《法律适用法》第45条规定:"产品责任,适用被侵权人经常居

---

[1] 许军珂:《论侵权领域的当事人意思自治原则》,《中国青年政治学院学报》2006年第3期,第112页。
[2] 许凯:《侵权冲突法研究》,北京:法律出版社,2013年,第367-368页。

所地法律；被侵权人选择适用侵权人主营业地法律、损害发生地法律的，或者侵权人在被侵权人经常居所地没有从事相关经营活动的，适用侵权人主营业地法律或者损害发生地法律。"

对于网络侵权，《法律适用法》第46条规定："通过网络或者采用其他方式侵害姓名权、肖像权、名誉权、隐私权等人格权的，适用被侵权人经常居所地法律。"

对于知识产权侵权，《法律适用法》专设第七章"知识产权"，分3条较为系统地规定了知识产权的法律适用规则，分别规定了知识产权归属和内容（第48条）、知识产权转让和许可（第49条）及知识产权的侵权责任（第50条）的法律适用。

此外，《法律适用法》第2条第1款规定："涉外民事关系适用的法律，依照本法确定。其他法律对涉外民事关系法律适用另有特别规定的，依照其规定。"由于该法未涉及海上及空中侵权的法律适用，《海商法》与《民用航空法》规定的法律适用条款继续有效。具体包括：

《海商法》第273条规定："船舶碰撞的损害赔偿，适用侵权行为地法律。船舶在公海上发生碰撞的损害赔偿，适用受理案件的法院所在地法律。同一国籍的船舶，不论碰撞发生于何地，碰撞船舶之间的损害赔偿适用船旗国法律。"第274条规定："共同海损理算，适用理算地法律。"第275条规定："海事赔偿责任限制，适用受理案件的法院所在地法律。"

《民用航空法》第189条规定："民用航空器对地面第三人的损害赔偿，适用侵权行为地法律。民用航空器在公海上空对水面第三人的损害赔偿，适用受理案件的法院所在地法律。"

## 案例一　贝科克诉杰克逊案[1][2]

### 【基本案情】

1960年9月16日，住在美国纽约州的杰克逊夫妇邀请同住该州的贝科克小姐乘坐他们的汽车前往加拿大度周末。当汽车行驶至加拿大安大略省时，由于杰克逊的疏忽，汽车撞到了一堵墙上，贝科克小姐因此受重伤。回到纽约州后，贝科克小姐即对杰克逊提起损害赔偿诉讼。事故发生时，安大略省法律规定："机动车辆的所有人或驾驶人，如果不是从事有偿载客业务，对该机动车所载任何人的身体伤害或死亡所产生的损失或者损害不承担责任。"但是，美国纽约州侵权实体法并没有类似禁止（根据美国纽约州法律，杰克逊的过错行为构成侵权）。当时，美国纽约州法院处于特别开庭期，

---

[1] 黄进：《国际私法学》，北京：高等教育出版社，2023年，第310页。
[2] 此案例虽然并不是中国涉外案例，但其作为涉外侵权法律适用中"最密切联系原则"的典型适用，具有一定的研究价值，故本书予以收录。——编者注

即法院由一名法官主持对申请和具有衡平法性质的案件进行初次审理和裁决的期间。哈尔朋法官驳回原告诉讼请求，贝科克小姐不服，提出上诉。

1963年，上诉法院富德法官审理了该案件，支持了贝科克小姐的请求。

**【主要法律问题】**

在本案中，只有一个连结点即侵权行为地在加拿大安大略省，其他连结点如法院地、车辆所有人居住地和国籍、车辆登记地、原告住所和国籍、车辆保险人营业地和旅行出发地和结束地，都与美国纽约州法律有关。若单纯适用加拿大安大略省法律，认为免费搭乘机动车所有人或驾驶人不承担责任，则对受害者不利，会产生不公平、不合理的结果。在本案中受害者的责任究竟由谁承担，需要先解决两个问题：

（1）本案纠纷如何定性？
（2）本案如何确定准据法？

**【主要法律依据】**

《加拿大安大略省1935年法案》第26章第11条。[①]

**【理论分析】**

1. 本案纠纷的定性

本案是在加拿大安大略省境内发生的两个美国籍纽约州居民之间的民事争议，涉及两个不同国家的法律：加拿大安大略省法律和美国纽约州法律。在本案中，杰克逊因重大过失使贝科克小姐身受重伤，根据美国纽约州法律构成侵权行为。加拿大法律体系属于判例法体系，相关判例规定："因过错造成他人财产或人身损害，构成侵权。"因此，本案的法律性质不论根据美国纽约州法律还是加拿大安大略省法律都构成侵权法律关系。

2. 本案准据法的确定

在本案中，美国纽约州上诉法院首开侵权责任适用最密切联系原则的先河。

除了事故偶然发生在加拿大安大略省，其他所有相关因素都集中在美国纽约州，即双方当事人都是纽约州人，住所地都在纽约州，被告驾驶的汽车在美国纽约州购买的保险，履行的起始地和终点都在美国纽约州。比较美国纽约州和加拿大安大略省有关的利益和联系，美国纽约州无疑具有更大、更直接的联系和利益，这一点非常清楚，而加拿大安大略省与案件的联系和利益关系非常小。因此，本案应适用与案件有最密切联系的法律——美国纽约州法律。

---

[①] 《加拿大安大略省1935年法案》第26章第11条规定："机动车辆的所有人或驾驶人，如果不是从事有偿载客业务，对该机动车所载任何人的身体伤害或死亡所产生的损失或者损害不承担责任。"

**【实操分析】**

本案仍可以从其他的角度来分析，首先从立法目的角度来看，富德法官认为，在本省规定的侵权所适用法律中，《加拿大安大略省汽车乘客法》等的立法目的是"防止乘客与驾驶者共谋，对保险公司提出欺诈性诉求"，针对的是加拿大安大略省的被告与承保人，旨在保护加拿大安大略省保险人的利益。保持与立法目的一致的法律适用能够更好地保障公平正义。

此外，从损害的角度看，案件的发生给美国纽约州造成了损害，即车辆损害和人员受伤，有关人员基本的生活秩序被破坏；加拿大安大略省仅仅高速公路围墙被损坏，相比较，美国纽约州受到的损害更大。如果适用加拿大安大略省法律，美国纽约州将受到较大损失；如果适用美国纽约州法律，加拿大安大略省损失几乎没有。美国纽约州法律与案件有重大的利益关系，而且在该案件中美国纽约州受到较严重的损害。根据最密切联系原则，法律适用应与案件的实质关联最密切，损害可以作为一种考虑因素。

最后，从个案正义来看，本案的关键问题不在杰克逊先生是否违反了加拿大安大略省的法律规定，而在作为杰克逊先生免费乘客的贝科克小姐能否获得赔偿，关乎公平正义原则。虽然适用加拿大安大略省法律并不绝对会对贝科克小姐产生不公正的判决结果，但现实存在的情况是，案件的事实基本相同，由于适用不同的法律，产生了截然不同的结果，这必定引发公平正义的争议。

## 案例二　羊某某等与英国某邮轮有限公司等海上人身损害责任纠纷案[①]

**【基本案情】**

2015年8月1日，原告中国公民羊某某及其母亲羊某与第三人浙江省中国旅行社集团有限公司（以下简称浙江中旅）订立《浙江省出境旅游合同》，商定搭乘被告英国某邮轮有限公司（以下简称J公司）经营的"蓝宝石公主"号邮轮于2015年8月2日至6日进行"上海—济州—福冈—上海"为期4天的海上旅游观光。同年8月5日，在邮轮从公海返回上海港过程中，原告羊某某因在邮轮游泳池里发生溺水事故而受伤，事发后，邮轮提前靠岸，羊某某被送至上海一家医院进行抢救，J公司和浙江中旅支付了一部分费用后告知羊某某不再垫付。后来，羊某某被认定属于一级伤残，需要终身看护。事后，羊某某的法定代理人羊某以侵权为诉由向中国法院起诉被告J公司。

羊某某与J公司就赔偿问题发生纠纷，其于2016年1月11日将J公司诉至上海市黄浦区人民法院，并提出如下诉讼请求：（1）判令被告在邮轮官网、微信公众号即指定报纸的显著位置赔礼道歉；（2）判令被告按80%的责任比例向其赔偿人身和精神损

---

① 〔2016〕沪72民初2336号判决书。

害，共计 3948455.26 元；(3) 判令被告承担律师费、鉴定费，计 83020 元；(4) 判令被告承担本案诉讼费用。

本案经过两次管辖权异议之后，最终被移送至上海海事法院审理。庭审中，羊某某提到在本案发生前，该邮轮也曾在一年前发生过一起成人泳池溺亡事件，但仍未采取任何改进措施。邮轮深水泳池和潜水泳池无物理隔断，也无工作人员维持秩序，放任未成年人自由穿梭且未配备救生人员，邮轮承运方未尽到基本管理职责，严重违反中英两国关于泳池的安全规范。

2018 年 4 月 26 日，上海海事法院依据我国《法律适用法》《民事诉讼法》，以及《1974 年海上旅客及其行李运输雅典公约》等中国法律和国际公约判决被告 J 公司向原告羊某某赔偿 290 多万元。

**【主要法律问题】**

(1) 本案纠纷如何定性？
(2) 本案应适用何国法为准据法？
(3) 本案最终责任如何划分？

**【主要法律依据】**

(1)《民通意见》第 187 条。
(2)《法律适用法》第 2 条第 2 款、第 44 条、第 51 条。
(3)《海商法》第 114 条第 1 款、第 115 条第 1 款、第 269 条、第 273 条。
(4)《法律适用法解释（一）》第 1 条。

**【理论分析】**

1. 本案的定性

本案纠纷是因中国旅客在外籍邮轮泳池里发生溺水事故所致，根据《法律适用法解释（一）》第 1 条第 1 款"当事人一方是外国法人"及第 4 款"产生民事关系的法律事实发生在中华人民共和国领域外"之规定，本案中当事人双方之间应认定为涉外民事关系，系涉外海上人身损害责任纠纷。

2. 本案中准据法的确定

我国《法律适用法》中没有关于海上旅客运输人身损害纠纷法律适用的规定，《海商法》中也没有关于此类侵权的特别规定。因此根据本案的性质，本案准据法应根据《法律适用法》第 44 条确定。首先，由于本案侵权行为发生后当事人未达成选法合意，且原、被告之间不存在共同经常居所地，故本案无法依据当事人意思自治和共同经常居所地确定准据法。其次，关于本案侵权行为地法的认定问题。1988 年最高人民法院发布的《民通意见》第 187 条规定："侵权行为地的法律包括侵权行为实施地法律和侵权结果发生地法律。如果两者不一致，人民法院可以选择适用。"虽然本案侵权行为实施地和侵权结果发生地均为公海上的英国籍邮轮，但是原告援引的船舶浮动领土说系学术观点，由此认定本案侵权行为地法为英国法缺乏法律依据。因此，依据《法律适用法》第 44 条无法确定本案准据法。最后，本案准据法应依据最密切联系原则来确定更为公平合理，这也与侵权损害赔偿法上的"填补原则"相符合。根据最密切联系原则，确定本案准据法时应综合考虑以下连结点：侵权行为实施地、侵权结果发生地、受害人的住所地和经常居所地、涉案船舶的船旗国、船舶所有人国籍、船舶经营人国籍、合同签订地、邮轮旅客运输的出发港和目的港、被告公司营业地。从数量和质量因素上分析，上述因素均是与本案具有最直接、真实联系的因素，对维护受害人的合法权益影响最大，而这些因素均指向中国。从另一方面看，本案船舶的船旗国、船舶所有人或者经营人的国籍可能是随机的，那么将船旗国法或者国籍法作为本案准据法具有不确定性和不公平性。因此，无论是从法律的公正本质还是从连结点的质量、数量因素来考量，本案准据法均应被认定为中国法。

3. 本案的责任承担

在责任承担方面，不仅是 J 公司有责任，原告及其监护人也需承担相应的责任。由于本案根据最密切联系原则适用中国法，当事人的责任承担按照中国法确定。作为邮轮的经营者，J 公司应当负有对游客人身安全的保障义务。《中华人民共和国侵权责任法》规定："侵害民事权益，应当依照本法承担侵权责任。"而根据《海商法》之规定，承运人过失引起事故造成运送期间的旅客伤亡的，应当负赔偿责任。J 公司对旅客有安全保障义务，其仅在泳池边设置安全告示而并未安排救生人员，因此没有尽到其安全保障义务，且在本案发生之前已发生过类似溺亡事故，再次发生表明 J 公司对于此种危险发生的明知却放任的态度，其在本案中存在严重的管理失职，应承担主要责任。此外，根据《海商法》的规定，旅客的人身伤亡是由于旅客本人或者旅客和承运人的共同过失造成的，可以免除或者相应减轻承运人的赔偿责任。羊某某的母亲羊某作为其监护人，未尽到看护义务，也应承担相应的责任。

【实操分析】

最高人民法院《民通意见》第 187 条明确规定了侵权行为地法包括侵权行为实施地法和侵权结果发生地法。尽管二者在通常情况下是相同的，但在某些特殊侵权纠纷中，侵权结果在侵权行为发生时并未完全表征，而是经过一段时间才会显现。现有案例中，侵权结果发生地或者被理解为损害结果影响地，或者被理解为受害人居住地。可见，侵权结果发生地的最终认定可能要留给法官自由裁量。在本案中，侵权结果发生地涉及公海和中国，在公海上发生侵权事故后，邮轮直接将受害人运送至上海接受治疗，并未途经其他任何国家海域。因此在本案中，除了首次侵权结果发生地位于公海邮轮，受害人居住地、损害结果影响地等侵权结果发生地均在中国。有学者认为，本案不应依据最密切联系原则适用中国法，而应依侵权行为地中的侵权结果发生地适用中国法。

## 案例三　孙某诉杨某等身体权纠纷案[①]

【基本案情】

原告孙某于 2014 年 2 月受雇于被告杨某从事货物运输驾驶员，月工资 3600 元。2014 年 2 月 22 日下午 2 时许，原告孙某受被告杨某的指派到缅甸木姐将被告貌某的压缩打包棉花运输至瑞丽。原告孙某在缅甸木姐货场排队等待装车时，下车行走过程中在一辆等待卸货的货车旁，被高空坠落的重物砸伤致其昏迷，后被送至瑞丽市人民医院住院治疗 2 天，病情摘要为"重物砸伤致颈部、右下肢疼痛、活动受限 4 小时"，诊断为"第二颈椎椎弓根、椎板骨折，第二颈椎椎体 2 度前滑脱；右侧胫骨中下段骨折"。2014 年 2 月 24 日转入德宏州人民医院住院治疗 14 天，病情摘要为"因重物砸伤致颈部、右下肢疼痛伴活动障碍 3 天"，诊断为"第二颈椎骨折脱位并颈髓损伤；右胫骨中下段粉碎性骨折并内外踝骨折"。2014 年 6 月 30 日，原告孙某伤情经德宏求实司法鉴定所鉴定为八级伤残；后续治疗费为 12000 元。

另查明，原告孙某是云南省德宏傣族景颇族自治州梁河县五湖村 180 号居民，系城镇居民。事发当天，事发地缅甸木姐货场仅有 4 辆货车，车上货物压缩棉花均属于被告貌某所有和管理，原告孙某受伤位置在卸棉花车旁边，当时车上的压缩棉花包已解开绳索，但没有人在卸货。原告孙某住院期间，被告貌某垫付医疗费 95000 元。

法院认为，被告貌某系缅甸联邦公民，侵权行为地发生在国外，根据《法律适用法》第 27 条之规定，本案适用中国法律。

【主要法律问题】

本案中，法院适用法律是否正确？若认为侵权行为地包括侵权结果发生地，是否能适用中国法律？

【主要法律依据】

（1）《法律适用法》第 44 条。
（2）《法律适用法解释（一）》第 2 条、第 10 条。

【理论分析】

我国的《法律适用法》于 2011 年 4 月 1 日起施行，本案发生在 2014 年，应以《法律适用法》作为审理依据，但法院判决所用第 27 条"诉讼离婚，适用法院地法律"，属于适用法律错误。法院认定本案为涉外侵权纠纷，原因有两点，一是当事人一

[①] 〔2014〕瑞民一初字第 252 号判决书。

方为外国人，二是侵权行为地发生在国外。此时应适用《法律适用法》第 44 条，根据案情，当事人没有协议选择适用的法律，也没有共同经常居所地，那么应当适用侵权行为地（缅甸）的法律。

虽然侵权责任适用侵权行为地法律这一原则已为各国普遍采纳，但当侵权行为发生地和侵权结果发生地不一致时，对于侵权行为地的认定，各国立法存在分歧。主要做法有：(1) 适用侵权行为实施地法律；(2) 适用侵权结果发生地法律；(3) 无条件选择适用侵权行为实施地法律或者侵权结果发生地法律，我国即采用这一做法；(4) 有条件适用侵权行为实施地法律或者侵权结果发生地法律。这里的条件，或者是相信受害人理性，将选择权交给受害人，或者由法官按照有利于保护受害人权益的原则选择应适用的法律。在本案中，侵权行为发生地在缅甸；侵权结果发生地是原告受伤的地点，即在缅甸木姐货场旁边被高空坠落的重物砸伤后，导致原告昏迷并需要住院治疗的地点，即瑞丽市人民医院。此时，可以认定侵权行为地在中国从而适用中国法律。

**【实操分析】**

在本案中，当事人的利益存在根本冲突，事后很难达成选法合意，意思自治原则无法适用于本案。那么，《法律适用法》第 44 条关于意思自治的规定能否产生实际效用？有学者对适用《法律适用法》第 44 条的法院裁判文书进行了整理，选取共计 214 份裁判文书进行比较，其中有 24.54% 的案件采用的是意思自治原则，由当事人达成选法合意，此类案件多发生于机动车交通事故纠纷，[①] 所占比重较低。意思自治原则主要运用于合同领域，在侵权领域，《法律适用法》将其范围限定于"侵权行为发生后"，使本条规定的实际效果大打折扣。因为侵权行为发生后，双方早已处于激烈的争端之中，很难就准据法达成一致。在第 44 条中，意思自治原则是法律适用的第一顺位，但案件中当双方很大概率难以达成一致时，本规定则会成为一纸空文，难以被运用。有学者认为，应将《法律适用法》第 44 条中的意思自治原则作为兜底性法律适用原则，更具有实践意义，彰显立法的科学性和严谨性。

# 思考题

2011 年 12 月 22 日，中国电工作为承包商与总包方 K 公司、业主菲律宾西南 L 电力公司（以下简称 L 电力）签订《项目工程合同》，约定由中国电工承担 L 电力在菲律宾的电厂项目的设计、设备供货及在现场的培训、指导及部分调试工作，K 公司负

---

[①] 张溪瑨：《意思自治原则在我国涉外一般侵权领域的适用——基于我国法院审判实践的实证分析》，《国际法研究》2020 年第 5 期，第 105 页。

责项目土建和安装工作。合同总金额约 22979 万美元，后调整为 22779 万美元。根据《项目工程合同》之《合同条款及附件》第 4.2 条的约定，中国电工应为自身的履约向 K 公司提供 K 公司所接受的银行开具的无条件见索即付的银行担保，金额为合同总金额的 10% 即 2297 万美元。

2012 年 6 月 12 日，中国电工向江苏银行北京分行申请开立备用信用证，中国电工与江苏银行北京分行签订《开立保函/备用信用证合同》，约定开立的备用信用证类别为履约备用信用证，受益人为 K 公司，金额为 2297 万美元，到期日为 2015 年 2 月 28 日。6 月 13 日，江苏银行北京分行以其向澳新银行马尼拉分行提供反担保为条件，要求澳新银行上海分行通过澳新银行马尼拉分行开立以 K 公司为受益人的《备用信用证》。为此，江苏银行提出，澳新银行马尼拉分行向 K 公司所开具《备用信用证》的内容应为："我方，澳新银行马尼拉分行，为中国电工向 K 公司开具了编号为……金额为 USD2297 万美元的不可撤销的备用信用证，作为 K 公司和中国电工之间订立的《项目工程合同》的履约担保。鉴于澳新银行马尼拉分行同意开立上述《备用信用证》，江苏银行受中国电工委托向澳新银行马尼拉分行开立不可撤销的编号为 No.×××03，金额为 2297 万美元的《反担保备用信用证》。"这两份信用证经过多次展期，《备用信用证》延期至 2016 年 3 月 31 日，《反担保备用信用证》延期至 2016 年 4 月 30 日。

2015 年 11 月 25 日，K 公司根据《备用信用证》向澳新银行马尼拉分行交单，提出 2297 万美元的索赔。K 公司的交单援引了《备用信用证》的函号，称中国电工未能履行《电站设计、供货、监管、培训及调试运行合同》条款规定的义务，而澳新银行又基于反担保备用信用证向江苏银行索赔相同金额。2015 年 12 月 2 日，江苏银行发函告知中国电工，江苏银行已收到《反担保备用信用证》项下的索赔，要求中国电工于 2015 年 12 月 7 日下午 5 点前备齐款项，以便江苏银行北京分行履行付款手续。由于中国电工仅同意承兑 731 万美元，江苏银行北京分行遂向澳新银行上海分行的账户支付了 731 万美元。澳新银行马尼拉分行向《备用信用证》受益人 K 公司支付 731 万美元。

随后，中国电工以 K 公司构成备用信用证欺诈为由向北京市第四中级人民法院申请临时支付令。

问题：

(1) 本案定性为合同纠纷还是侵权纠纷？为什么？

(2) 本案应适用何种法律？为什么？

# 第十五章

# 知识产权关系的法律适用

## 本章知识要点

知识产权也被称为无形产权、智慧产权，指就人的脑力劳动所得的智力成果而依法享有的专有权利。一般认为，知识产权可分为三大部分：专利权、商标权和著作权。我国并没有统一的知识产权法，而是以《中华人民共和国专利法》（以下简称《专利法》）、《中华人民共和国商标法》（以下简称《商标法》）、《中华人民共和国著作权法》（以下简称《著作权法》）三大知识产权单行法的形式作出相关规定。

19世纪80年代以来，各国对知识产权保护的呼声愈发高涨，以国际条约形式协调各国知识产权法律冲突势在必行，1883年的《保护工业产权巴黎公约》和1886年的《保护文学和艺术作品伯尔尼公约》被认为是保护知识产权国际条约的先河。作为WTO一揽子协议之一的《与贸易有关的知识产权协议》（TRIPS协议）是对之前相关国际知识产权保护公约的补充，并且提出了更高水平的保护要求。迄今为止，已有30多个生效的知识产权国际条约，一些更符合新时代发展的区域性知识产权规则也在不断完善，我国是其中大部分尤其是一些影响力广泛的知识产权公约和区域性知识产权规则的缔约国。

知识产权是一种私权，属于民事财产权的一种，但相比于物权、债权等其他传统民事财产权，知识产权又有自己独特的法律属性：第一，无形性。知识产权是人脑力劳动的成果，并不存在有形本体，日常生活中所看到的CD、书籍等均属于承载知识产权作品的载体，知识产权本身是无形的。第二，专有性。法律赋予知识产权权利人排他的占有权，这也是知识产权权利人寻求知识产权保护的法律依据，同时，知识产权权利人还可自行处分所持有的知识产权，如转让和许可使用等。第三，时间性。法律上对知识产权的保护具有时效性，以我国为例，对专利权的保护视不同情况分别为10年到20年，对著作权的保护期限一般为作者终生及其死亡后50年，对注册商标的保护期为10年且按照规定可以办理续展。第四，地域性。知识产权的地域属性很强，通常在一国申请的知识产权只在申请国有效，若想就该知识产权取得其他国家的认可和保护，往往需要在其他国家再次提出申请，且不同国家对于相同知识产权的申请条件、保护期限、保护水平等规定都不尽相同，即使已经在本国取得了知识产权保护，按照其他国家的法律规定，并非就一定能获得该国的知识产权保护。

由于各国对于知识产权保护的规定不尽相同，即使是知识产权国际条约之间在有些方面也会出现不同规定，这就导致在知识产权的法律适用上极易产生法律冲突，如对于专利保护的生效时间，有的国家以"发明时间"为起点，有的则以"登记时间"为起点；就国际条约而言，《商标国际注册马德里协定》对于商标在原始注册国撤销的效力规定就与《商标注册条约》截然相反。

目前，在知识产权的创立、内容、效力和保护的法律适用上，主要有四种不同观点：第一，以知识产权原始取得国法为准据法。该观点认为知识产权设立后的所有法律关系均应受最初授予该知识产权的国家法律的调整，但由于其与"属地原则"相悖，仅有少部分国家采用，如1928年的《古巴布斯塔曼特法典》和2005年的《保加利亚共和国关于国际私法的法典》。第二，以被请求保护国法为准据法。该观点认为被请求保护国是同知识产权法律纠纷联系最为密切的国家，故应以被请求保护国法为准据法。需要注意的是，被请求保护国不一定就是法院地国，权利所有者可能就在A国发生的知识产权纠纷向B国法院提起诉讼，此时被请求保护国一般应为A国而非B国。实践中，不少国家的国内立法和一部分知识产权国际公约采此观点，如1987年的《瑞士联邦国际私法》和《保护文学和艺术作品伯尔尼公约》。第三，以行为地法为准据法。1978年《奥地利联邦国际私法法规》规定，知识产权的创立、内容和消灭，以行为地法为准据法。第四，复合采纳上述观点。有的国家在实践中将知识产权的法律问题依性质、阶段、发生时间等差异分割为不同的法律问题，并分别适用不同的冲突规范，如1984年《秘鲁民法典》就将知识产权的法律适用分为存在和效力、承认和实施具体权利等，针对不同的法律问题，分别设置不同的法律适用规范。

在知识产权转让和许可使用的法律适用上，除受一国关于知识产权专门的法律规定调整外，一般适用涉外合同法律适用的相关规范，如1987年《瑞士联邦国际私法》第122条规定，对于知识产权的转让，当事人可自行选择准据法，若未加选择，则适用转让或同意接受转让知识产权的一方当事人惯常居所地法律。

我国《法律适用法》第七章以专章形式对知识产权的法律适用作出规定，明确对于知识产权的归属和内容以被请求保护地法为准据法；对知识产权的许可使用和转让，首先适用当事人合意选择的法律，若无选择，则适用一般涉外合同法律适用的相关规定；对知识产权侵权以被请求保护地法为准据法，当事人也可在侵权行为发生后协议选法，但协议选法的范围仅限于法院地法。

## 案例一  天津某广播公司与深圳某科技公司、香港某科技公司等侵害著作权纠纷案①

**【基本案情】**

天津某广播公司经天津广播电视台授权,对天津广播电视台享有的著作权或相关权利包含所有电视频道及全部电视节目,享有将其通过信息网络向公众传播、广播、提供等独占许可权;同时可以自己名义对外主张、行使上述权利并对相关侵权行为提出维权。后天津某广播公司开发了"万视达"视频播放软件,目的为在移动端播放上述被授权的相关电视台直播和回放节目,且其在直播节目中采取了技术保密措施,并加有"wiseTV 万视达"字样。

2016 年初,深圳某科技公司(以下简称 G 公司)、香港某科技公司(以下简称 W 公司)等三公司未经许可在其经营的 VST 全聚合软件中设置直播频道并播放天津电视台的 11 个直播节目,直播视频画面右上角均有"wiseTV 万视达"字样。后该直播频道拆分出名为"小微直播"的直播软件,该直播更名为 CIBN 微视听。经查,"小微直播"实际为 VST 全聚合的直播软件,同样有上述天津电视台直播节目,且视频中右上角均有"wiseTV 万视达"字样。天津某广播公司发现后遂向中国内地法院提起诉讼,要求 G 公司、W 公司等三公司立即停止侵权行为并赔偿损失。天津某广播公司在发现侵权行为后一直到案件终结,均未同 G 公司、W 公司等三公司协商选择准据法。

**【主要法律问题】**

(1) 案涉天津电视台直播节目是否受著作权法保护?案涉节目的著作权归属如何认定?

(2) 深圳 G 科技公司、香港 W 科技公司等三公司的行为是否构成侵权?

**【主要法律依据】**

(1)《法律适用法》第 48 条、第 50 条。

(2)《著作权法》第 52 条。

(3)《中华人民共和国著作权法实施条例》(以下简称《著作权法实施条例》)第 2 条。

**【理论分析】**

著作权亦被称为版权,指文学、科学、艺术作品创作者对其脑力活动创作结果依

---

① 〔2018〕津民终 315 号裁定书。

法享有的独占专有权。著作权可分成两大类：人身权和财产权。人身权一般包括发表权、署名权、修改权和保护作品完整权，是与作品创作者本身密不可分的权利，也称为精神权利；财产权则包括以复制、展览、发行、改编、翻译等方式使用作品及获得相应报酬的权利，又可称为经济权利。

著作权保护是著作权领域法律规范的最终落脚点。一般认为，著作权主体和客体合格与否是审查被请求保护作品是否享有法律保护的门槛。英美法系国家和大陆法系国家对此规定差异较大，如针对著作权主体，大陆法系一般认为只包括自然人，法人因不具有人身属性故不能作为著作权主体；而英美法系则认为著作权是纯粹的财产权利，故即使法人不具备人身属性亦可成为著作权主体。就著作权客体而言，由于各国对何为著作权所保护"作品"的理解不同，因此关于著作权保护客体的范围规定也不相同，如《美国版权法》第 102 条规定了 8 类受保护作品，《法国知识产权法典》第 112 条则规定了 14 种受保护作品，而《德国著作权法》第 2 条列举出了 7 类受保护作品，并以此为基础又作出了具体示例解释。

我国《著作权法》在主体方面采取了折衷规定，认为自然人、法人和非法人组织均可成为著作权主体，同时又对职务作品和法人作品进行区分，并将其著作权分别归属于自然人作者和法人。同时，我国《著作权法》第 3 条列举了 9 类受保护作品，且这些分类并非排斥关系，实践中往往会出现同一作品在分类上存有重叠的现象，如带有歌词的音乐作品，既能被归类为音乐作品，又能被归类为文字作品。在具体案例中，关于著作权的纠纷争议点往往在于请求保护作品的主体是否合格及被请求保护客体是否为我国《著作权法》所规定"作品"，本案即如此。

### 【实操分析】

本案属于涉港案件，为著作权侵权纠纷，涉及天津广播电视台节目内容与归属问题，因此根据《法律适用法》第 48 条规定，应以被请求保护地法即中国内地法为准据法。

要判断 VST 全聚合软件是否存在著作权侵权行为，首先要确认案涉天津电视台直播节目是否属于受《著作权法》所保护的客体，即是否属于《著作权法》第 3 条所列 9 类作品。

根据《著作权法实施条例》第 2 条的规定，受《著作权法》保护的作品指文学、艺术和科学领域内具有独创性和可复制性，且不落入不受保护范围的智力成果。又根据《著作权法》第 3 条和《著作权法实施条例》第 4 条的规定，根据文字脚本、分镜头剧本以镜头切换、后期剪辑等方式完成连续的画面，并反映出制片者作品构思、传递某种思想内容的，属于电影作品；对于没有完全依上述方法步骤创作但却呈现出类似电影的视听效果且符合独创性和可复制性特征，并能借助相关技术设备被感知的连续画面，属于以类似摄制电影方法创作的作品，同样受法律保护。

案涉天津电视台直播节目由天津广播电视台策划、制作完成，对拍摄镜头、内容及灯光等都呈现出制作者的作品构思且向观众传递了一定的思想内容，亦符合独创性和可复制性特征，并能通过相关技术设备被感知，符合《著作权法》关于以类似摄制电影方法创作的作品标准，故应受到《著作权法》保护。

关于天津某广播公司的合格原告地位分析如下：鉴于案涉直播节目在天津广播电视台播出时均在末尾附有天津广播电视台的名称，故在没有相反证据的情况下，应认定直播节目的著作权人为天津广播电视台。至于天津某广播公司能够提起侵权诉讼、成为侵权诉讼主体，是由于天津广播电视台授予了其相应的独占许可权，以及以自己名义就相关侵权提起诉讼的权利。

关于G公司、W公司等三公司著作权侵权行为分析如下：根据《著作权法》第52条的规定，未经著作权人许可，以展览、摄制视听作品的方法使用作品的，构成侵权。G公司、W公司等三公司无论是以VST全聚合直播软件还是以"小微直播"等软件播放天津电视台直播节目，均未取得天津某广播公司的授权。天津某广播公司经天津广播电视台授权，对天津广播电视台相关节目享有独占许可权，故G公司、W公司等三公司未经许可使用其他软件播放天津电视台相关直播节目的行为已构成侵权。

## 案例二　瑞典某公司与天津某模具公司侵害发明专利权纠纷案①

### 【基本案情】

2007年5月，瑞典某公司在中国就一种用于板式换热器的设备配件申请专利（案涉专利），专利权授权公告日为2011年5月，瑞典某公司为唯一专利权人。2019年，瑞典某公司发现天津某模具公司出售的板式换热器设备配件与案涉专利方案记载内容几乎相同，遂通过公证方式多次购买天津某模具公司所出售相关板式换热器设备配件并取得发票。后瑞典某公司以天津某模具公司侵犯其发明专利权为由向中国法院提起诉讼，要求该公司停止侵权行为并赔偿相应损失。

案发后，天津某模具公司向法院提交了如下证据：德国专利1，公告日为1997年6月，其权利要求书记载了板式换热器设备配件特征相关内容；德国专利2，公告日为1998年7月，名称为"用于加热薄污泥的方法和用于执行该方法的装置"；《板式换热器及换热装置技术应用手册》（以下简称《技术手册》），出版时间为2005年9月。天津某模具公司欲以上述文件作为现有技术抗辩证据。

法院经审理查明：天津某模具公司提交的被诉侵权技术方案的特征与案涉专利权方案中记载的技术特征相同；通过比对德国专利1、德国专利2和《技术手册》，不能证明天津某模具公司所提交的被诉侵权技术方案与现有技术相同或无实质差异。

### 【主要法律问题】

天津某模具公司所提出的现有技术抗辩是否成立？

---

① 〔2023〕最高法知民终698号判决书。

## 【主要法律依据】

(1)《法律适用法》第 50 条。

(2)《专利法》第 22 条第 5 款、第 64 条第 1 款。

(3)《最高人民法院关于审理侵犯专利权纠纷案件应用法律若干问题的解释》(以下简称《专利权司法解释(一)》)第 1 条、第 14 条。

## 【理论分析】

专利权是指对经国家有关机构依法认可、受一国法律保护的发明创造在法定期限内享有的独占专有权。一般认为,专利可分为三种:发明专利、实用新型专利和外观设计专利。我国《专利法》对专利保护是以当事人申请为前提,某发明经审查授予专利权后受法律保护。专利权最重要的属性是排他性,即未经专利权人许可,任何人或组织均不能擅自实施该专利,否则便涉嫌专利侵权。

对于是否构成专利侵权,我国司法实践中已有相对完善的判定原则,包括全面覆盖原则、捐献原则和禁止反悔原则。

所谓全面覆盖原则,是将被诉侵权技术方案与案涉技术方案所记载特征分别一一对照比较,若所比照技术特征完全相同或等同,则构成专利侵权,反之则不构成。根据《专利权司法解释(一)》第 7 条,以所比照技术特征相同程度为标准,又可分为相同侵权和等同侵权两种情况。前者指所比照技术特征完全一一对应,数量上既不增多也不减少;后者则指二者虽内容上不完全对应,但被诉侵权技术方案所记载技术特征以案涉技术方案特征基本相同手段便能达到基本相同效果,且本领域普通技术人员无须经创造性劳动便能联想到。本案的审理过程便运用到此原则。

捐献原则是对等同侵权的一种限制。根据《专利权司法解释(一)》第 5 条的规定,对于仅在说明书或附图中进行描述但并未在权利要求中记载的技术方案,应视为专利权人放弃了该部分专利权,社会公众均可使用该部分技术方案,专利权人则不能再以等同侵权为由主张就该部分技术方案获得法律保护。

禁止反悔原则是民法中诚实信用原则在专利领域的具体落实,旨在平衡因自由行使权利而可能给善意第三人带来的信赖利益落空。根据《专利权司法解释(一)》第 6 条,对于因修改或意见陈述而放弃的技术方案,之后请求将该技术方案纳入专利保护范围的,法院不予支持。《最高人民法院关于审理侵犯专利权纠纷案件应用法律若干问题的解释(二)》(以下简称《专利权司法解释(二)》)第 13 条在此基础上规定了禁止反悔原则适用的"明确否定"例外,即若权利人能够证明上述专利申请人、专利权人以放弃技术方案为由作出的修改或意见陈述被明确否定的,应认定此修改或意见陈述并未导致该技术方案的放弃。

【实操分析】

由于本案原告注册地为瑞典，故应按涉外知识产权纠纷进行处理。根据《法律适用法》第 50 条的规定，本案应以被请求保护地法即中国法为准据法。

要确定本案是否存在专利侵权，首先应判定被诉侵权行为是否落入案涉专利权保护范围。根据我国《专利法》第 64 条第 1 款，发明或实用新型专利权保护范围以其权利要求的内容为准，其附图及说明书可用于解释权利要求内容。《专利权司法解释（一）》第 1 条规定，法院应以专利权所记载权利要求内容为依据，结合权利人主张确定最终专利权保护范围。本案中，天津某模具公司提交的被诉侵权技术方案的特征与案涉专利权方案中记载的技术特征相同，因此可确定被诉侵权技术方案落入案涉专利权的保护范围。

对于天津某模具公司所提出的现有技术抗辩，分析如下：首先，根据《专利法》第 22 条第 5 款，现有技术，指在专利申请日前就被国内外所知的技术。德国专利 1、德国专利 2 及《技术手册》均早于瑞典某公司所持有案涉专利申请日，故可以被认定为"现有技术"。其次，根据法院对比查明，德国专利 1、德国专利 2 和《技术手册》均与被诉侵权技术方案技术特征不完全相同，即不能证明被诉侵权技术方案与现有技术相同或无实质差异。根据《专利权司法解释（一）》第 14 条的规定，只有在被诉侵权技术方案全部技术特征与现有技术方案中相应技术特征相同或无实质性差异，才能认定为被诉侵权技术方案属于现有技术。故本案中天津某模具公司被诉侵权技术方案并不属于现有技术，天津某模具公司所提出的现有技术抗辩并不成立。

## 案例三　重庆某服饰公司与香港某国际投资公司商标使用许可合同纠纷案[①]

【基本案情】

2011 年 1 月，英国某有限公司在我国注册了"莱珀妮"商标，有效期至 2021 年 1 月，已续展至 2031 年 1 月。2016 年 3 月，中国香港某国际投资公司通过受让取得该商标。2016 年 4 月，中国香港某国际投资公司（许可人）与重庆某服饰公司（被许可人）签订《商标许可使用合同》，约定：(1) 许可人许可被许可人在中国内地以独占许可方式在其生产、销售的商品上使用"莱珀妮"商标；(2) 许可使用期限自合同签订起至商标注册有效期 2021 年 1 月止；(3) 在商标有效期届满前，许可人应依法办理商标续展手续，续展后，许可人应按与本合同实质条件相同的方式继续许可被许可人使用商标；(4) 由于许可人与被许可人利益归属一致，故被许可人无须支付商标许可

---

① 〔2021〕渝民终 833 号判决书。

使用费;(5)合同的变更和终止须经双方一致同意,不可抗力除外;(6)本合同应适用中国内地法律。

2020年11月,中国香港某国际投资公司向重庆某服饰公司寄送《告知函》,内容如下:鉴于《商标许可使用合同》签订时许可方控股股东邓某和被许可方控股股东宋某为夫妻关系,双方利益归属一致,故约定被许可方无须支付商标许可使用费;但2018年邓某与宋某已登记离婚,因此许可方和被许可方利益已发生根本变化,利益归属不再一致,且被许可方在商标使用过程中存在多次违法、违规行为,严重损害商标品牌形象,多次协商均未果,故特此通知解除《商标许可使用合同》。

经查,中国香港某国际投资公司未能提交证据证明重庆某服饰公司存在合同违约行为,两公司利益归属确因双方控股股东离婚而不再一致。

【主要法律问题】

(1)本案应以何种法律为准据法?

(2)《商标许可使用合同》属于定期合同还是不定期合同?中国香港某国际投资公司以《告知函》解除《商标许可使用合同》的行为是否有效?

【主要法律依据】

(1)《法律适用法》第49条。

(2)《民法典》第495条、第563条。

(3)《商标法》第39条、第40条。

【理论分析】

商标权是所有者对其以图形、字母、数字、颜色等组合形成的用在自己商品上以区别于其他商品的专有标识的独占专有权,主要包括商标专用权、商标转让权、商标许可使用权等。

商标分为未注册商标和注册商标,一般而言,受法律保护的为注册商标。对于商标注册申请,各国的处理办法有所不同,主要有三种方式:第一,注册优先。即商标所有权应授予先注册者,申请人经合法注册手续后即获得相关商标权,而不论使用的先后。第二,先使用优先。即只要后申请者能够证明其先使用该商标,即使该商标已经被他人注册,也可以撤销该商标注册,将商标权授予给先使用的人。第三,折中处理。即以注册优先为主、先使用优先为辅,原则上采取注册优先,谁先注册谁就是商标权人,但规定一个可异议期间,若在该期间内有人以先使用商标为由提出异议并成功,那么已注册商标就可撤销,商标权归属提出异议的人。根据《商标法》第3条和第18条,对先申请注册的商标申请人授予注册商标,即我国亦采取注册优先原则。但不同的是,该法第59条规定,对于注册前已在同一或类似商品上使用并具有一定影响的商标,注册商标所有人是无权禁止前述使用人在原使用范围内继续使用该商标的,但可要求其添加适当标识以作区别。

不同于商标转让，商标许可使用体现了商标所有权与使用权的分离。依排他性程度不同，商标许可使用可分为多种类型，但各国具体分类结果略有差异，如适用于欧盟成员国内部的《欧洲共同体商标条例》第22条规定，商标许可使用分为独占许可和非独占许可两类，这种分类方法亦为美国、英国、澳大利亚等大部分国家所采用。我国则在上述基础上对商标许可使用作了进一步细分，分为独占使用许可、排他使用许可及普通使用许可三种类型。根据《最高人民法院关于审理商标民事纠纷案件适用法律若干问题的解释》（以下简称《商标法司法解释》）第3条，独占使用许可仅允许一个被许可人使用注册商标，商标所有权人亦不可使用该注册商标；排他使用许可允许一个被许可人使用注册商标，许可人亦可使用该注册商标，但许可人不得再另行许可其他人使用该注册商标；普通使用许可不仅允许许可人和被许可人依约使用注册商标，而且对被许可人人数亦未加限制，即商标所有权人可允许多个被许可人使用注册商标。

对于商标许可使用合同的效力，绝大多数国家采取的是备案制。我国《中华人民共和国商标法实施条例》第69条规定，商标所有人许可他人使用其注册商标的，应在许可合同有效期内向商标局备案并报送备案材料，备案材料内容应包括但不限于合同双方当事人基本信息、许可使用期限及许可使用范围等。又依《商标法》第43条和《商标法司法解释》第19条，对于未经商标局备案的商标许可使用合同，除当事人另有约定外，合同本身有效，但不得对抗善意第三人。备案制本身并不影响合同效力，更不对合同内容过多干涉，而是在充分尊重当事人意思自治的前提下以法律手段来平衡可能出现的市场信用危机。例如，就本案所涉及的商标许可使用合同期限而言，我国现有法律法规对此并未多加约束，但结合《商标法》第39条和第40条关于注册商标有限期为10年并可续展的规定，不难推出商标许可使用合同有效期一般不应超过10年，故像本案中提前约定注册商标到期后经许可人续展再继续签订许可使用合同的情形并不算少。

**【实操分析】**

本案当事方为中国香港某国际投资公司、重庆某服饰公司，双方因签订的《商标许可使用合同》履行问题产生争议，因此属于涉外商标许可使用合同纠纷。根据《法律适用法》第49条，当事人可以协议选择知识产权转让和许可使用适用的法律，当事人没有选择的，适用本法对合同的有关规定。本案双方同意选择适用中国内地法律，因此，尊重当事人的意思自治，中国内地法律为本案准据法。

判定《商标许可使用合同》属于定期还是不定期合同是确认《告知函》能否产生解除合同效力的前提。若《商标许可使用合同》为不定期合同，那么中国香港某国际投资公司只需在合理期限前通知对方，便可依《民法典》第563条第2款随时解除合同；反之，则只有发生如《民法典》第563条第1款所规定的根本违约情形时才可解除合同。

所谓不定期合同，是指没有固定履行期限或履行期限不明的合同。根据《商标许可使用合同》，许可使用期限自合同签订之日至首次商标注册有效期届满，即2021年1月。不难看出，合同当事人已明确约定了商标许可使用期限，由于商标许可使用是该合同的根本目的，故许可使用期限即为合同期限。该合同还规定，即使商标有效期届满，许可人也应在续展后依与该合同相同的实质条件继续与被许可人签订许可使用合同。根据《民法典》第495条第1款关于"预约合同"的规定，该条款应被认为是预约合同条款。也就是说，《商标许可使用合同》对许可使用的期限已有明确规定，为截至案涉商标注册有效期届满，即2021年1月，至于约定许可使用期满后以相同实质条件继续续约的条款应属预约合同条款。故虽然《商标许可使用合同》是以持续履行债务为内容的合同，但有明确的履行期限，应认定为定期合同。

鉴于案涉合同为定期合同，因此《民法典》第563条第2款关于解除不定期合同的规定便无法适用，即使中国香港某国际投资公司以《告知函》形式在合理期限内通知重庆某服饰公司，也不能产生解除合同的效力。再者，根据《民法典》第563条第1款第（四）项，若因一方当事人迟延履行等违约行为导致不能实现合同目的，另一方当事人可以要求解除合同。《告知函》中虽提出重庆某服饰公司存在多次违法、违规行为，但中国香港某国际投资公司并未提供相关证据予以佐证，因而无法证明重庆某服饰公司违约行为存在的真实性，更无从确认违约行为是否达到导致不能实现合同目的的根本违约程度。因此《告知函》并不能产生解除《商标许可使用合同》的效力。

## 思考题

M公司为瑞士箱包、皮具等销售公司，其在中国的注册商标广泛使用且有了一定的品牌知名度。M公司经调查发现，中国公民马某未经其授权长期在A市场从事销售假冒M公司注册商标的商品，后M公司在案涉商铺处公证购买了假冒M公司注册商标的皮包一个，在购买行为发生后向马某发出律师函，告知其停止继续实施侵犯M公司注册商标权的行为。但马某并未停止其侵权行为，两个月后，M公司发现马某仍在继续销售假冒M公司注册商标的商品，M公司工作人员在案涉商铺处第二次公证购买了马某所售假冒M公司注册商标的皮包一个。

法院经审理查明，马某并非案涉摊位实际经营人，其将摊位出租给了他人，对实际侵权行为并不知情；还查明案涉摊位属于D公司管理，D公司向其管理的摊位承担包括场地提供在内的综合性服务，以获取利益。

注：认定市场管理者及不动产所有者是否存在侵权，要看其是否存在为侵权行为提供帮助行为。这种帮助行为包括三个方面：一是事前审查义务，二是事中巡查义务，三是事后采取必要措施的义务。该帮助行为既可以是积极的帮助行为，也可以是消极

的不作为。若市场管理者在发现侵权行为后，只是以告知、警戒或要求其出具保证书等方式要求其停止侵权行为的，不认为是事后采取了必要措施。

问题：马某是否存在商标侵权行为？D公司是否应承担一定的法律责任？请分别说明理由。

# 第四编

# 国际民事诉讼与商事仲裁

# 第十六章

# 国际民事诉讼管辖权

## 本章知识要点

国际民事诉讼管辖权，是指一国法院或者具有审判权的其他司法机关受理、审理具有国际因素的民商事案件的权限。其主要目的是确定哪个法院有权审理涉外民商事法律案件，确保诉讼程序的合法性和有效性。国际民事诉讼管辖权通常涉及法定管辖和司法审查两种类型，旨在保障当事人的合法权益，同时维护国际司法秩序的稳定性。

根据不同标准可以将国际民事诉讼管辖权分为以下五类：第一，对人诉讼管辖权和对物诉讼管辖权。这是根据诉讼对象的不同将国际民事诉讼管辖权进行的分类。对人诉讼管辖权强调诉讼主体的住所、居所等因素，而对物诉讼管辖权则侧重于物之所在地。第二，属地管辖权和属人管辖权。根据管辖权的行使范围标准划分。属地管辖权指法院基于行为发生地或物之所在地等行使管辖权，属人管辖权主要依据当事人的国籍，强调一国法院对本国国民所享有的强制管辖权。第三，专属管辖权和任意管辖权。专属管辖权是法院对法定领域内享有的唯一管辖权，而任意管辖权则是原告依法自行决定管辖法院。第四，强制管辖权和协议管辖权。以当事人之间是否存在约定的管辖协议进行划分。强制管辖权是法院考虑某些诉讼案件的审理与该国利益相关统一行使的管辖权，而协议管辖权则是允许当事人用协议的方式来确定由何国法院管辖。第五，直接管辖权和间接管辖权。直接管辖权是一国法院在处理涉外民商事案件以自己为中心决定是否有权审理该案件的管辖权。间接管辖权指法院审理对外国法院作出的判决的承认与执行时，依据本国法的规定决定该外国法院的审判管辖权。

国际民事管辖权冲突，是指在涉外民商事案件中，出现不同国家争夺案件管辖权的现象或不同国家的法院管辖权竞争或冲突。国际民事管辖权冲突产生的原因主要有以下几种：第一，各国多元的管辖权制度，不同国家和地区拥有各自的法律体系和管辖规则，导致在处理涉外民商事法律案件时可能存在不同的管辖权规定。同时，不同法律体系之间的差异和冲突，可能导致不同法院对同一案件的管辖权认定存在差异，引发管辖权冲突。第二，当事人合同约定的影响。当事人在合同中约定选择管辖法院，但不同国家或地区的法律对合同约定的效力和适用条件可能存在差异。合同约定的不一致或不清晰可能导致管辖权冲突的产生。第三，司法主权和国家利益。国家对于民事案件的管辖权往往具有主权性质，不同国家出于保护国家利益或维护司法主权的目的，对管辖权进行主张或竞争，导致管辖权冲突的产生。

国际民事管辖权冲突的协调，是指通过各种手段解决不同国家或地区法院之间在处理涉外民商事法律案件时可能出现的管辖权竞争或冲突，以确保案件得到正当审理并维护当事人的权益。以下是一些常见的国际民事管辖权冲突的协调方式：第一，国际法协调方式。国际社会通过签订和执行国际公约和协定，规范不同国家之间的民事管辖权行使，以减少管辖权冲突。第二，国内法协调方式。国家通过修改或制定新的法律，统一管辖权规则，以便为处理涉外民商事法律案件的国内法院提供一致的规范。

为解决国际民商事管辖权冲突，国际上签署通过了一系列国际公约，统一协调各缔约国关于管辖权的立法和实践标准。[①] 我国《民事诉讼法》规定了中国法院在涉外民商事法律案件中的管辖范围和条件。根据该法律规定，中国法院可以依据被告的住所、合同履行地、侵权地等因素来确定管辖权。《最高人民法院关于适用〈中华人民共和国民事诉讼法〉的解释》（以下简称《民诉法解释》）等司法解释对涉外民事管辖权的适用进行了具体规定，进一步解释了《民事诉讼法》中的相关规定。2017年中国加入了《选择法院协议公约》，中国也与多国签订了包括管辖权协调的双边或多边司法协助协定。

## 案例一 康某森公司与某通讯股份公司标准必要专利许可纠纷管辖权异议上诉案[②]

### 【基本案情】

2018年某通讯股份公司（以下简称通讯公司）向深圳市中级人民法院（以下简称深圳中院）起诉，认为康某森公司违反了标准必要专利中许可费的必要许可条件，请求法院就康某森公司所拥有的全部中国标准必要专利确定FRAND许可条件。康某森公司对深圳中院受理本案提出管辖权异议，认为深圳中院不是本案的适当法院，本案不应由中国法院管辖。深圳中院经审理作出裁定，驳回康某森公司提出的管辖权异议。康某森不服一审法院的裁定，向最高人民法院知识产权法庭提起上诉。

康某森公司上诉称：原审法院对本案没有审判权限。康某森公司认为：首先，在标准必要专利诉讼中，专利权人的义务是遵守公平、合理、无歧视（即FRAND原

---

① 主要体现在1928年《布斯塔曼特法典》、1968年《布鲁塞尔公约》、欧盟1215/2012号《关于民商事案件管辖权及判决的承认与执行的条例》、2005年海牙《选择法院协议公约》和2019年《海牙判决公约》等。

② 〔2019〕最高法知民辖终157号裁定书。

则）承诺，制造者的义务是支付专利使用费，本案涉及支付许可费的问题，根据《民诉法解释》第18条第2款①的规定，标准必要专利许可的标的仅仅是给付货币，接收货币的一方即康某森公司住所地为合同履行地，所以本案应当由英国法院管辖。其次，本案是中国法院受理的案件和英国法院受理的康某森提起的诉讼请求存在重叠，深圳中院受理本案，可能会出现判决结果不一致的情况。最后，康某森公司主张中国法院并非最适当受理标准必要诉讼的法院，英国法院是本案最适宜的法院。

通讯公司对此答辩称：深圳中院对案件有管辖权，并且是受理该案件的适当法院。首先，对于标准专利诉讼管辖的问题，不能仅考虑某一地点作为本案的管辖地，应综合考虑和案件有相关联系的专利权授予地、专利权授予地、履行地等地点。通讯公司的主要营业地在深圳市，并且对于专利实施的谈判、磋商、合同的签订均发生在深圳市。通讯公司向深圳中院申请确认标准必要专利诉讼实施条件，作为履行义务一方，深圳中院对本案有管辖权。其次，对于康某森提出的中国法院和英国法院受理案件存在诉讼请求重叠，中国法院不应当受理本案，通讯公司认为，康某森公司在英国法院提起诉讼是请求确认通讯公司侵权，而通讯公司在中国法院提起的诉讼是要求法院确认标准必要专利诉讼的许可条件问题，诉讼请求并没有存在重叠，康某森公司无权禁止通讯公司再向中国法院提起诉讼。最后，针对康某森公司认为英国法院更适宜管辖，通讯公司认为与案件有联系的制造、生产、售卖等行为都发生在中国境内，与英国法院的联系相对较弱，中国法院有权审理本案。

二审法院经审理认为，第一，关于原审法院对本案是否有管辖权，康某森公司的主要营业机构在国外，对于外国企业在中国提起的民事诉讼，应审查该诉讼是否与中国有实际联系。根据标准必要专利诉讼的特点，只要许可标的所在地、专利实施地、合同签订地、合同履行地等上述地点之一在中国境内，则应认为该案件与中国存在适当联系。本案中，涉及的专利为中国专利，专利实施地也在中国，一审法院拥有该案件的管辖权。第二，一审法院是否为适当管辖的法院。根据《民诉法解释》第531条第1款规定，即便某个案件的平行诉讼正在外国法院审理，只要中国法院对该案件依法具有管辖权，外国法院的平行诉讼原则上不影响中国法院对该案予以受理。因此，我国法院可以不考虑先受理法院原则。同时，本案不符合不方便管辖原则，本案与其他普通的专利侵权纠纷不同，案件主要事实发生在中国境内，涉及我国法人的利益，也没有证据证明英国法院相比中国法院更有利于审理解决本案。综上所述，二审法院根据《民事诉讼法》第276条、第282条驳回上诉，维持原裁定。

**【主要法律问题】**

中国法院是否享有本案的管辖权？

---

① 《民诉法解释》第18条第2款规定："合同对履行地点没有约定或者约定不明确，争议标的为给付货币的，接收货币一方所在地为合同履行地……"

**【主要法律依据】**

（1）《民事诉讼法》第 276 条、第 282 条。

（2）《民诉法解释》第 530 条、第 531 条第 1 款。

**【理论分析】**

本案系标准必要专利许可纠纷，案件审理中上诉人称：原审法院对本案没有管辖权。康某森公司已就本案主要争议事实向英国法院提起诉讼，关联的英国诉讼已经开始并已取得显著进展，并且英国法院更方便管辖。对于平行诉讼案件，根据我国法律规定，允许国内法院和国外法院对同一案件进行审理。根据《民诉法解释》第 531 条第 1 款的规定，我国接受对于平行案件的审理，当事人一方先在他国提起诉讼的，不影响国内法院对该案件的审理。当事人之间存在管辖协议或者有国际条约约束的除外。康某森公司以包括通讯公司等四个被告在英国提起诉讼，通讯公司以康某森公司为被告向中国法院起诉，根据上述规定分析，中国法院也可以受理管辖。因为本案既包括合同性质纠纷又包括侵权性质纠纷，可以根据具体情况考虑专利权授予地、专利实施地、专利许可合同签订地或专利许可磋商地、专利许可合同履行地、可供扣押或可供执行财产所在地等管辖连结点，结合《民事诉讼法》第 276 条的规定，只要满足前面条件之一，中国法院就有权受理。本案中，中国既是专利权授予地，也是专利实施地，中国法院当然有管辖权。

本案关于原审法院是否可以依据"不方便法院"原则，驳回原告的诉讼请求。《民诉法解释》第 530 条①规定了在同时符合六种条件下中国法院不宜受理的情形。在判断不方便法院时，可以考虑原告选择法院的理由、是否有利于被告、准据法的选择、判决是否可以在他国法院得到承认与执行、证据搜集的便利性、争议行为或交易的地点、对当事人送达的可能性、外国正在进行的诉讼，以及案件积压情况。上诉人仅依据其首先在英国法院起诉并审理主张英国法院管辖更方便显然站不住脚。康某森公司因英国法院已经受理而主张中国法院没有管辖权，并不具有唯一正当条件，应综合判断中国法院是否为不方便法院。康某森公司也没有举证证明中国法院管辖存在困难，因此二审法院不予支持。根据案件情况，通讯公司的经营收入大部分来自中国，作为标准专利的制造者经权利人许可实施标准必要专利行为也发生在中国境内，本案标准必要专利许可纠纷显然与中国具有更密切的联系，中国法院审理更为便利。

---

① 《民诉法解释》第 530 条规定："涉外民事案件同时符合下列情形的，人民法院可以裁定驳回原告的起诉，告知其向更方便的外国法院提起诉讼：（一）被告提出案件应由更方便外国法院管辖的请求，或者提出管辖异议；（二）当事人之间不存在选择中华人民共和国法院管辖的协议；（三）案件不属于中华人民共和国法院专属管辖；（四）案件不涉及中华人民共和国国家、公民、法人或者其他组织的利益；（五）案件争议的主要事实不是发生在中华人民共和国境内，且案件不适用中华人民共和国法律，人民法院审理案件在认定事实和适用法律方面存在重大困难；（六）外国法院对案件享有管辖权，且审理该案件更加方便。"

**【实操分析】**

本案在实践中有以下重要意义：

第一，关于涉外案件的诉讼管辖，《民事诉讼法》第 276 条规定了"适当联系"原则。"适当联系"原则是一种谦抑性的保护性管辖，其强调实施管辖的必要性、适度性与合理性，采取"特定依据+兜底条款"的模式。人民法院应结合个案的具体情况，足以认定涉外纠纷案件在六种连结点以外与我国存在其他适当的、必要的、合理的联系，可以依据《民事诉讼法》第 276 条第 2 款规定行使管辖权，以保护中外当事人的合法权益，维护我国的主权、安全、发展利益。在这起案件中，应当考虑哪个中国法院具备管辖权来审理标准必要专利纠纷。具体的考量因素包括许可标的物所在地、专利的实施地等地点。二审法院首先指出案件与我国相关并且涉及我国法人的利益，再根据其他相关的条件，例如中国是专利授予地、主要争议事实发生在中国境内等，认为原审法院具有管辖权。

第二，在涉外诉讼中，因管辖问题属于程序问题，一般适用法院地法、由受理案件的当地法院审查确定。涉外程序中存在两类特有的管辖异议，一是"不方便法院"原则，二是平行诉讼问题。"不方便法院"原则一般国家会基于"礼让"原则主动放弃管辖权。《民事诉讼法》第 282 条规定了"不方便法院"原则的内容，被告需要证明以下几个方面：首先，除该法院之外有合适的诉讼地。其次，根据公共利益和私人利益分析，主要从当事人的居住地及是否有利于判决的承认和执行等因素来确定，该法院是否应受理本案件。本案中，通讯公司的注册登记地在中国，案件基本事实发生在中国，诉讼标的在中国，中国法院当然有权管辖。对于平行诉讼问题，我国法院审判案件不受外国先受理案件的影响，这强调了中国法院独立行使管辖权的原则。因此，我国法院不会因外国法院已经受理而驳回当事人在中国法院的诉讼。例如本案，最高人民法院驳回了康某森公司有关重复诉讼的主张。在涉及知识产权、不正当竞争等类型的纠纷中，出于维护司法主权和国家利益，保护我国高新技术企业的合法权益等考虑，中国法院一般倾向于受理已经在外国法院审判的涉外民事案件。

第三，基于地域管辖提起的管辖异议，与基于"不方便法院"原则、平行诉讼构成重复诉讼等提起的管辖异议并非同一程序性事由。前者依据《民事诉讼法》第 127 条的规定，应在答辩期间内提出；后者则并无此种限制。例如仲裁管辖异议，依据《中华人民共和国仲裁法》（以下简称《仲裁法》）第 26 条，应在首次开庭前提出；而"不方便法院"原则主张和重复起诉主张并无提出之限制，法院往往将其作为一项程序性争议焦点一并在庭审中处理。

## 案例二　国泰某银行与高某合同纠纷管辖权案[①]

**【基本案情】**

在国泰某银行诉高某保证合同纠纷一案中,被告高某向一审法院提出管辖权异议,认为:第一,双方对诉讼时效的问题约定应适用中国台湾地区的法律,发生纠纷当事人有权诉诸中国台湾地区法院。第二,本案为普通合同纠纷,并不涉及中国大陆法院的专属管辖,并且中国台湾地区法院为更方便法院,对于原告就本案在中国大陆提起的诉讼,应驳回原告起诉,告知其向中国台湾地区法院起诉。

一审法院经审查认为,首先,根据原告国泰某银行提供的证据,双方达成的管辖协议约定,因保证书而发生纠纷时,当事人有权向中国台湾地区法院提起诉讼。既然双方当事人之间存在管辖协议,应当依据该协议内容规定行使管辖权。其次,本案不存在专属管辖,案件原告系中国台湾地区银行,主债务人系境外公司,同时也不涉及中国大陆法人、自然人的相关权益。与本案密切相关地为中国台湾,并且当事人之间也有对准据法的约定,根据本案事实,有关金融产品的相关法律问题由中国台湾地区法院审理更为方便。综上,一审法院依照最高人民法院《民诉法解释》第 30 条、第 531 条支持了被告的主张,认为原告应向与本案有实际关系的中国台湾地区法院提起诉讼。

国泰某银行不服一审裁定上诉称,双方虽有管辖协议,但没有明确某一具体的管辖法院,存在空白待协商部分,属于约定不明,该协议不具有排他性。并且被上诉人高某的住所地在中国上海,并非被告所称不涉及中国大陆法人、自然人的利益,不适用"不方便法院"原则,一审法院有管辖权。本案系保证合同纠纷,关于本案的管辖权纠纷属于程序问题,应当适用法院地法有关涉外民事诉讼程序的特别规定进行审查。

二审法院认为本案涉案保证书约定,双方约定了如因保证书发生纠纷由中国台湾地区法院管辖。国泰某银行主要营业地在中国台湾,又与中国台湾有密切联系,本案应该由中国台湾地区法院管辖。对于本案的协议管辖是否具有排他性的问题,由于本案双方当事人未另做明确规定,应认定为属于排他性管辖协议,即排除了中国大陆法院的管辖权。法院参照《选择法院协议公约》第 3 条[②]的规定,协议约定了发生纠纷可以向中国台湾地区法院提起诉讼,就视为约定明确,无须指明中国台湾具体某个法院,所以上诉人的主张不能支持。本案是否可以适用"不方便法院"原则,二审法院认为,该原则的适用前提是中国大陆法院有管辖权,本案中国大陆法院不具有管辖权,因此,

---

[①] 〔2016〕沪民辖终 99 号裁定书。
[②] 《选择法院协议公约》第 3 条第 2 款规定:"除非当事人另有明示约定,指定某个缔约国的法院或者某个缔约国的一个或者多个特定法院的法院选择协议应被视为排他性的。"

不存在是否适用"不方便法院"原则的问题。综上，二审法院依据《民诉法解释》529条、《民事诉讼法》282条，认为一审法院裁定正确，应予维持，驳回上诉人的请求，维持原判。

**【主要法律问题】**

当事人的协议管辖是否具有排他性？本案是否可以适用"不方便法院"原则？

**【主要法律依据】**

(1)《民事诉讼法》第 279 条、第 282 条。

(2)《民诉法解释》第 30 条、第 529 条、第 531 条。

**【理论分析】**

本案系保证合同纠纷，其管辖权的确定是适用法院地法还是根据当事人之间的管辖协议，根据我国司法实践来看，应当首先按照法院地法审查双方当事人之间管辖协议的有效性。管辖权争议属于程序性问题，应适用法院地的法律规定，而不是当事人选择的准据法，本案属于涉台案件，应依据涉外程序规定解决案件的管辖问题。根据《民诉法解释》第 529 条第 1 款①的规定，当事人可以选择与案件有实际联系的地点为管辖法院。本案中，上诉人为中国台湾企业，主债权及其保证债权的履行地均在中国台湾地区，主要的法律争议事实也在中国台湾，当事人约定中国台湾地区法院管辖是有效的。同时根据《民事诉讼法》的规定，②对于专属管辖事项不能订立管辖协议，但可以协议仲裁。本案并不涉及中国大陆法院的专属管辖，当事人之间有权订立管辖协议。一审法院裁定驳回国泰某银行的诉讼请求正确。

对于本案的管辖协议是否具有排他性，各国司法实践主要有两种观点：一种观点认为，当事人只有明确表示该协议具有排他性，协议在适用时才具有排他性；如果当事人没有约定协议的排他性效力，则该协议不具有排他性。另一种观点认为，选择法院管辖协议并非当然具有排他性，需要对协议再进行解释，在对协议进行解释时，一般推定协议具有排他性。在我国审判实践中，除非当事人在合同中明确表示该协议具有非排他性，一般都推定该协议具有排他性，也是法院认定当事人对管辖协议的效力。当事人在管辖协议中使用了"可""有权"等用词的，应当解释为由被选择的法院行使排他性管辖权。二审法院认为，参照《选择法院协议公约》相关条文，当事人对约

---

① 《民诉法解释》第 529 条第 1 款规定："涉外合同或者其他财产权益纠纷的当事人，可以书面协议选择被告住所地、合同履行地、合同签订地、原告住所地、标的物所在地、侵权行为地等与争议有实际联系地点的外国法院管辖。"

② 我国法院专属管辖的案件不能协议由外国法院管辖，案件类型包括不动产纠纷、因港口作业发生的纠纷、继承遗产纠纷、因在我国境内履行的中外合资经营企业合同纠纷、中外合作经营企业合同纠纷、中外合作勘探开发自然资源合同纠纷。上述案件类型不能协议选择外国法院管辖，但是可以协议仲裁。

定法院协议不一定要准确到某一具体法院，即只要约定了由中国台湾地区法院管辖就视为该协议具有排他性，应尊重当事人的意思自治，只能由中国台湾地区法院管辖，故二审法院没有支持上诉人的主张。

本案是否可以适用"不方便法院"原则驳回原告的诉讼，一审法院认为，由于争议法律关系主要发生在中国台湾地区，根据《民事诉讼法》第 282 条"不方便法院"原则的规定，认为中国台湾地区法院管辖更为方便驳回原告诉讼请求。"不方便法院"原则的适用前提是我国法院对案件本身享有管辖权，即使案件中涉及中国公民的利益，但是中国大陆法院对本案没有管辖权，故本案不适用"不方便法院"原则，二审法院也进行了纠正。

## 【实操分析】

管辖协议的认定既包含程序法问题，也包含协议效力的认定。首先法院对于管辖权争议应当适用法院地法，不能适用当事人选择协议的法律解决。对于协议管辖中"与案件有实际联系"认定，根据最高人民法院《第二次全国涉外商事海事审判工作会议纪要》第 4 条①的规定，最密切联系法院包括住所地、登记地、合同签订地的法院等，范围比较广泛，审判机关应灵活处理应用。在海事纠纷中，即使最密切联系地与我国没有相关联系，当事人如果协议约定由中国法院管辖，我国法院也可以受理该案件。② 协议管辖除要求与案件有实际联系之外，这种合意选择仅限于合同或者其他财产权，并非所有民商事案件。例如，本案系保证合同纠纷案，并且当事人协议约定的中国台湾地区法院是与案件有实际联系的法院，当事人协议管辖有效。

当事人管辖协议的效力认定是本案的第二大问题，本案二审法院根据《选择法院协议公约》第 3 条的规定，认为当事人之间约定的管辖法院具有排除中国大陆法院管辖的效力。根据《选择法院协议公约》第 2 条第 1 款的规定，涉及劳动合同，包括集体协议，以及出于个人原因的私人、家庭或居家目的而订立的合同不适用排他性管辖。所以法官在司法实践中，也应先进行案件识别，再解决当事人之间协议管辖具有排他性效力的问题。

本案另一个值得注意的问题是"不方便法院"原则的适用。"不方便法院"原则的适用与管辖权选择及法律选择问题相联系。法院适用"不方便法院"原则具有一定的条件。以美国为例，一般认为应具备以下两个条件：第一，对案件有管辖权。第二，与诉讼关系密切。满足以上条件的法院可视为充分可替代法院，进而适用"不方便法

---

① 《第二次全国涉外商事海事审判工作会议纪要》第 4 条规定："人民法院在认定涉外商事纠纷案件当事人协议选择的法院是否属于《中华人民共和国民事诉讼法》第二百四十四条的'与争议有实际联系的地点的法院'时，应当考虑当事人的住所地、登记地、营业地、合同签订地、合同履行地、标的物所在地等因素。"

② 《中华人民共和国海事诉讼特别程序法》第 8 条规定："海事纠纷的当事人都是外国人、无国籍人、外国企业或者组织，当事人书面协议选择中华人民共和国海事法院管辖的，即使与纠纷有实际联系的地点不在中华人民共和国领域内，中华人民共和国海事法院对该纠纷也具有管辖权。"

院"原则。我国适用"不方便法院"原则的前提条件之一是我国法院有管辖权,根据本案案情可知,当事人约定了中国台湾地区法院管辖,并且中国台湾地区是本案的密切联系地,所以中国大陆法院没有管辖权,也不存在是否适用"不方便法院"原则的问题。因此,法院在适用"不方便法院"原则应慎重考虑,以免减损当事人的合法权益。"不方便法院"原则一方面规定了广泛的连结点,只要不属于《民事诉讼法》第282条规定的情况,就可以行使对案件的管辖权,便于当事人起诉节约司法资源。另一方面,"不方便法院"原则是放弃该国对案件的司法管辖权,涉及司法主权等问题,也应慎重考虑。另外,对于"不方便法院"原则的适用,法院是以中止诉讼的行为作出的,而不是驳回起诉,避免出现其他法院同样不受理案件,致使案件走向僵局。

## 思考题

1. 某煤业有限公司、香港某实业发展公司转让纠纷管辖权异议案。[①] 本案中双方当事人之间于2011年11月7日签订的《股权转让合同》和11月18日签订的《股份转让合同》均约定发生纠纷,由守约方指定法院管辖。2012年,由某煤业有限公司(以下简称煤业公司)出具的《还款承诺及保证书》确认"贵公司随时可以按照《股权转让合同》约定的纠纷解决方式提请争议解决部门处理"。2013年,香港某实业发展公司(以下简称实业公司)以煤业公司、某泰矿业投资有限公司(以下简称某泰公司)为被告向甘肃省高级人民法院提起股权转让纠纷诉讼,请求判令煤业公司偿还合同定金及赔偿款共计1亿元人民币,某泰公司承担连带清偿责任。同年12月,实业公司撤回对某泰公司的起诉。煤业公司在答辩期内提出管辖异议,认为《股权转让合同》中关于管辖的约定不明,选择管辖的协议无效,本案争议应依据《民事诉讼法》(本思考题中的该法均指2012年修正的《民事诉讼法》)第23条[②]的规定确定管辖,而被告住所地为内蒙古自治区鄂托克旗阿尔巴斯苏木,合同履行地为内蒙古自治区呼和浩特市,故甘肃省高级人民法院对本案无管辖权,请求将本案移送至有管辖权的人民法院审理。

甘肃省高级人民法院审查认为:关于本案管辖权问题,实业公司可以就案件有密切联系的地点提起诉讼。兰州市为前述《股权转让合同》《股份转让合同》的签订地,现实业公司选择到该院起诉,不违反当事人管辖协议约定……煤业公司对本案管辖权提出的异议不能成立,裁定驳回煤业公司对本案管辖权提出的异议。煤业公司不服原审裁定,向最高人民法院提起上诉称:第一,《股权转让合同》中所载"由守约方指定

---

[①] 〔2014〕民四终字第16号裁定书。
[②] 《民事诉讼法》(2012)第23条规定:"因合同纠纷提起的诉讼,由被告住所地或者合同履行地人民法院管辖。"

人民法院解决"属管辖约定不明,《还款承诺及保证书》有关管辖内容仅仅是对前述无效管辖约定的确认,仍然未明确约定纠纷的管辖法院。第二,在合同双方选择管辖无效的情况下,被告住所地和合同履行地有权管辖,故本案应移送内蒙古自治区有管辖权的人民法院审理。

最高人民法院审理认为,此案为涉港民商事纠纷,程序问题应适用《民事诉讼法》涉外民事诉讼程序的特别规定,本案涉及当事人之间约定管辖条款的效力认定。但《民事诉讼法》涉外民事诉讼程序的特别规定中没有关于约定管辖的规定,根据《民事诉讼法》第259条①,应适用该法其他有关规定。《民事诉讼法》第34条规定,双方之间约定某一法院管辖必须明确,本案没有具体指明哪一法院管辖,应视为约定不明。根据《最高人民法院关于适用〈中华人民共和国民事诉讼法〉若干问题的意见》(以下简称《民诉法问题意见》)第24条②的规定,认定本案的管辖选择协议无效。根据《民事诉讼法》第23条的规定,被告住所地或者合同履行地人民法院有权管辖本案纠纷。由于本案被告住所地和合同履行地均在内蒙古自治区辖区,因此应由内蒙古自治区法院管辖。

问题:如何理解协议管辖中的"实际联系"?当事人约定不明时如何处理?

2. 某新时代公司与某F公司航空货物运输合同纠纷管辖权异议案。该案中某新时代公司与某F公司签订包机合同,约定某F公司承运某新时代公司的货物,从上海运到芝加哥。某F公司收到某新时代公司支付的运费后,称飞机无法依约运输货物,拒绝发运货物。因此某新时代公司遭受损失,请求法院某F公司和美国某N公司向其赔偿。某F公司、美国某N公司主张人民法院对本案无管辖权,应驳回某新时代公司的起诉。

审判机关认为,案涉当事人所属国为中国、美国,均系《统一国际航空运输某些规则的公约》(《蒙特利尔公约》)缔约国,本案中将货物从中国运到美国,属于该公约适用的国际航空运输,应适用该公约确定本案管辖。该公约第33条第1款规定:"损害赔偿必须在一个当事国领土内,由原告选择,向承运人住所地、主要营业地或者订立合同的营业地的法院,或者向目的地法院提起。"上述地点均不在中国境内,我国法院对本案无管辖权,裁定驳回某新时代公司的起诉。

问题:我国法院适用《蒙特利尔公约》的法律依据是什么?本案判决有什么指导意义?

---

① 《民事诉讼法》(2012)第259条规定:"在中华人民共和国领域内进行涉外民事诉讼,适用本编规定。本编没有规定的,适用本法其他有关规定。"

② 《民诉法问题意见》第24条规定:"合同的双方当事人选择管辖的协议不明确或者选择民事诉讼法第二十五条规定的人民法院中的两个以上人民法院管辖的,选择管辖的协议无效,依照民事诉讼法第二十四条的规定确定管辖。"

# 第十七章
# 国际民事司法协助

## 本章知识要点

　　国际民事司法协助是指在国际民事诉讼中，一国法院应另一国法院的要求代为进行某些诉讼行为。这种协助一般包括收集证据、传递司法文件、执行调查等。国际民事司法协助受国际公约和双边或多边协定的约束，例如《承认与执行外国民商事判决公约》（以下简称《海牙判决公约》）和《纽约公约》等国际公约。国际民事司法协助是促进国际司法合作与交流的重要机制，同时也需要不断地完善和发展，以应对日益复杂的国际民事案件。

　　域外送达是由审判机关依据该国法律将法律文书传送到域外诉讼当事人或其他诉讼参与人的行为。其宗旨是保证在整个诉讼进程中，各方都能得到有关法律文件或通知书，从而保证整个诉讼进程公正高效地进行。国际私法中的送达及送达途径主要涉及 1965 年《关于向国外送达民事或商事司法文书和司法外文书公约》（以下简称《海牙送达公约》）。《海牙送达公约》规定的送达方式包括直接送达和间接送达。直接送达是一种由法院通过邮寄、传真、快递、公告、双方协商等形式向被告人或其他诉讼参与人直接送达诉讼文件或通知书的方式。间接送达指被请求国依请求国请求，通过第三人或者特定机构将法律文书或通知送达给被告或其他诉讼参与人的方式。根据《海牙送达公约》的规定，间接送达的主要方式包括正式送达、依特定方式送达和非正式递交。

　　域外取证是由法院依据国际条约或国内立法，直接在其他国家收集、提取案件所需证据的行为，或委托其他国家的相关机构代为收集、提取案件所需证据的行为。证据收集方法主要有：外国领事人员取证、调查人员、当事人或诉讼代表取证。外国领事人员取证是指一国通过该国派驻在其他国家的外交或领事人员直接取证。调查人员取证是海牙《关于从国外调取民事或商事证据的公约》（以下简称《海牙取证公约》）规定的一项制度，指法院在审理涉外民商事法律案件时委派专门的官员去有关国家调查取证的方式。根据《海牙取证公约》第 23 条①的规定，当事人或诉讼

---

① 《海牙取证公约》第 23 条规定："缔约国可在签署、批准或加入时声明，不执行普通法国家旨在进行审判前文件调查的请求书。"

代表取证主要存在于普通法国家。《海牙取证公约》第1—14条对间接取证的程序作出了具体规定：各缔约国应当由特定机关负责接受请求国的请求书并负责转交，且请求书应该得到迅速执行。此外，《海牙取证公约》还规定了拒绝请求的正当理由。

外国法院判决的承认与执行，是指一国法院依照本国法律或相关国际条约，承认外国法院的民事判决，并在必要情况下予以执行的制度。对于外国法院判决的承认和执行一般依据的是本国的国内法或者是国际相关条约的规定。在实践中，对外国法院的判决进行认可和执行应满足以下几个方面的基本要求：第一，外国法院有管辖权。第二，外国法院的判决符合法律规定。第三，审判程序正当。第四，与被请求国家的国家政策不相抵触。第五，两国存在互惠关系。第六，外国法院的判决应是确实、合法和生效的。第七，该判决与其他法院的判决互不冲突。2019年海牙国际私法会议谈判通过了《海牙判决公约》。《海牙判决公约》是首个全面确立民商事判决国际流通统一规则的国际文书，系统规定了承认和执行外国民商事判决的范围和条件等，对国际民商事领域司法合作影响深远。

中国现行《民事诉讼法》对送达方式进行了明确的规定，具体有条约送达、外交送达、个人送达、委托送达、机关送达、邮寄送达、公告送达和电子送达等。《民事诉讼法》也对域外文书送达作出了明确的规定，主要包括条约途径、外交途径、领事途径。中国域外取证的途径主要规定在我国参与、缔结的国际条约中，如《海牙取证公约》，包括条约途径、外交或领事途径、当事人同意的方式。在域外取证中，外国对我国的证据收集有严格的规定，包括遵守法定的程序，遵守文字翻译的规定，以及不能危害国家主权、安全和社会公众的利益。根据《民事诉讼法》规定，中国法院应当依据国际条约或者与外国有互惠关系的原则，承认与执行外国法院的民事判决。外国法院作出的判决不违反中国的社会秩序和公共利益，并且与中国法院已受理的案件不发生冲突。

## 案例一　某航运公司诉某物流公司申请承认外国法院判决案[①]

### 【基本案情】

2010年3月，申请人某航运公司与某香港轮船公司签订了三份定期租船合同，被申请人某物流公司出具保函为某香港轮船公司履行租船合同提供担保。后合同履行发生争议，申请人在英国伦敦对某香港轮船公司提起仲裁。因某香港轮船公司申请清盘，仲裁程序中止。为此，申请人向英国高等法院提起诉讼，经过审理申请人的诉讼请求得到英国高等法院的支持。为执行英国高等法院作出的判决，申请人向有管辖权的上海海事法院请求裁定承认相关英国判决及法院令。

---

① 〔2018〕沪72协外认1号裁定书。

某航运公司认为，英国高等法院曾在〔2015〕EWHC999（Comm）号原告西特福船运公司诉被告中国银行股份有限公司（以下简称西特福案）案中承认了我国法院作出的判决和裁定，以及另有广州海事法院一份海事强制令被英国法院在判决中作为证据引用并载于《劳氏法律报告》，故基于互惠原则，请求法院裁定承认英国高等法院作出的判决、英国上诉法院作出的判决和相关一系列法院命令。

某物流公司辩称：我国与英国未缔结或参加相互承认和执行法院判决、裁定的国际条约，也未建立互惠关系，对于英国高等法院曾承认我国判决一说，也仅是将我国法院的判决、裁定作为证据予以认证，并非通过承认和执行程序进行审理后的承认，最终判决结果还是否定了我国法院的判决、裁定。由于英国法下存在禁诉令制度，且英国法院多有签发禁诉令禁止当事人在中国法院进行诉讼。当事人违反禁诉令在中国诉讼所取得的判决，在英国将得不到承认和执行，即英国法院承认中国法院判决的条件更为严苛。同时，某航运公司申请承认的英国判决在适用中国法时存在明显错误。此外，我国和英国均是海牙《选择法院协议公约》成员国，公约将超过实际损失的惩罚性赔偿排除在可被承认和执行的范围之外。某航运公司申请承认的英国判决中利息的利率标准明显具有惩罚性，另还判有费用罚金，对此不应予以承认。

上海海事法院经审理认为：本案系申请承认外国法院民商事判决案，根据我国《民事诉讼法》第 298 条①的规定，由于我国和英国没有共同参加的国际公约，也没有双边条约，本案只能依据互惠原则进行审判。中国《民事诉讼法》对互惠关系的规定并非仅限于有关国家对国内的民事判决的先承认与执行。英国法律规定，对英国法院作出的民事裁决予以承认与执行，并非必须依据有关的国际公约。因此，法院认定，中国法院作出的民事裁决可以由英国法院予以承认与执行。同时，某物流公司也没有足够的证据证明，我国法院作出的民商事判决在英国法院承认与执行存在何种法律上或事实上的障碍，仅主张英国存在禁诉令的事实，不能成为否定承认与执行外国判决的理由。某物流公司提出的法院适用法律错误同样也不构成拒绝承认与执行的事由。综上，上海海事法院根据《民事诉讼法》第 298 条，《民诉法解释》第 542 第 1 款、第 544 条第 2 款、第 546 条第 3 款的规定，承认英国高等法院及上诉法院作出的判决和命令。

【主要法律问题】

互惠关系的认定依据是什么？

【主要法律依据】

（1）《民事诉讼法》第 297 条、第 298 条、第 299 条、第 300 条。

---

① 《民事诉讼法》第 298 条规定："外国法院作出的发生法律效力的判决、裁定，需要人民法院承认和执行的，可以由当事人直接向有管辖权的中级人民法院申请承认和执行，也可以由外国法院依照该国与中华人民共和国缔结或者参加的国际条约的规定，或者按照互惠原则，请求人民法院承认和执行。"

（2）《全国法院涉外商事海事审判工作座谈会会议纪要》（以下简称《涉外商事海事审判纪要》）第 44 条第 1 款。

**【理论分析】**

2021 年 12 月 31 日发布《涉外商事海事审判纪要》，对互惠关系的认定给出了明确意见，这意味着我国在司法实践中互惠关系的确定已发生了由"事实互惠"转变为"法律互惠"的重要变化。该案是《涉外商事海事审判纪要》颁布以来，首例根据互惠原则承认的外国法院判决。本案核心争议焦点为：第一，中国与英国在民事判决的承认和执行问题上是否构成互惠关系，互惠关系如何认定。第二，在没有先例的情况下，本案是否可以基于互惠原则对英国法院的判决先行承认。

首先，关于互惠关系认定的前提，根据《民事诉讼法》第 298 条、第 299 条①的规定，在承认与执行外国法院判决时，应以双方之间是否签署了关于承认与执行的国际公约或双边及多边条约为前提，若没有，应依互惠原则进行审查，如不违反国家公共政策则应予以承认与执行。经审查，根据英国并不以存在相关条约作为承认与执行外国法院民商事判决前提条件，从法理上衡量，我国法院作出的民商事判决是可以得到英国法院承认和执行的，且本案中被申请人也没有证明英国法院曾以不存在互惠关系为由拒绝承认与执行我国法院民商事判决，所以可以根据互惠原则对英国法院判决给予承认。

其次，对于互惠关系的认定，外国法院是否可以以没有互惠事实为依据不予承认与执行我国的民商事判决。在本案中，法院在得出我国法院民商事判决可以得到英国法院承认和执行的判断后，还进一步考虑了英国法院是否曾有以不存在互惠关系为由拒绝承认和执行我国法院民商事判决的情形。被申请人认为，在西特福案中英国法院作出否定我国法院作出的保全裁定，构成对我国法院判决、裁定的不予承认。法院认为，西特福案不是承认与执行外国法院判决之诉，英国高等法院更不是以中英之间不存在司法互惠关系为由驳回当事人提出的中止执行申请。因此，如果仅将此视为英国法院不予承认执行我国判决的先例，进而推断中英双方不存在互惠关系，并不妥当，法院不支持该主张。

最后，《民事诉讼法》第 300 条对拒绝承认和执行外国法院裁决的理由作了五个方面的说明。某物流公司表示，英国法律规定了禁诉令，而英国大部分法院都颁布了禁诉令，阻止英国当事人向中国法院提起诉讼，因此英国法院不予承认与执行当事人在中国提起诉讼并由中国法院作出的判决。签发禁诉令的目的是认为外国法院对该案件没有管辖权，本案需要审查的是英国法院对某航运公司申请承认的判决所涉纠纷是否

---

① 《民事诉讼法》第 299 条规定："人民法院对申请或者请求承认和执行的外国法院作出的发生法律效力的判决、裁定，依照中华人民共和国缔结或者参加的国际条约，或者按照互惠原则进行审查后，认为不违反中华人民共和国法律的基本原则且不损害国家主权、安全、社会公共利益的，裁定承认其效力；需要执行的，发出执行令，依照本法的有关规定执行。"

具有管辖权及是否通过禁止当事人在中国诉讼而获得管辖。由于当事人约定对于案件的纠纷适用英国法律并在英国法院审理，某物流公司也参加了在英国法院进行的诉讼活动，其间从未就英国法院的管辖权问题提出异议，且英国法院在该案也不曾签发过禁诉令，所以本案不能援引《民事诉讼法》第300条第1款的规定，将管辖问题作为不予承认和执行的抗辩事由。综上，法院认为当事人提出的抗辩不属于正当不予承认执行的理由，并且承认判决没有损害我国相关的利益，对英国高等法院作出承认和执行的裁决是正确的。

**【实操分析】**

我国《民事诉讼法》第299条规定，人民法院对外国法院作出的判决或决定，主要依据国际条约或者互惠原则进行审查，认为不违反我国主权、安全、社会公共利益的，可以发出执行令。国际条约也可以作为我国法院的裁判依据，但目前我国与别国签订国际条约中鲜有涉及判决的承认与执行。因此，在司法实践中，法院主要依据互惠原则对外国法院判决予以承认与执行。关于互惠关系，理论上主要有事实互惠、法律互惠和推定互惠三种。我国法院长期以来采取的是事实互惠标准，该标准较为保守、严格，只有在外国法院有承认我国法院判决的先例基础上才认定存在互惠关系。根据2021年发布的《涉外商事海事审判纪要》第44条可知，中国法院将从单独的以事实互惠为准，过渡到可以通过法律互惠判断互惠关系的新阶段，即已经不再把外国法院先行承认和执行我国法院民商事判决作为认定的必要条件。例如本案中法院对互惠关系的认定中指出，根据英国法律，其并不以存在相关条约作为承认与执行外国法院判决的必要条件，我国法院作出的民商事判决可以得到英国法院的承认与执行。

根据《涉外商事海事审判纪要》第44条的规定，对互惠关系的认定，除了可以依据第1款以法律互惠为准，还可以与其他国家达成互惠承诺或共识。只要两国之间就判决相互承认和执行问题达成过意向，并不要求双方签署过条约。例如2017年，中国与东盟国家就区域内国际司法协助等问题在《南宁声明》中达成八项共识，在承认与执行对方国家民商事判决的司法程序中，如对方国家不存在以互惠理由拒绝承认和执行本国民商事判决的先例，在本国国内法允许的范围内，即可推定与对方存在互惠关系。另外，2019年《最高人民法院关于人民法院进一步为"一带一路"建设提供司法服务和保障的意见》第24条提出："采取推定互惠的司法态度，以点带面不断推动国际商事法庭判决的相互承认与执行。"法院处理普通的涉外民商事案件，一般依据条约或者互惠关系认定，但根据《最高人民法院关于中国公民申请承认外国法院离婚判决程序问题的规定》有关规定，对当事人申请人民法院作出的离婚判决，不需要以国际条约和互惠为依据。因此并非所有案件都需要依据互惠关系进行审查，法律在处理外国法院的判决和执行时也要做到具体情况具体分析。此外，我国《民事诉讼法》第300条还规定了不予承认外国法院判决的五种情形，因此法官在进行裁判时，除了分析双方是否存在互惠关系，同时也要审查案件是否具有《民事诉讼法》规定的五种情形。

对互惠关系的证明责任分配问题，不同学者持不同看法。一种观点认为应当由法院承担证明责任，另一种观点认为应当由被申请人承担证明责任。根据我国《法律适用法》第10条的规定，当外国法作为准据法适用时，我国法院负有查明外国法内容的主要责任。外国准据法在我国被当作特殊的"法律"，原则上由法官依职权查明，当事人负有协助义务。然而，依我国法律裁判是否承认与执行外国民商事判决时，援引外国法律仅仅来判断是否构成互惠关系的条件，而并不是确定当事人权利义务的准据法，查明责任主体应不同于适用外国准据法的情况。①《涉外商事海事审判纪要》第44条规定了三种认定互惠关系的标准，法律互惠属于事实问题，需要审查外国法是否可以对我国法院作出的判决予以承认与执行，应当由当事人承担举证责任。但两国之间是否存在互惠承诺应由法官来证明。

## 案例二　某江南集团与张某案②

### 【基本案情】

2016年1月29日，张某（圣基茨和尼维斯国籍）因欠付某香港律师事务所律师费的事宜，委托陈某律师事务所提供法律意见及所有必要并签署《有关法律顾问委聘函》（以下简称《委聘函》）。《委聘函》条款的有效性与实施应受中国香港法律管辖，且香港法院对由该《委聘函》所产生任何纠纷的解决有专属管辖权。由于张某未按照《委聘函》的规定向陈某律师事务所支付律师费，陈某律师事务所遂向香港高等法院原讼法庭提起诉讼，要求张某及其BVI公司支付欠付的律师费、杂费及相关利息和诉讼费。香港高等法院原讼法庭向张某及BVI公司发出传讯令状，要求张某在28日内了结上述申索或将送达认收书送回香港高等法院登记处，并在认收书中述明提出抗辩或作出承认。北京市高级人民法院作为委托送达机构，向张某的地址送达两次均未成功。依据香港高等法院于内庭席前的替代送达命令，送达传送令状至代表张某的香港律师所。张某未在传讯令规定的期限内就传讯令状作出认收，也未发出抗辩通知书。后陈某律师事务所针对该判决向中国内地法院申请认可与执行，经北京市第四中级人民法院审理后，裁定认可香港高等法院原讼法庭作出的判决。张某不服该法院作出的民事裁定，向北京市高级人民法院提起复议。

张某认为，传讯令状的送达程序违法，张某未经合法传唤，请求驳回陈某律师事务所提起的认可与执行香港高等法院作出判决的申请，并主张替代送达违法。

北京高级人民法院经审理查明：因张某长期居住在中国内地，《委托书》中约定的

---

① 陈亮，姜欣：《承认和执行外国法院判决中互惠原则的现状、影响与改进——从以色列承认和执行南通中院判决案出发》，《法律适用》2018年第5期，第23页。

② 〔2020〕京认复1号裁定书。

联系方式也位于中国内地,香港高等法院原讼法庭首先采用了委托北京法院向张某联系地址送达的方式。北京市高级人民法院送达后,出具两份《协助送达文书回复书》,均载明"经协助,未能送达成功"。而后,根据香港高等法院作出的替代送达命令,该令状及香港高等法院的命令由专人妥为送达并注明由张某收件,送达张某的香港地址。因此,香港高等法院在陈某律师事务所送交的第四份誓词连同所附证物,最终作出了替代送达的命令。根据《香港高等法院规则》第 65 号命令第 4 条①的规定,如法庭认为文书送达无法达到实际有效的结果,可以将该文件作出替代送达的命令。综上所述,北京市高级人民法院认为,案涉司法文书经申请替代送达符合《香港高等法院规则》的规定,张某复议理由不成立。

【主要法律问题】

本案的送达程序是否合法?

【主要法律依据】

(1)《最高人民法院关于内地与香港特别行政区法院相互认可和执行当事人协议管辖的民商事案件判决的安排》(以下简称《安排》)第 1 条、第 4 条、第 5 条、第 12 条、第 13 条。

(2)《最高人民法院关于内地与香港特别行政区法院相互委托送达民商事司法文书的安排》(以下简称《送达文书的安排》)第 4 条、第 5 条。

【理论分析】

关于本案的争议主要有以下三个方面:

第一,受委托的中国内地法院是否可以公告送达的方式向当事人送达文书。张某在复议申请书中提出"委托送达传讯令状应当按照内地法律进行,在传讯令状仅一次送达未成功后,应当按照内地法律规定进行公告送达而不能进行替代",对此北京市高级人民法院认为,根据《送达文书的安排》第 5 条第 2 款②的规定,受委托的中国内地法院经两次送达均未成功时,应注明送达失败的原因并及时退回相关材料。此外根据《送达文书的安排》第 4 条第 2 款③的规定,中国内地和香港之间的协助送达,必须在

---

① 《香港高等法院规则》第 65 号命令第 4 条规定:"(1)如就凭借本规则的任何条文需作面交送达的文件或第 10 号命令第 1 条规则所适用的文件而言,法庭觉得基于任何理由将文件以订明的方式送达该人并非切实可行,则法庭可作出将文件作替代送达的命令。(2)申请作替代送达的命令,可藉述明有关申请所依据的事实的誓章提出。(3)有命令根据本条规则就之作出的文件,其替代送达的完成方式是采取法庭所指示的使须予送达的人知悉该文件的步骤。"

② 《送达文书的安排》第 5 条第 2 款规定:"受委托方无法送达的,应当在送达回证或者证明书上注明妨碍送达的原因、拒收事由和日期,并及时退回委托方及所附全部文书。"

③ 《送达文书的安排》第 4 条第 2 款规定:"受委托方接到委托书后,应当及时完成送达,最迟不得超过自收到委托书之日起两个月。"

两个月内完成。根据《民事诉讼法》的规定，对于下落不明的当事人，可以公告送达，公告满60日视为送达完毕。本案中张某并不符合下落不明当事人的规定，据此，如果按照中国内地的法律进行公告送达，不符合中国内地和香港之间协助送达的法律规定，所以本案在中国内地法院两次送达失败后，不能采取公告送达的方式。

第二，本案中香港高等法院作出的替代送达是否合法。根据《香港高等法院规则》第65号命令第4条规定，法院认为在通过内地司法机关送达司法文书非切实可行的情况下，法院可以发出替代送达的命令。"非切实可行"的标准判断一般为，实际送达不具有现实可能性，且原告提议的替代送达方式有极大可能将司法文书有效送达。根据本案案情，经北京市高级人民法院委托送达不成功的情况下，陈某律师事务所向香港高等法院提出替代送达并附送交存档的第四份誓词连同其中所附证物，最终香港高等法院在内庭席前作出替代送达的命令，将传送令状送达至另案代表被申请人的香港律所，让张某知悉替代送达的行为，符合替代送达的条件要求，替代送达合法。

第三，针对认可和执行香港高等法院的判决申请复议时，是否需要停止执行。一般来说，只有复议期满且当事人未提起上诉，人民法院作出的判决才发生效力。《安排》中没有针对该问题的规定，但当事人依据我国相关程序法的类似规定，即"复议期间不停止执行"原则，向北京市第四中级人民法院申请强制执行，随后法院也受理了相关的申请书并作出复议《民事裁定书》，由此可知在复议期间并不停止执行，复议期间提起执行也有助于提高执行的效率。

### 【实操分析】

由于香港是中国的特别行政区，并不具备国际公法的主体资格，因此《海牙送达公约》等国际条约不适用于中国香港，本案应依据《送达文书的安排》的相关规定。香港高等法院需要通过司法协助即向内地的高级人民法院委托送达内地当事人，如送达不成功满足相应的条件才可以进行替代送达，如本案，经北京市高级人民法院两次送达不成功，采用替代送达将传讯令状送达至张某的香港代理律师处的做法并无不妥。

法官在处理中国香港与内地判决的承认与执行时，应依据新出台的《最高人民法院关于内地与香港特别行政区法院相互认可和执行民商事案件判决的安排》（以下简称《新安排》）有关条文，《新安排》较《安排》显著扩大了相互认可和执行民商事判决的范围。根据《新安排》第1条和第2条[①]的规定，所有依据中国内地和香港法律进行的判决均属于民商事性质的案件的生效判决，包括刑事案件中有关民事赔偿的生效判决，同时非金钱性判决和金钱判决均可以申请认可与执行。由于《新安排》是新出台的法律文件，所以法院应当注意内地判决作出的时间。2024年1月29日及之后作出且

---

① 《新安排》第1条规定："内地与香港特别行政区法院民商事案件生效判决的相互认可和执行，适用本安排。刑事案件中有关民事赔偿的生效判决的相互认可和执行，亦适用本安排。"第2条规定："本安排所称'民商事案件'是指依据内地和香港特别行政区法律均属于民商事性质的案件，不包括香港特别行政区法院审理的司法复核案件以及其他因行使行政权力直接引发的案件。"

已生效的内地判决应适用《新安排》；如果是在此之前作出的判决，则应当适用《安排》的规定，此案就是按照《安排》的规定进行的审理。《新安排》并非囊括所有民商事案件纠纷，有关身份权问题如离婚、抚养纠纷案件，应当依据《最高人民法院关于内地与香港特别行政区法院相互认可和执行婚姻家庭民事案件判决的安排》。

## 案例三　唐某与某开发银行等保证合同纠纷上诉案①

### 【基本案情】

唐某不服与某开发银行、井上俊英（日本籍）保证合同纠纷一案，向最高人民法院提起上诉。因本案涉及对井上俊英文书的送达，最高人民法院认为应当依据《海牙送达公约》的规定进行送达。最高人民法院认为本案争议焦点是，是否可以邮寄的方式向井上俊英送达本案的法律文书。日本虽是 1965 年《海牙送达公约》的成员国，但日本对 1965 年《海牙送达公约》第 10 条 a 项提出保留，表明日本不接受外国法院以邮寄送达的方式向日本当事人送达法律文件。

本案中井上俊英书面向最高人民法院提供了其日本国的邮寄地址，明确表示接受中国法院以邮寄方式直接向其送达，在收到最高人民法院相关诉讼文书后，井上俊英签收了诉讼文书并向最高人民法院寄回了相应的送达回证。最高人民法院认为，首先，公约内容主要是就民事或商事司法文书和司法外文书的国外送达问题进行规范。如果当事人明确同意接受他国法院的邮寄送达，属于其自身对程序性权利的处分，尊重当事人基于自身判断而作出的合理选择，反而有利于当事人诉讼利益的保护。其次，1965 年《海牙送达公约》属于私法性质的公约，一国对邮寄送达提出保留并不影响当事人对自身权利利益的处分，如果当事人明确表示其愿意接受邮寄送达方式，审判机关就不得否认其意思自治的效力。本案的焦点问题并没有涉及日本的公共政策，应当允许当事人意思自治优先。因此，最高人民法院认为，井上俊英明确表示接受最高人民法院以邮寄方式直接向其送达的行为是对自己就域外送达问题的处分，与日本国政府对邮寄送达方式提出保留并不冲突。最终，最高人民法院认定以邮寄的方式向日本籍井上俊英送达相应文书是符合正当程序的。

### 【主要法律问题】

本案中是否可以以邮寄的方式向当事人送达文书？

### 【主要法律依据】

（1）《民事诉讼法》第 283 条。

---

① 〔2019〕最高法民终 395 号判决书。

(2)《最高人民法院关于依据国际公约和双边司法协助条约办理民商事案件司法文书送达和调查取证司法协助请求的规定》第1条。

(3)《海牙送达公约》第10条。

**【理论分析】**

中国是《海牙送达公约》的成员国,并对其中的送达方式作了保留声明,即反对采用该公约第10条所规定的方式在中华人民共和国境内进行送达。我国对外交和领事途径送达仅适用于被送达人是送达国国民的情形,同时不接受邮寄送达的方式。在中国立法和实践中,允许国内民事案件中使用邮寄送达;对于具有涉外因素的案件,根据《民事诉讼法》第267条的规定,如果受送达所在国允许邮寄送达,可以向当事人邮寄送达,如果受送达人明确表示愿意接受邮寄送达,审判机关应尊重其本身的意思自治。

根据我国《民事诉讼法》第283条[①]的规定,人民法院可以"依照受送达人所在国与中华人民共和国缔结或者共同参加的国际条约中规定的方式送达"。我国与日本并不存在相关司法协助双边条约,而我国和日本都属于《海牙送达公约》的签约国,且送达人不存在"地址不明"的情形,则应适用《海牙送达公约》约定的送达方式。但日本对《海牙送达公约》中的邮寄送达提出保留,不允许外国法院向当事人以邮寄送达的方式送达相关法律文书。因此,对于一国法院声明反对邮寄送达的该国受送达人,向其邮寄送达司法文书不发生效力。但此原则存在例外情况,因为《海牙送达公约》属于私法性质的公约,公约内容主要是就民事或商事司法文书和司法外文书的域外送达问题进行规范。就具体个案而言,如当事人明确同意接受他国法院的邮寄送达,属于其自身对程序性权利的处分,尊重当事人基于自身判断而作出的合理选择,反而有利于当事人诉讼利益的保护。因此,本案属于特殊情况,一般来说对邮寄送达一国提出保留的,不允许向当事人邮寄送达,但由于当事人已经提供了具体的邮寄地址,明确表示自己愿意接受邮寄送达,则应尊重当事人的意思自治。另外,一国往往因为安

---

① 《民事诉讼法》第283条规定:"人民法院对在中华人民共和国领域内没有住所的当事人送达诉讼文书,可以采用下列方式:(一)依照受送达人所在国与中华人民共和国缔结或者共同参加的国际条约中规定的方式送达;(二)通过外交途径送达;(三)对具有中华人民共和国国籍的受送达人,可以委托中华人民共和国驻受送达人所在国的使领馆代为送达;(四)向受送达人在本案中委托的诉讼代理人送达;(五)向受送达人在中华人民共和国领域内设立的独资企业、代表机构、分支机构或者有权接受送达的业务代办人送达;(六)受送达人为外国人、无国籍人,其在中华人民共和国领域内设立的法人或者其他组织担任法定代表人或者主要负责人,且与该法人或者其他组织为共同被告的,向该法人或者其他组织送达;(七)受送达人为外国法人或者其他组织,其法定代表人或者主要负责人在中华人民共和国领域内的,向其法定代表人或者主要负责人送达;(八)受送达人所在国的法律允许邮寄送达的,可以邮寄送达,自邮寄之日起满三个月,送达回证没有退回,但根据各种情况足以认定已经送达的,期间届满之日视为送达;(九)采用能够确认受送达人收悉的电子方式送达,但是受送达人所在国法律禁止的除外;(十)以受送达人同意的其他方式送达,但是受送达人所在国法律禁止的除外。不能用上述方式送达的,公告送达,自发出公告之日起,经过六十日,即视为送达。"

全性和保密性的问题对邮寄送达提出保留，但不能仅因为此就拒绝当事人对自身权利的自由处分，并且本案中当事人向法院提供了具体地址，在送达后签收了诉讼文书并向法院寄回了相应的送达回证，表明送达程序并没有损害当事人的合法权益，邮寄送达合法。

**【实操分析】**

本案的实践意义表现在以下两个方面：

第一，充分尊重当事人的意思自治，无论是国际民事诉讼还是国内民事诉讼，当事人对于诉讼程序均有不同程度的自治权，国际民事诉讼中当事人的自治权的范围更加广泛。国际民事诉讼一般解决的是私人间的争议，而在争议解决的过程中，私人的事项自治权应当得到适当尊重。本案对当事人私人选择的认可也体现着我国司法协助的进步。

第二，当双方都是《海牙送达公约》的成员国，法院在进行邮寄送达时应审查外国法院是否对送达方式提出保留，如果外国法院明确表示不接受邮寄送达方式，则邮寄送达无效。对于那些非《海牙送达公约》成员国但与中国签有双边司法协助条约的国家，例如新加坡，是否能以邮寄方式送达呢？以新加坡为例，新加坡国内法律是允许以邮寄方式送达的，那么根据我国《民事诉讼法》第283条第（八）项的规定，可以对新加坡进行邮寄送达。但中国与新加坡的双边司法协助条约中只规定了通过中央机关转交的方式，并未明确允许通过邮寄方式向对方送达司法文书，此时我国以邮寄送达的方式是否可以向新加坡当事人进行邮寄送达呢？由于中国始终坚持国际法高于国内法的立场，法院应首先考虑双边签订的国际条约，以中央机关转交的方式送达文书。因此，人民法院对住所地不在中国境内的自然人送达文书，应当依先后顺序采用依司法协助协定送达、依《海牙送达公约》送达或外交途径送达方式进行送达，送达不成功的，再采取《民事诉讼法》规定的送达方式。

# 思考题

1. 某机械工厂股份公司申请执行俄罗斯联邦乌德穆尔特商事法院民事判决案。[①] 某机械工厂股份公司因与某精诚公司合同履行过程中发生争议，向俄罗斯联邦乌德穆尔特商事法院（以下简称乌德穆尔特商事法院）提起诉讼。乌德穆尔特商事法院依据《海牙送达公约》请求中国司法部向某精诚公司注册地址协助送达安排初步听证的裁决、起诉状复印件、开庭传票及推迟开庭时间裁决。2017年10月20日，乌德穆尔特商事法院在某精诚公司缺席的情况下作出民事判决，判决书载明：尽管采取《海

---

① 〔2020〕京04协外认2号裁定书。

牙送达公约》规定的一切措施，法院没有收到某精诚公司被送达开庭时间与地点通知书的任何证明。不过，中国在《海牙送达公约》保留条件中提出：根据公约第15条第2款的规定，在本条款规定条件均履行的情况下，尽管法院没有收到通知书送达证明，法官还是可以作出判决的。因此，乌德穆尔特商事法院认为某精诚公司已被妥当通知开庭的时间与地点。某机械工厂股份公司向北京市第四中级人民法院申请承认并执行上述民事判决。

北京市第四中级人民法院认为，本案应根据《中华人民共和国和俄罗斯联邦关于民事和刑事司法协助的条约》（以下简称《中俄司法协助条约》）的相关规定进行审查。该条约第20条规定，根据作出裁决的缔约一方的法律，未出庭的当事人一方未经合法传唤，或在当事人一方没有诉讼行为能力时未得到适当代理，不予承认和执行。根据已查明的事实，乌德穆尔特商事法院三次司法送达请求文书发出时间与开庭时间之间间隔均未满6个月，并且仅在3日就作出口头判决。上述事实表明，乌德穆尔特商事法院的送达不符合《海牙送达公约》第15条第2款"尽管没有收到送达或通知或递交的证明书""文件发出后已超过法院对该案允许的、至少六个月的限期""仍得作出判决"的规定，因此，乌德穆尔特商事法院未能向某精诚公司进行合法传唤。本案所涉判决符合《中俄司法协助条约》第20条（3）之规定，应当不予承认与执行。

问题：本案进行域外送达有无审查顺序？是先依据《海牙送达公约》还是《中俄司法协助条约》？

2. 文某申请承认美利坚合众国加利福尼亚州圣马特奥县高等法院离婚判决案。[①] 2006年2月7日，中国公民文某与美国公民王某经四川省民政厅婚姻登记处登记结婚。2009年，王某向美利坚合众国加利福尼亚州圣马特奥县高等法院提起离婚诉讼，法院判令王某和文某婚姻关系终止，该离婚判决载明无任何子女或共同财产须由法院处置。2023年8月，文某向成都市中级人民法院申请承认案涉离婚判决，并提交了外国判决及附加证明书。

成都市中级人民法院认为，本案可以适用《取消外国公文书认证要求的公约》，文某提交的有关公文书系在公约另一缔约国美利坚合众国作出，且该国有关主管机关已经按照公约要求签发附加证明书，故应免除认证手续并认可相关签名、印章的真实性及身份的可靠性。经审查，案涉外国离婚判决符合我国法律规定的承认外国法院离婚判决的条件，不存在违反我国法律的基本原则和损害国家主权、安全、社会公共利益的情形，裁定承认美利坚合众国加利福尼亚州圣马特奥县高等法院作出的案涉离婚判决。

问题：承认外国离婚判决需要符合什么条件？本案系《取消外国公文书认证要求的公约》在我国生效后首次在司法案件中适用，对之后的实践有什么指导意义？

---

① ［2023］川01协外认15号裁定书。

# 第十八章
# 国际商事仲裁协议

**本章知识要点**

国际商事仲裁协议是指在国际商事领域中，以仲裁条款、仲裁协议书或者其他方式达成的通过仲裁途径解决国际商事争议的书面协议。仲裁协议是国际商事仲裁程序的基石，是国际商事仲裁活动的必要前提。国际商事仲裁协议的内容通常包括：仲裁事项、仲裁地点、仲裁机构、仲裁规则及仲裁裁决的法律效力等。仲裁协议的有效要件一般包括：当事人具有完全民事行为能力；仲裁协议当事人的意思表示真实；仲裁协议采用书面形式订立；争议事项具有可仲裁性。一个合法有效的仲裁协议对争议当事人、仲裁机构、法院均有一定的法律效力。对当事人而言，就提交仲裁的事项不能向法院起诉，而应以仲裁协议向仲裁机构申请仲裁；对仲裁机构而言，仲裁协议赋予其对约定仲裁事项的管辖权；对法院而言，仲裁协议排除了其对仲裁事项的司法管辖权，并且是其承认与执行仲裁裁决的依据。随着国际商事交易日趋多样化、复杂化，国际商事仲裁协议呈现出以下特点：

第一，仲裁条款的独立性。仲裁条款的独立性是指仲裁条款独立于主合同或基础合同而存在，其最直接的效果即仲裁条款的有效性并不必然受主合同有效性的影响。也就是说，在国际商事仲裁中，仲裁条款被看作是与主合同或基础合同完全不同的两个单独的协议，具有独立的性质，在主合同或基础合同被确认无效的情况下，仲裁条款可以独立于主合同或基础合同而存在，甚至在主合同或基础合同不存在的情况下，仲裁条款依然可以存在。国际商事仲裁协议是国际民商事纠纷中当事人之间的"程序性法律"，其独立性是程序法独立性的内在要求和有效应用。

第二，仲裁协议效力的扩张。仲裁协议效力的扩张是指在特定情形下应当允许仲裁协议的效力在一定范围内向特定的第三方主体扩张，即将仲裁协议的效力及于未签署仲裁条款的特定第三人。[1] 仲裁作为一种替代性争端解决方式，其适用的前提和基础在于各方当事人将争端提交仲裁裁决的合意，故仲裁协议中当事人的意思自治是仲裁制度的基石。一般而言，依据合同相对性原则和仲裁协议独立性原则，仲裁协议应当只对协议的签字方有效，对未签字的一方不具备约束力。然而，在特定

---

[1] 桂艳：《仲裁协议效力的扩张及其认定》，《人民司法》2020年第5期，第71页。

情形下，基于特定考量，可能存在仲裁条款效力扩张的情况，即非合同的当事人可能会受到仲裁协议的拘束。不过，我国立法对于仲裁协议效力扩张的问题并无明确规定。在司法实践中，法院对此问题的观点也较为模糊，大多数法院对仲裁协议效力扩张持否定的态度，但也存在肯定仲裁协议效力扩张的案例。

第三，仲裁协议构成格式条款时的相对无效。格式条款，即当事人为了重复使用而预先拟定，并在订立合同时未与对方协商的条款。格式条款的诞生与运用大大缩减了交易成本，满足了商事活动追求效率的现实需求。但格式条款天然具有倾向于提供方的色彩，且格式条款即便不存在严重的不公平，也仍然可能对提供方更加有利，而对相对方表现出更多的不利性，故有必要对格式条款的适用加以限制。仲裁条款属于与当事人有重大利害关系的条款，提供格式条款的一方应尽提示与说明义务。在司法实践中，以格式条款为由主张仲裁条款无效的案件中，仲裁条款的订立是否具备实质磋商过程，往往是法院审查的重点。

## 案例一　某裕公司与某城公司申请确认仲裁协议效力纠纷案[①]

**【基本案情】**

某裕公司（以下简称甲公司）注册于英属维尔京群岛，新劲公司是甲公司的全资子公司，亦注册于英属维尔京群岛。2017年3月，甲公司通过北京产权交易所公开挂牌转让其持有的新劲公司100%的股权，某城公司（以下简称乙公司）作为唯一合格意向受让方，与甲公司就签订案涉项目的产权交易合同等事宜开展了一系列磋商。

2017年5月，甲公司发送电子邮件给乙公司，该邮件中包含《产权交易合同》和《债权清偿协议》两份附件。其中，《产权交易合同》系北京产权交易所提供的标准文本，载明甲方为甲公司，乙方为乙公司，双方根据《合同法》和《企业国有产权转让管理暂行办法》等相关规定，就甲公司向乙公司转让其拥有的新劲公司100%股权签订合同。《产权交易合同》第16条"管辖及争议解决方式"约定："16.1 本合同及产权交易中的行为均适用中华人民共和国法律；16.2 有关本合同的解释或履行，当事人之间发生争议的，应由双方协商解决。协商解决不成的，提交北京仲裁委员会仲裁。"此外，《债权清偿协议》第12条约定："本协议适用中华人民共和国法律。有关本协议的解释或履行，当事人之间发生争议的，应由各方协商解决；协商解决不成的，任何一方均有权提交北京仲裁委员会以仲裁方式解决。"

乙公司在收到电子邮件后，于次日回复甲公司，并对有关合同事项提出修改意见，将《产权交易合同》第16条及《债权清偿协议》第12条中的"北京仲裁委员会"全部修改为"深圳国际仲裁院"。

---

[①]〔2019〕最高法民特1号裁定书。

甲公司通过电子邮件对上述两处修改意见进行了回应，并附上修订后的草签版合同。其中，《产权交易合同》（草签版）第 16 条与《债权清偿协议》（草签版）第 12 条和上述乙公司所修改后的内容一致，均采用深圳国际仲裁院作为仲裁机构。

同日，乙公司签署了《产权交易合同》（草签版）及《债权清偿协议》（草签版），通过电子邮件向甲公司发送了扫描件，并在纸质合同上盖章，送达甲公司。

随后，甲公司通过电子邮件向乙公司说明了计划开展签约仪式的时间和地点，并向乙公司发送了《产权交易合同》（拟签署版）及《债权清偿协议》（拟签署版），两份合同文本中的仲裁条款与草签版相同，所约定的仲裁机构为深圳国际仲裁院。

然而，在正式合同签署前，甲公司又向乙公司发出《复函》，要求乙公司依法办理境外投资所需的备案手续和外汇登记手续，并建议修改《产权交易合同》中的保证金条款。乙公司收到《复函》后，未办理相关手续，并多次催促甲公司尽快签署《产权交易合同》和《债权清偿协议》。2017 年 10 月，甲公司向乙公司发出《通知函》以取消本次产权交易。

2018 年 4 月，乙公司根据《产权交易合同》（草签版）第 16.2 条及《债权清偿协议》（草签版）第 12 条的约定，向深圳国际仲裁院提出仲裁申请。在仲裁庭开庭前，甲公司向广东省深圳市中级人民法院提起诉讼，请求确认甲公司与乙公司之间就《产权交易合同》及《债权清偿协议》不存在有效的仲裁条款。

甲公司向人民法院给出的事实和理由为：（1）合同未成立。甲公司要求乙公司依据法律规定办理相关手续，乙公司拒绝履行，因此双方对于合同文本未达成一致。此外，由于正式合同未经过双方法定代表人或授权代表签字或盖章，依据《合同法》第 32 条及《产权交易合同》（草签版）第 17 条，合同未成立。（2）合同中的仲裁条款亦未成立。仲裁条款不能脱离主合同而单独成立，双方当事人亦无脱离主合同而先行单独达成仲裁协议的明确意思表示，故甲公司与乙公司之间不存在有效的仲裁条款。

乙公司对此提出答辩称：（1）合同已成立并生效，合同双方已就案涉产权的转让完成了要约和承诺。（2）仲裁条款已成立。甲公司通过电子邮件向乙公司发送"草签版"交易合同文本，其中明确向乙公司提出了将争议提交深圳国际仲裁院仲裁的要约。乙公司于当天即在该交易合同文本上签字盖章，以电子签名、电子邮件和纸质签字盖章邮递两种方式回复告知了甲公司，双方之间已就仲裁协议达成合意，且仲裁合意之后保持不变。此外，仲裁条款独立性原则决定，即使双方还没有完成书面合同文本的签署，仲裁条款的存在及生效也不受影响。

在深圳市中级人民法院审查期间，最高人民法院认为本案具有重大法律意义，裁定本案由最高人民法院第一国际商事法庭审查。在法院询问时，当事人均明确表示同意适用中国法律。最高人民法院于 2019 年 9 月作出民事裁定，驳回了甲公司的申请。

【主要法律问题】

本案合同中的仲裁条款是否成立？

**【主要法律依据】**

(1)《法律适用法》第18条。

(2)《仲裁法》第16条、第19条、第20条。

(3)《最高人民法院关于适用〈中华人民共和国仲裁法〉若干问题的解释》(以下简称《仲裁法解释》)第10条。

(4)《民法典》第483条、第484条。

**【理论分析】**

根据《仲裁法》第20条第1款的有关规定，对于确认仲裁协议效力案件，我国采用了法院和仲裁庭"并存控制"的方式，[①] 即当事人对仲裁协议的效力存在争议时，既可以选择由仲裁委员会作出决定，也可以请求人民法院作出裁定。本案中，甲公司在仲裁庭首次开庭前，以仲裁条款未成立为由，向人民法院申请确认双方之间不存在有效的仲裁条款。我国法律中暂无关于确认"仲裁协议是否存在"的相关规定，但该问题与"仲裁协议是否有效"同样直接影响纠纷解决方式，属于先决问题，因而可以认为是"仲裁协议效力异议"案件。据此，法院认定当事人以仲裁条款未成立为由要求确认仲裁协议不存在的，属于申请确认仲裁协议效力案件，应当予以立案审查。

确认仲裁协议效力，首先要确定准据法。本案中，当事人并未对仲裁协议适用的法律达成协议或作出约定，而法院通过主动询问，双方当事人明确表示同意适用中国法律确认仲裁协议效力。根据《法律适用法》第18条的规定，当事人可以协议选择仲裁协议适用的法律，当事人没有选择的，适用仲裁机构所在地法律或者仲裁地法律。本案当事人的合意即成为本案确定准据法的连结点，本案应适用中国法律。

本案中，当事人未针对仲裁事项订立独立的仲裁协议，而是通过在合同中添加"管辖及争议解决方式"条款来进行约定，这就涉及仲裁条款独立原则。有学者对仲裁条款独立原则的含义做如下解释："尽管仲裁条款是合同中的一个条款，但此条款与它所从属的主合同是两个相互独立的合同。如果争议涉及主合同是否存在及其有效性问题，或者主合同无效或失效，仲裁条款作为双方当事人约定的解决合同争议的条款，仍可独立存在，并不因为主合同无效或失效而当然无效或失效。"[②] 早在20世纪中叶，国际上就存在一系列司法案例对该原则予以承认和运用，同时也不断丰富了该原则的内涵。[③] 在现代国际商事仲裁制度中，仲裁条款独立性原则已成为重要的理论基石。我国在仲裁立法和实践中普遍接受该原则，尽管《仲裁法》没有对仲裁条款独立性作出明确的规定，但第16条明确了仲裁条款属于仲裁协议，因此，第19条第1款规定的

---

[①] 马占军：《我国仲裁协议效力异议规则的修改与完善》，《法学评论》2011年第2期，第131页。

[②] 赵秀文：《论仲裁条款独立原则》，《法学研究》1997年第4期，第68页。

[③] 一般认为，英国法院于1942年审理的Cheyman v. Darwins Ltd.案，在国际上较早地承认了仲裁条款的独立性。

"仲裁协议独立存在"事实上包含了"仲裁条款独立存在"之义。

从法条文本来看，《仲裁法》第 19 条第 1 款仅能解释仲裁条款效力具有独立性，对于仲裁条款是否存在，《仲裁法》似乎没有明确规定。本案中，法院认为《仲裁法》第 19 条第 1 款开头部分"仲裁协议独立存在"，是概括性、总领性的表述，应当涵盖仲裁协议是否存在，也就是否成立的问题。《仲裁法解释》第 10 条第 2 款进一步明确了合同成立与否不影响仲裁协议效力。因此，在确定仲裁条款效力包括仲裁条款是否成立时，可以先行确定仲裁条款本身的效力；在确有必要时，再考虑对整个合同的效力包括合同是否成立进行认定。本案中，法院正是依此规则，根据案件的具体情况来确定仲裁条款是否成立。

仲裁条款是否成立，主要是指当事人双方是否有将争议提交仲裁的合意，即是否达成了仲裁协议。仲裁协议是一种合同，判断双方是否就仲裁达成合意，应适用《民法典》关于要约、承诺的规定。[①] 从本案磋商情况看，当事人双方一致同意将争议提交仲裁解决。本案最早的《产权交易合同》与《债权清偿协议》均包含将争议提交北京仲裁委员会仲裁的条款。之后，当事人就仲裁机构进行了磋商。甲公司发出的合同草签版的仲裁条款，已将仲裁机构确定为深圳国际仲裁院。就仲裁条款而言，这是甲公司发出的要约。乙公司在合同草签版上盖章表示同意，并将盖章合同文本送达甲公司，这是乙公司的承诺。根据《民法典》第 483 条、第 484 条的有关规定，两份合同中的仲裁条款已在当事人之间成立。

之后，当事人就合同某些其他事项进行交涉，但从未对仲裁条款有过争议。鉴于甲公司并未主张仲裁条款存在法定无效情形，故应当认定双方当事人之间存在有效的仲裁条款，双方争议应由深圳国际仲裁院进行仲裁。虽然乙公司没有在最后的合同文本上盖章，其法定代表人也未在文本上签字，不符合合同经双方法定代表人或授权代表签字并盖章后生效的要求，但根据《仲裁法解释》第 10 条第 2 款的规定，即使合同未成立，仲裁条款的效力也不受影响。

本案中，法院正是通过上述逻辑链条，认为甲公司的理由和请求不能成立，裁定驳回甲公司的申请。

**【实操分析】**

2018 年 6 月，最高人民法院设立国际商事法庭，作为专门处理国际商事纠纷的常设审判机构，国际商事法庭实行一审终审制，本案作为国际商事法庭受理的第一案，起到了引领作用。

关于仲裁管辖权所涉及的仲裁协议存在和效力的具体问题，《联合国国际商事仲裁示范法》第 16 条第 1 款规定："仲裁庭可以对它自己的管辖权包括对仲裁协议的存在或效力的任何异议，作出裁定。"《仲裁法》第 19 条对"仲裁协议是否存在"尚无明

---

① 本案审理期间，《民法典》尚未正式公布，法院系依据《合同法》第 25 条、第 26 条相关规定进行裁定。

确规定，有些法院也以此为由，认为此类争议不属于审理仲裁案件的范围。在这种情况下，本案以司法裁判的方式为相关案件提供了解决路径，通过对总括性条款采取更加灵活的解释，明确了仲裁协议的存在和效力一样，都是审理案件需要解决的先决问题，具有重要的创新意义和参考价值。

在仲裁条款独立性问题上，《联合国国际商事仲裁示范法》第 16 条第 1 款亦有规定："构成合同的一部分的仲裁条款应视为独立于其他合同条款以外的一项协议。仲裁庭作出关于合同无效的决定，不应在法律上导致仲裁条款的无效。"从总体趋势上看，自《仲裁法》实施以来，我国法院对仲裁条款独立性原则存在一个不断理解、加深肯定的过程。有学者评价："本案毫不含糊的说理使得仲裁协议独立性原则的适用范围再没有可做限缩解释的余地，这是最高人民法院通过有影响力的个案统一司法裁判尺度的新成果。"①

事实上，我国部分仲裁机构注意到了《仲裁法》在上述法律问题中存在的空白，并选择通过更为详尽的仲裁规则加以弥补，以便充分实现纠纷化解之目的。例如，《中国国际经济贸易仲裁委员会仲裁规则》第 5 条第 4 款规定："合同中的仲裁条款应视为与合同其他条款分离的、独立存在的条款，附属于合同的仲裁协议也应视为与合同其他条款分离的、独立存在的一个部分；合同的变更、解除、终止、转让、失效、无效、未生效、被撤销以及成立与否，均不影响仲裁条款或仲裁协议的效力。"

对于当事人而言，应当对仲裁协议或仲裁条款保持更加谨慎仔细的态度。一直以来，仲裁条款都被称为"午夜条款"，即该类条款常被安排在谈判的最后商议阶段，而此时当事人已投入大量时间精力在主合同权利义务的谈判上，因此对仲裁事项没有充分的重视。当合同纠纷出现时，一项"草率"的仲裁条款，可能带来非必要的麻烦和损失。

## 案例二　某星公司与某丰公司等申请确认仲裁协议效力纠纷案②

### 【基本案情】

2017 年 2 月 28 日，案外人海优公司（系中国香港公司）与被申请人某丰公司签订《供应链服务外包协议》（协议编号：201702-028），该协议第 9.4 条约定"在执行本协议过程中所发生的纠纷应首先通过友好协商解决；协商不成的，任何一方均应将争议提交深圳国际仲裁院（深圳仲裁委员会）仲裁解决。"

2020 年 3 月 2 日，申请人某星公司与被申请人某丰公司签订《保证合同》，约定：

---

① 王生长：《仲裁协议独立性要义——中国国际商事法庭第一案述评》，《上海法学研究》集刊 2019 年第 17 卷，第 26 页。

② 〔2021〕粤 03 民特 299 号裁定书。

鉴于某丰公司与海优公司签订了编号分别为 201702-028、202004-004 两份《供应链服务外包合同》以及编号为 201702-028-B01、201702-028-B02、201702-028-B03、201702-028-B04、201702-028-B05-0 的《补充协议》，某星公司为前述协议项下海优公司的债务提供保证责任。《保证合同》第 12 条约定："在执行本合同过程中所发生的纠纷应首先通过友好协商解决；协商不成的，任何一方均应将争议提交深圳国际仲裁院（深圳仲裁委员会）仲裁解决。"

某星公司认为，2017 年，深圳国际仲裁院和深圳仲裁委员会是两家完全独立的仲裁机构，彼此之间没有任何附属和依附关系，而《供应链服务外包协议》第 9.4 条约定了两家仲裁机构，属于对于仲裁机构约定不明确，应为无效条款。由于《保证合同》所依赖的主协议《供应链服务外包协议》约定的仲裁条款无效，根据主合同无效，从合同必然无效的原理，《保证合同》所约定的仲裁条款当然无效，故某星公司申请确认仲裁协议无效。

【主要法律问题】

本案《保证合同》所依赖的主协议《供应链服务外包协议》约定的仲裁条款无效，是否导致《保证合同》所约定的仲裁条款也当然无效？

【主要法律依据】

《仲裁法》第 16 条、第 20 条。

【理论分析】

本案争议涉及主从合同中仲裁条款扩张的效力认定问题，系国际商事仲裁协议效力扩张认定的典型案例。

事实上，针对仲裁协议效力扩张问题，我国现行法并无明确规定。当事人之所以主张仲裁协议效力扩张往往是参照其他相关规定。例如，《最高人民法院关于适用〈中华人民共和国担保法〉若干问题的解释》（以下简称《担保法司法解释》，已失效）第 129 条规定："主合同和担保合同发生纠纷提起诉讼的，应当根据主合同确定案件管辖。担保人承担连带责任的担保合同发生纠纷，债权人向担保人主张权利的，应当由担保人住所地的法院管辖。主合同和担保合同选择管辖的法院不一致的，应当根据主合同确定案件管辖。"《最高人民法院关于适用〈中华人民共和国民法典〉有关担保制度的解释》（以下简称《担保制度司法解释》）第 21 条第 2 款规定："债权人一并起诉债务人和担保人的，应当根据主合同确定管辖法院。"

从司法实践来看，主流观点对仲裁协议的主从合同之间发生效力扩张持否定态度。例如，在重庆某建筑工程有限公司与重庆某投资有限公司合同纠纷案中，[①] 重庆第一中

---

① 〔2015〕渝一中法民特字第 01133 号裁定书。

级人民法院并未支持仲裁庭援引《担保法司法解释》第 129 条，认定主合同的仲裁协议效力及于从合同的认定，而是认为《担保法司法解释》第 129 条仅适用于诉讼案件，仅解决法院系统的管辖关系，而不涉及不同机关之间的主管分工关系，法院认定主合同的仲裁协议效力及于从合同于理无据，进而撤销了案涉仲裁裁决。此外，在《最高人民法院关于成都优邦文具有限公司、王国建申请撤销深圳仲裁委员会（2011）深仲裁字第 601 号仲裁裁决一案的请示的复函》中，最高人民法院认为："案涉担保合同没有约定仲裁条款，仲裁庭关于主合同有仲裁条款，担保合同作为从合同应当受到主合同中仲裁条款约束的意见缺乏法律依据。"

但也存在部分法院认为，在审理关于国际商事仲裁协议或仲裁条款的案件时，法院需要综合考量主从合同之间的异质性、仲裁方式的特殊性、仲裁条款的要式性、仲裁主体签订协议时的意思表示，在一定条件下，可以允许仲裁协议的效力扩张，以确保各方当事人的合法权益得到有效保护。

【实操分析】

法院认为，仲裁协议具有独立性的特点，合同的变更、解除、终止或者无效，并不影响仲裁协议的效力，主合同仲裁条款的效力亦不会影响从合同仲裁条款的效力。且在本案中，根据《保证合同》的约定，主合同并非只是编号为 201702-028 的《供应链服务外包协议》，还包括多份协议及补充协议。《保证合同》约定的仲裁条款具有请求仲裁的意思表示、明确选定的仲裁机构，该仲裁条款有效。因此，申请人某星公司的申请无事实和法律依据，法院不予支持，并驳回申请人的请求。

## 案例三　某育公司与某运公司、上海某运公司海上货运代理合同纠纷案[①]

【基本案情】

2018 年 11 月 5 日，原告某育公司委托上海某运公司（系美国某运公司的代理公司）承运一批箱包，并于 11 月 13 日邮件通知该票货物必须要有正本提单才能放货。在付清港杂费后，上海某运公司向其出具正本提单，其上载明承运人为某运公司（系注册于美国的公司）。案涉提单正面承运人签章处记载了仲裁条款："该提单证明的合同项下的纠纷，应由位于纽约的美国仲裁协会按照其商事仲裁规则仲裁解决。"提单正面的仲裁条款记载位置于承运人签章处上方的"商人申报的货物详情"栏内。由于该票货物在目的港被无单放货，故某育公司诉请二被告连带赔偿损失及利息。

原告某育公司认为案涉提单上的仲裁条款是被告单方面拟定并强加给原告，该仲裁条款原告从未经过协商并表示接受。此外，案涉提单正面记载的仲裁条款是被告为

---

① 〔2019〕闽 72 民初 1014 号判决书。

了重复使用而预先拟定并排除原告诉讼权利的条款,并且被告在签发提单时也没有和原告协商,未尽到法定的提醒说明义务,应为格式条款,依法应认定该仲裁条款无效。

被告上海某运公司答辩称:(1)案涉仲裁条款合法有效,本案应依据仲裁条款的约定通过仲裁予以解决。(2)提单正面条款中特别约定的仲裁条款优先于提单背面格式条款(记载"提单项下的任何索赔或争议应由纽约南区美国地方法院管辖")。(3)依据《海商法》的有关规定,原告某育公司也应按照提单记载的仲裁条款作为案件争议解决方式。

【主要法律问题】

(1)本案中,案涉提单仲裁条款是否属于格式条款?

(2)由于案涉提单并未明确约定仲裁协议适用的法律,应依何种法律来认定仲裁协议的效力?

【主要法律依据】

(1)《法律适用法》第18条。

(2)《仲裁法》第16条。

(3)《合同法》第41条。

(4)《仲裁法解释》第16条。

【理论分析】

在涉及格式条款的案件中,提供格式条款的一方被赋予了更多的提醒和说明义务。为了尽可能地排除当事人关于仲裁协议意思表示的瑕疵,维护弱势一方当事人的合法权益,在以格式条款为由主张仲裁条款无效的案件中,仲裁条款的订立是否具备实质磋商过程,往往是法院审查的重点。《仲裁法》第16条规定仲裁协议的订立要求双方当事人必须具有"请求仲裁的意思表示",且《仲裁法》第17条将"胁迫"明确纳为仲裁协议无效的情形之一,若存在实质性的协商过程,恰恰也消弭了"胁迫"的可能性。在涉及格式条款的合同行为时,通常接受格式条款的一方为弱势方,为了避免"胁迫"对弱势一方的损害,对提供仲裁格式条款一方的提示与说明义务的履行要求自然应该有所提升。

【实操分析】

首先,某育公司持有案涉全套正本提单,并作为证据向法院提交,在提起本案诉讼之前,没有证据表明某育公司曾对提单记载的内容提出异议,说明某育公司认可提单所记载的内容。在提单的正面承运人签章处上方的"商人申报的货物详情"栏内,记载有"该提单证明的合同项下的纠纷,应由位于纽约的美国仲裁协会按照其商事仲裁规则仲裁解决"。某育公司接受该提单时显然能够、也应当注意到此项记载。虽然提单背面条款也记载了"提单项下的任何索赔或争议应由纽约南区美国地方法院管辖"的管辖条款，但提单背面条款系格式条款，是为重复使用而预先拟定的，而前述仲裁条款系由承运人在签发提单时特别记载，属于新的特别约定，不属于格式条款，其效力高于提单背面的管辖条款。

其次，仲裁条款记载于提单正面承运人签章处的关键位置，原告接受该提单时显然能够、也应当注意到此项记载，其接受提单的行为应视为对该条款的认可。

最后，提单项下货物运输目的地位于美国，某运公司又系注册于美国的公司，故本案具有涉外因素。由于案涉提单并未明确约定仲裁协议适用的法律，根据《法律适用法》第 18 条的规定，案涉仲裁协议应适用仲裁机构所在地法律或者仲裁地法律，即美国法律来认定仲裁协议的效力。

# 思考题

2022 年 8 月，外国人甲某与 A 教培公司签署《课程合同》，由 A 教培公司为甲某提供在线职业资格培训服务。该合同第 10 条载明："因签订或履行本合同产生的争议由北京仲裁委员会仲裁解决"。甲某认为，根据北京仲裁委员会收费标准，申请仲裁的费用甚至超过了争议金额，其无力承担。并且，A 教培公司提供的上述服务协议为格式合同，协议中设计的争议解决方式，故意排除诉讼，采用维权成本高昂的仲裁方式，意在增加学员维权难度，这种合同设计违反了公平原则，依法应当被认定为无效。关于上述《课程合同》的签订过程，甲某称，其与 A 教培公司工作人员就购买课程事宜前期沟通后，A 教培公司将公司盖章后的《课程合同》邮寄给甲某，《课程合同》一式两份，甲某在《课程合同》签名后，将其中一份合同寄回 A 教培公司，自己留存一份合同。甲某称，其在签订合同时并未注意到涉案仲裁条款。

问题：甲某与 A 教培公司签订的仲裁协议是否有效？是不是构成格式合同的仲裁协议就一定不产生法律效力？

# 第十九章
# 国际商事仲裁中实体问题的法律适用

**本章知识要点**

在国际商事仲裁中，仲裁庭需要确定争议的实质问题，即案件中涉及的具体事实和法律问题。在确定案件的实体问题时，需要依据相关的准据法，即确定适用哪个国家或地区的法律来解决争议。国际商事仲裁实体问题的法律适用是指仲裁庭对争议的实体问题作出是非曲直判断所依据的准据法，其裁决结果直接关系当事人实体权利义务的承担。

1. 概述

在任何争议的解决过程中，都必须有一套标准或准则来判断哪一方的主张是正确的，这也是在国际商事仲裁中仲裁庭需要面临的问题。鉴于国际商事交易涉及不同国家的法律，而不同国家可能就相同的事项作出不同的规定，在国际商事仲裁过程中究竟如何确定解决争议实体问题的法律适用是至关重要的。

在国际民事诉讼中，法院通常根据冲突规则选择适用的法律，可能会受到一国法律规范的限制，而且适用的法律通常是与案件最密切相关的本国法。在国际商事仲裁实践中，确定实体问题的法律适用是复杂的，涉及合同本身之规定、一国国内法、与之相关的国际条约或国际习惯、判例等，而这些都可能会成为解决争议适用的法律究竟适用何种法律来解决国际商事仲裁争议，由当事人或仲裁庭来决定，又在实践中是较为复杂的。在这种情况下，国际商事仲裁相较于国际民事诉讼在实体法适用方面更加灵活和多样化，更能充分体现当事人意思自治原则。

2. 确定解决国际商事争议的适用法律的方法

在各国有关国际商事交往的立法与实践中，确定解决国际商事争议的适用法律的方法主要有两种，一是由当事人共同决定，二是由仲裁庭对此作出决定。①

根据国际私法中的当事人意思自治原则，除非法律另有规定，各国法律一般都允许当事人对他们之间进行的国际商事交易的适用法律作出约定。在实践中，仲裁本身就是当事人之间自愿达成的解决争议的方法。如果当事人就他们之间争议解决的适用法律或法律规则作出约定，此项约定按照上述仲裁机构的仲裁规则均可以得

---

① 赵相林：《国际私法》（第四版），北京：中国政法大学出版社，2014年，第406-407页。

到适用。仲裁庭在使用当事人约定的法律或者法律规则时，这些规则通常情况下均指实体法规则，而不是冲突法规则。许多国际公约和仲裁规则都承认，在国际商事仲裁中可以直接适用当事人选择的准据法来解决争议，如 1985 年《联合国国际商事仲裁示范法》、1998 年《国际商会仲裁规则》等。

如果当事人没有约定解决争议的适用法律或法律规则，根据国际商会国际仲裁院、伦敦国际仲裁院和世界知识产权组织仲裁与调解中心的仲裁规则的各条款的规定，应当由仲裁庭决定解决争议实体问题适用的法律或者法律规则。而仲裁庭决定的此项适用法律并非特指某一特定国家的法律，它可以是一个国家的法律，也可以是几个国家的法律，还可以是某些特定的法律规则，而且是仲裁庭认定的"适当的"法律或者法律规则。① 仲裁庭在处理争议时，首先应当查明争议的事实，并在此基础上决定解决该争议的适用法律，进而作出仲裁裁决。

3. 中国的相关规定及司法实践

含有涉外因素的仲裁协议，无论是法院还是仲裁机构在认定仲裁协议效力时并不当然适用中国法。《法律适用法》第 18 条规定："当事人可以协议选择仲裁协议适用的法律。当事人没有选择的，适用仲裁机构所在地法律或者仲裁地法律。"《法律适用法解释（一）》第 12 条进一步明确规定："当事人没有选择涉外仲裁协议适用的法律，也没有约定仲裁机构或者仲裁地，或者约定不明的，人民法院可以适用中华人民共和国法律认定该仲裁协议的效力。"需要特别注意的是，根据 2018 年 1 月 1 日起施行的《最高人民法院关于审理仲裁司法审查案件若干问题的规定》（以下简称《仲裁司法审查规定》）第 13 条规定："当事人协议选择确认涉外仲裁协议效力适用的法律，应当作出明确的意思表示，仅约定合同适用的法律，不能作为确认合同中仲裁条款效力适用的法律。"《仲裁司法审查规定》第 14 条规定："人民法院根据《中华人民共和国涉外民事关系法律适用法》第十八条的规定，确定确认涉外仲裁协议效力适用的法律时，当事人没有选择适用的法律，适用仲裁机构所在地的法律与适用仲裁地的法律将对仲裁协议的效力作出不同认定的，人民法院应当适用确认仲裁协议有效的法律。"法院根据该条款，在审理涉外民商事争议时，倾向于首先认可涉外仲裁协议的有效性，即法院在涉外民商事争议解决方式上更倾向于采用仲裁方式。

## 案例一 韩国某公司与广州某机电有限公司申请确认仲裁协议效力纠纷案②

【基本案情】

2018 年 6 月 2 日，申请人韩国某公司（以下简称 D 公司）和被申请人广州某机电

---

① 赵秀文：《国际商事仲裁法》（第三版），北京：中国人民大学出版社，2012 年，第 243 页。
② 〔2021〕粤 01 民特 1085 号裁定书。

有限公司（以下简称 Q 公司）签订《沙钢集团安阳永兴特钢有限公司 2#180 平烧结机烟气 SCR 脱硝催化剂采购合同》（以下简称《采购合同》）（合同编号：DRCCNE20180602-02A），该合同第 14 条约定：双方应首先通过友好协商解决与本合同有关的一切争议。如经协商不能达成协议，任何一方均可以向广州仲裁委员会申请仲裁，仲裁不成向广州人民法院提起上诉，仲裁地点在广州。第 15 条第 6 款约定：本合同未尽事宜，适用《合同法》及其他有关法律和行政法规的规定，双方根据需要，经协商可另外签订补充合同。

申请人 D 公司与被申请人 Q 公司申请确认仲裁协议效力。

申请人 D 公司向法院申请称：（1）确认申请人 D 公司与被申请人 Q 公司签订的《采购合同》中约定的第 14 条仲裁条款无效。（2）被申请人 Q 公司承担本案的诉讼费用。事实与理由：双方于 2018 年 6 月 2 日签订的《采购合同》第 14 条约定表明双方请求仲裁的意思表示不肯定，并未明确排除法院诉讼，"先仲裁，后诉讼"的争议解决方式等同于约定了仲裁和诉讼的选择权，违反了"一裁终局"的基本原则，案涉仲裁条款虽然约定可以将纠纷提交广州仲裁委员会仲裁，但同时约定仲裁不成向广州人民法院提起上诉，并未将仲裁作为纠纷的最终解决方式。根据《仲裁法解释》第 7 条的规定，当事人约定争议既可以向仲裁机构申请仲裁，也可以向人民法院起诉的，该仲裁协议无效，故案涉仲裁条款应属无效。

被申请人 Q 公司未向法院发表答辩意见。

**【主要法律问题】**

因 D 公司系在韩国注册成立的公司，故本案为申请确认涉外仲裁协议效力案件。本案的争议焦点是 D 公司与 Q 公司之间是否存在合法有效的涉外仲裁协议。涉及以下两个问题：

（1）案涉仲裁条款的准据法如何确定？

（2）案涉仲裁条款是否有效？

**【主要法律依据】**

（1）《法律适用法》第 18 条。

（2）《仲裁法》第 16 条、第 18 条。

（3）《仲裁法解释》第 16 条。

（4）《仲裁司法审查规定》第 13 条、第 21 条。

**【理论分析】**

1. 案涉仲裁条款的准据法问题

《法律适用法》第 18 条规定："当事人可以协议选择仲裁协议适用的法律，当事人没有选择的，适用仲裁机构所在地法律或仲裁地法律。"《仲裁司法审查规定》第 13 条规定:"当事人协议选择确认涉外仲裁协议效力适用的法律,应当作出明确的意思表示,仅约定合同适用的法律,不能作为确认合同中仲裁条款效力适用的法律。"根据该规定,D公司提交的《采购合同》未对第14条仲裁条款应适用的法律作出约定,但约定了仲裁机构为广州仲裁委员会,故应适用仲裁机构所在地即中国法律作为认定仲裁协议效力的准据法。

2. 案涉仲裁条款的效力问题

《仲裁法》第16条第2款规定:"仲裁协议应当具有下列内容:(一)请求仲裁的意思表示;(二)仲裁事项;(三)选定的仲裁委员会。"本案中,案涉《采购合同》中约定的争议解决条款,已经明确仲裁优先,只有在仲裁无法处理时才向法院起诉,该条款不属于《仲裁法解释》第7条规定的仲裁协议无效的情形,故该仲裁条款应为合法有效。至于该仲裁条款是否违反了一裁终局的原则,对此,法院认为,一裁终局是《仲裁法》对仲裁裁决的效力作出的规定,仲裁裁决的效力并不因当事人约定而发生改变,而且案涉合同中约定的"仲裁不成",应是指在纠纷不属于仲裁可以受理的案件范围的情况下,当事人可以向法院起诉解决,而非指仲裁作出裁决之后当事人还可以向法院起诉。

**【实操分析】**

仲裁协议是当事人自愿接受仲裁的唯一书面证据,也是仲裁机构取得管辖权的法律依据。根据1958年《纽约公约》第2条的规定,仲裁协议主要有两种形式:一是载入合同中的仲裁条款,另一是在主合同之外签订的或包含在往来函电中的仲裁协议。仲裁协议的法律适用涉及当事人的缔约能力、形式上的有效性、实质上的有效性等问题。

仲裁协议法律适用的难点在于,当仲裁协议以主合同中的仲裁条款形式出现时,是否适用主合同的准据法。传统做法是将仲裁条款顺理成章地适用主合同的准据法。然而,按照正常的仲裁程序,主合同的准据法应在仲裁机构受理案件后确定,但在仲裁协议是否有效尚未确定的情况下,仲裁机构如何确定主合同的准据法成为问题。随着时间的推移,仲裁协议独立性原则得到了广泛认可,并在当代的仲裁立法中得到了体现。该原则认为,仲裁协议应被视为独立于主合同的条款,因此其有效性和适用性不应取决于主合同的有效性或准据法。这种理念的确立导致了传统的"主从关系说"被抛弃,即仲裁条款不再被视为主合同的从属部分。

## 案例二 北京某进出口有限公司与罗纳德公司合同纠纷案①

**【基本案情】**

天津 Y 国际贸易有限公司（以下简称 Y 公司）与罗纳德公司于 2017 年 11 月 7 日签订《订单确认书》，由 Y 公司采购一批罗纳德公司的冷冻猪肚、猪肘、猪背皮三种货物，北京某进出口有限公司（以下简称 Z 公司）作为 Y 公司的代理人，代表 Y 公司与罗纳德公司进行交易。

Z 公司依据三份《订单确认书》于 2017 年 11 月 23 日与 Y 公司签订《进出口代理协议》，Y 公司及其报关报检公司天津捷嘉物流有限公司共同向 Z 公司收取进口代理费 8000 元人民币/货柜，合计应为 24000 元人民币。Z 公司与罗纳德公司没有直接签订书面合同，因此于 2017 年 11 月 27 日向 Y 公司转账支付代理进口三个合同项下货物定金 260255 元人民币（合同总金额为 195680.3 美元×20% = 39136.06 美元，39136.06 美元×当日汇率）。Y 公司将该定金于收款次日全部支付给罗纳德公司，罗纳德公司亦收到该部分定金。

罗纳德公司邮件确认于 2018 年 1 月初和 2 月初前在天津新港分两次全部履行交付三个进口订单货物，但实际结果是罗纳德公司将两个合同项下集装箱装运的货物在海运途中转卖给其他人，一个合同项下货物在到港后被天津市滨海新区人民法院依法强制执行扣押、拍卖。罗纳德公司转卖本案委托进出口协议项下货物，又收取定金 260255 元人民币，侵害了 Z 公司合法权益，故 Z 公司将其诉至北京市第四中级人民法院。

Z 公司提出诉讼请求：（1）判令罗纳德公司返还 Z 公司定金 260255 元人民币；（2）判令罗纳德公司支付 Z 公司因处理本案产生的直接费用 36030 元人民币及其本金利息暂为 93258.04 元人民币；（3）判令罗纳德公司承担本案诉讼费、律师费和所有相关诉讼费用。

罗纳德公司在提交答辩状期间，对管辖权提出异议，认为本案不属于人民法院受理案件范围，应裁定驳回 Z 公司的起诉。理由为：Z 公司据以向罗纳德公司主张返还定金并赔偿损失的合同系 Z 公司委托案外人 Y 公司与罗纳德公司签订的《订单确认书》，该三份合同的第 13 条均有仲裁条款的约定，约定因《订单确认书》产生的任何争议、争端或索赔，或其违约、终止或无效，均应根据贸易法委员会现行有效的仲裁规则进行仲裁解决。同时该三份合同第 23 条还约定了协议受加拿大安大略省法律管辖，并按安大略省法律解释。因同样的合同条款，天津市滨海新区人民法院、天津市第三中级人民法院已经作出生效裁定，认定 Z 公司的起诉不属于人民法院受理民事案件范围，

---

① 〔2021〕京 04 民初 409 号裁定书。

裁定驳回Z公司的起诉。因此，罗纳德公司认为，因本案所依据的合同有国际仲裁条款的约定，应根据《民事诉讼法》第271条、《民诉法解释》第208条第3款的规定，裁定驳回Z公司的起诉。

**【主要法律问题】**

本案争议焦点为Y公司与罗纳德公司所签合同中仲裁条款是否有效。但本案特殊在于本案是由Y公司的委托人Z公司所提起的诉讼，Z公司与罗纳德公司没有直接签订书面合同。为此，需要探讨四个问题：

(1) Z公司基于《订单确认书》提起诉讼，该合同对Z公司是否有约束力？
(2) 本案如何确定适用的准据法？
(3) 案涉仲裁协议是否有效？
(4) 本案中法院是否有管辖权？

**【主要法律依据】**

(1)《法律适用法》第18条。
(2)《民事诉讼法》第271条。
(3)《仲裁司法审查规定》第12条、第13条、第14条。

**【理论分析】**

1. 《订单确认书》对代理人Z公司是否有约束力

本案系Z公司作为Y公司的委托人，依据Y公司与罗纳德公司订立的合同，要求罗纳德公司返还定金、赔偿损失的合同纠纷案件。Z公司提出诉讼请求依据的合同为：其进口代理商Y公司与罗纳德公司分别签订的关于进出口冷冻猪肚、猪肘、猪背皮的《订单确认书》。Z公司作为Y公司的委托人，可以依据上述合同提出主张，故上述合同对Z公司具有约束力。

2. 本案如何确定适用的准据法

罗纳德公司系在加拿大注册登记的公司，故本案属于涉外民商事纠纷案件。关于法律适用中的程序法律适用，依据《民事诉讼法》第259条的规定，本案应当适用《民事诉讼法》第四编关于涉外民事诉讼程序的特别规定及该法其他有关规定。

案涉冷冻猪肚、猪肘、猪背皮三份《订单确认书》第13条均约定了"最终约束性仲裁"条款，具体内容为："因本协议而产生的或与本协议有关的任何争议、争端或索赔，或其违约、终止或无效，均应根据联合国国际贸易法委员会（UNCITRAL）现行有效的仲裁规则进行仲裁解决。在与联合国国际贸易法委员会的规则发生冲突的情况下，应适用下列仲裁规则：（a）仲裁地点为加拿大安大略省多伦多市，仲裁语言为英语；（b）仲裁本座地应为加拿大安大略省多伦多市；（c）应设一名仲裁人，若协议双方自开始仲裁起10日内无法就仲裁人达成一致，任意一方均可请求ADRCHAMBERSINTER-

NATIONAL（本协议下的仲裁人指定机构）根据联合国国际贸易法委员会仲裁规则的相关规定指定一名仲裁人……"第23条均约定"适用法律"条款，具体内容为："本协议受加拿大安大略省法律管辖，并应按加拿大安大略省法律解释。"根据《仲裁司法审查规定》第12条的规定，前述仲裁协议系涉外仲裁协议，应先行确定仲裁协议效力应适用的法律。《法律适用法》第18条规定："当事人可以协议选择仲裁协议适用的法律。当事人没有选择的，适用仲裁机构所在地法律或者仲裁地法律。"上述《订单确认书》第13条"最终约束性仲裁"条款未约定仲裁协议效力适用的法律，但约定的仲裁地及仲裁机构所在地均为加拿大安大略省多伦多市，故应以加拿大法律作为确定仲裁协议效力适用的法律。

3. 案涉仲裁协议是否有效

根据《安大略省国际商事仲裁法》的规定，联合国国际贸易法委员会通过并修订的《联合国国际商事仲裁示范法》在安大略省具有法律效力，且《联合国国际商事仲裁示范法》适用于国际商事仲裁协议和国际商事仲裁，故案涉仲裁协议的效力应依据《联合国国际商事仲裁示范法》进行审查。《联合国国际商事仲裁示范法》第7条规定，"仲裁协议"是指当事各方就确定的法律关系（不论是否合同关系）而产生或可能产生的所有或某些争议提交仲裁的协议。仲裁协议可以采用合同中仲裁条款的形式，也可以采用单独协议的形式。仲裁协议应当采用书面形式。如果仲裁协议中所载的信息是可获取的，以便日后可供参考，则电子通信满足了书面仲裁协议的要求。"数据电文"是指通过电子、磁性、光学或类似手段生成、发送、接收或存储的信息，包括但不限于电子数据交换、电子邮件、电报、电传或传真。因此，当事人可通过电子邮件订立仲裁协议，该条款并未规定在仲裁协议中对仲裁机构进行明确约定。而根据案涉《订单确认书》第13条"最终约束性仲裁"条款约定，案涉争议应根据联合国国际贸易法委员会仲裁规则仲裁解决，根据《联合国国际贸易法委员会仲裁规则》第6条规定，除非各方当事人已就选择指定机构达成约定，否则一方当事人可随时提名一个或数个机构或个人，包括海牙常设仲裁法院（以下简称常设仲裁院）秘书长，由其中之一担任指定机构。在其他各方当事人收到根据第1款的提名后30天内，如果各方当事人未能就选择指定机构达成约定，任何一方当事人均可请求常设仲裁院秘书长指派指定机构。该仲裁规则也未要求双方当事人事先确定唯一明确的仲裁机构或个人。因此，案涉《订单确认书》中的仲裁条款有效。

4. 本案中法院是否有管辖权

根据我国《仲裁法》第5条之规定，当事人达成仲裁协议，一方向人民法院起诉的，人民法院不予受理，但仲裁协议无效的除外。有效的仲裁协议可以排除法院的管辖，在本案中，案涉合同中的仲裁条款有效，Z公司与罗纳德公司就案涉争议应通过仲裁裁决，故本案不属于人民法院受理民事案件的范围，北京市第四中级人民法院不具有管辖权。

**【实操分析】**

中国没有类似的专门针对国际仲裁中的实体法律适用的规定，有学者提出要在法律中补充该条款。针对合同纠纷，《法律适用法》第 41 条规定："当事人可以协议选择合同适用的法律。当事人没有选择的，适用履行义务最能体现该合同特征的一方当事人经常居所地法律或者其他与该合同有最密切联系的法律。"而且最密切法律原则在中国法的语境下，还涵盖了一系列冲突法规则，这体现在 2007 年《最高人民法院关于审理涉外民事或商事合同纠纷案件法律适用若干问题的规定》（以下简称《涉外民商事合同法律适用规定》）（已失效）中。《涉外民商事合同法律适用规定》根据"特征履行"理论将涉外合的同划分为 17 类，适用 19 种不同类型的冲突法规则。仲裁庭应当首先确定合同的类型，然后依据合同类型确定应适用的国家的法律。但是适用这些国际私法规则存在一个前提，即中国的国际私法规则是否可以直接适用于仲裁，这涉及仲裁地国际私法规则适用的问题。有学者认为，在今天中国法律的语境下，当仲裁程序法为中国法时，应当依据《法律适用法》第 41 条确定实体法律。

# 思考题

展鸿航运有限公司（以下简称展鸿公司）和长风公司于 2019 年 11 月 15 日签订航次《租船合同》，委托长风公司从中国鲅鱼圈运输约 4000 吨化肥至印度尼西亚坤甸港。长风公司未履行合同义务，展鸿公司指派"SU.L"轮完成运输，并提供了卸货报告。展鸿公司要求长风公司支付滞期费 24936 美元，但长风公司拒不支付。2020 年 10 月 24 日，展鸿公司转让上述债权给华贸公司，故华贸公司将长风公司诉至法院。

华贸公司提出诉讼请求：判令长风公司支付滞期费 180345.32 元人民币及利息；诉讼费用由长风公司承担。长风公司在提交答辩状期间对法院审理本案提出异议，其认为华贸公司是基于《租船合同》进行滞期费索赔，但根据案涉租船合同，争议应在香港进行仲裁，并适用英国法律，故应驳回华贸公司的起诉。

问题：

(1) 在本案中，华贸公司受让展鸿公司债权后，是否应受《租船合同》约束？

(2)《租船合同》项下的仲裁条款是否有效？若华贸公司在受让展鸿公司债权时达成了"不接受展鸿公司同长风公司仲裁条款"的协议，是否会影响《租船合同》项下仲裁条款的效力？

(3) 长风公司提出的管辖异议能否得到支持？

(4) 本案应适用什么法律？

# 第二十章
# 国际商事仲裁裁决的承认与执行

## 本章知识要点

仲裁裁决作为一种争议解决的结果，其最终价值在于能够被有效地执行。由于各个国家法律及法律体系之间存在差异，特别是在承认与执行外国商事仲裁程序、依据和标准上，实践中需要建立国家间的承认与执行制度，以保障当事人的权利顺利实现。

### 1. 概述

在仲裁裁决作出后，当事人应该自觉遵守裁决。但在实践中，败诉方的当事人往往会出现逃避承担责任的情形，不愿履行仲裁裁决。但仲裁机构本身没有权力强制执行裁决，若当事人不履行，仲裁协议和仲裁裁决将会变成一张废纸。为了维护当事人之权益，法律赋予了当事人向法院申请强制执行的权利。一旦一方当事人拒绝履行裁决，另一方当事人就可以向相关的国内法院提出申请，请求法院对裁决进行强制执行。[1] 国内法院执行国际商事仲裁裁决有两种情况：一是执行本国的涉外仲裁裁决；二是执行外国的仲裁裁决。[2]

### 2. 本国涉外仲裁裁决的执行

中国对于涉外仲裁裁决执行的规定集中体现在《民事诉讼法》和《仲裁法》中。《仲裁法》第62条规定："当事人应当履行裁决。一方当事人不履行的，另一方当事人可以依照民事诉讼法的有关规定向人民法院申请执行。受申请的人民法院应当执行。"对于中国的涉外仲裁裁决，一方当事人不履行的，对方当事人可以申请被申请人住所地或财产所在地的中级人民法院执行。申请人向人民法院申请执行中国涉外仲裁裁决的，须提出书面申请，并附裁决书正本。如申请人为外国当事人，其申请书须用中文提出。申请执行的期限为2年。《仲裁法》第63条规定，被申请人提出证据证明裁决有民事诉讼法第213条第2款（现为第248条）规定的情形之一的，经人民法院组成合议庭审查核实，裁定不予执行。《民事诉讼法》第248条规定："对依法设立的仲裁机构的裁决，一方当事人不履行的，对方当事人可以向有管辖权的

---

[1] 霍政欣：《国际私法学案例研究指导》，北京：中国政法大学出版社，2021年，第289页。
[2] 赵相林：《国际私法》（第四版），北京：中国政法大学出版社，2014年，第437页。

人民法院申请执行。受申请的人民法院应当执行。被申请人提出证据证明仲裁裁决有下列情形之一的，经人民法院组成合议庭审查核实，裁定不予执行：（一）当事人在合同中没有订有仲裁条款或者事后没有达成书面仲裁协议的；（二）裁决的事项不属于仲裁协议的范围或者仲裁机构无权仲裁的；（三）仲裁庭的组成或者仲裁的程序违反法定程序的；（四）裁决所根据的证据是伪造的；（五）对方当事人向仲裁机构隐瞒了足以影响公正裁决的证据的；（六）仲裁员在仲裁该案时有贪污受贿，徇私舞弊，枉法裁决行为的。人民法院认定执行该裁决违背社会公共利益的，裁定不予执行。裁定书应当送达双方当事人和仲裁机构。仲裁裁决被人民法院裁定不予执行的，当事人可以根据双方达成的书面仲裁协议重新申请仲裁，也可以向人民法院起诉。"

此外，《仲裁法》第64条规定，若一方当事人申请执行仲裁裁决，另一方当事人申请撤销仲裁裁决，人民法院应当裁定中止执行。人民法院裁定撤销仲裁裁决的，应当裁定终结执行；撤销仲裁裁决的申请被裁定驳回的，人民法院应当裁定恢复执行。

3. 外国仲裁裁决的承认与执行

在国际商事仲裁司法实践中，外国仲裁裁决的承认与执行的依据主要有两种：第一，执行地国的国内法；第二，执行地国缔结或参加的双边或多边国际公约。① 目前国际上关于承认与执行外国仲裁裁决的最主要的公约是1958年《纽约公约》。我国于1987年1月22日成为《纽约公约》的缔约国，并在加入该公约时做了互惠保留和商事保留声明。②

《纽约公约》缔约国法院应当承认与执行外国仲裁裁决的效力，除非被申请人提出证据证明该裁决有该公约第5条第1款规定的五种情况之一。这五种情况是：(1) 订立仲裁协议的一方当事人依据对其适用的法律为无行为能力者；仲裁协议依据当事人选择适用的法律无效，如无此项选择，依据裁决地国的法律为无效者。(2) 被申请人未能得到关于指定仲裁员或进行仲裁程序的适当通知，或者由于其他原因，未能陈述其案情的。(3) 仲裁庭越权，即裁决事项超出了仲裁协议规定的范围。但如果当事人提交仲裁的事项可与未提交仲裁的事项区别开来，则裁决中关于当事人之间约定的提交仲裁的事项的部分仍然可以执行。(4) 仲裁庭的组成或仲裁程序与当事人之间的约定不符；如无此项约定，与仲裁地国的法律不符。(5) 裁决对当事人尚无拘束力，或已经被裁决地国的主管机关或者进行此项仲裁所适用的法律的国家的主管机关撤销。

此外，如果执行地的法院认定，该仲裁裁决依据执行地国的法律为不可通过仲裁解决的事项，或者承认与执行此项裁决和法院地国的公共政策相抵触的，也可拒

---

① 赵秀文：《国际私法学原理与案例教程》（第四版），北京：中国人民大学出版社，2016年，第341页。
② 互惠保留声明：我国仅对在另一缔约国领土内作出的仲裁裁决承认与执行上适用该公约；商事保留声明：我国仅对按照我国法律属于契约性和非契约性商事法律关系所引起的争议适用该公约。

绝承认与执行该仲裁裁决。

在我国执行的外国仲裁裁决，若裁决属于公约裁决，即在我国以外的《纽约公约》缔约国境内作出的仲裁裁决，依照该公约规定的条件执行。对于非公约裁决，按照我国《民事诉讼法》的规定，我国法院按照互惠原则予以承认与执行。申请人向我国法院申请执行外国仲裁裁决，应当依据我国《民事诉讼法》第290条的规定，直接向被执行人住所地或者其财产所在地中级人民法院申请。《民事诉讼法》第291条规定了不予执行仲裁裁决的四种情形，第292条规定："仲裁裁决被人民法院裁定不予执行的，当事人可以根据双方达成的书面仲裁协议重新申请仲裁，也可以向人民法院起诉。"

## 案例一　某仕中国公司与四川某公司申请承认和执行外国仲裁裁决案[①]

**【基本案情】**

某仕中国公司与四川某公司之间存在一项买卖合同，涉及商品交易。然而，四川某公司未按合同约定向某仕中国公司支付货款。某仕中国公司为解决合同纠纷，向德国汉堡市商品交易注册协会仲裁庭提起仲裁。汉堡市商品交易注册协会仲裁庭受理某仕中国公司与四川某公司仲裁案，于2020年2月19日举行庭审，并于2020年3月18日作出第04/19号仲裁裁决，裁决结果如下：（1）四川某公司须向某仕中国公司支付61701.12欧元及按照高于基础利率8个百分点的利率自2012年12月26日起计算的利息和仲裁费用。（2）四川某公司须承担本案的仲裁费用5060.17欧元（含807.93欧元增值税）。某仕中国公司已垫付仲裁程序费用。因此，四川某公司应被判处向某仕中国公司支付仲裁费用5060.17欧元（含807.93欧元增值税）。（3）申诉期限被设定为一个月，申诉期限从本仲裁判决送交至仲裁被告之日起计算。

该裁决书已于2022年4月14日由四川省高级人民法院送达至四川某公司，裁决书已经生效。但四川某公司未履行生效裁决书确定的给付义务，故某仕中国公司向四川省成都市中级人民法院申请承认和执行。某仕中国公司请求：（1）承认和执行德国汉堡市商品交易注册协会仲裁庭第04/19号仲裁裁决；（2）强制执行四川某公司向某仕中国公司支付应付而未付的货款本金61701.12欧元（折算成人民币为511903.34元，以2012年12月25日欧元兑换人民币的中间价1∶8.2965计算）及逾期付款利息（按照高于基础利率8个百分点的利率即8.75%，自2012年12月26日起计算至实际付清之日止，暂计算至申请之日，利息为53733.53欧元）；（3）强制执行四川某公司应承担的仲裁费用5060.17欧元；（4）本案案件受理费由四川某公司承担。

被申请人四川某公司声明未接获关于指派仲裁员或仲裁程序之适当通知，不知仲

---

[①] 〔2022〕川01协外认5号裁定书。

裁开庭时间、开庭地点，无法参与仲裁进行申辩。请求法院根据《纽约公约》第 5 条第 1 款规定，对该仲裁裁决不予承认及执行。

**【主要法律问题】**

本案的仲裁裁决在德国汉堡市作出，由某仕中国公司向四川省成都市中级人民法院申请承认与执行，属于外国仲裁裁决在我国的承认与执行。在本案中，申请人的诉求是承认与执行该外国仲裁裁决，被申请人则是提出依据《纽约公约》不予执行。据此，下列问题成为本案焦点：

（1）某仕中国公司能否向我国法院提出承认缔约国仲裁裁决的申请？

（2）案涉裁决是否应当被承认和执行？

**【主要法律依据】**

（1）《最高人民法院关于执行我国加入的〈承认及执行外国仲裁裁决公约〉的通知》第 1 条。

（2）《纽约公约》第 5 条。

（3）《民事诉讼法》第 290 条。

**【理论分析】**

1. 某仕中国公司能否向我国法院提出承认缔约国仲裁裁决的申请

案涉仲裁裁决系在德国境内作出，我国与德国均为《纽约公约》成员国，根据《纽约公约》的规定，缔约国应当承认和执行其他缔约国的仲裁裁决，并按照各自的国内程序执行。中国和德国都是《纽约公约》的缔约国，因此，中国法院可以根据《纽约公约》的规定，承认和执行德国境内作出的仲裁裁决。某仕中国公司可以向我国法院提出承认缔约国仲裁裁决的申请。

2. 案涉裁决是否应当被承认和执行

案涉裁决是否应当被承认和执行，则应按照《民事诉讼法》第 290 条及《纽约公约》相关规定进行审查。

首先，根据《纽约公约》第 5 条第 1 款（乙）项规定，如果一方未接获关于指派仲裁员或仲裁程序之适当通知，或因其他原因未能申辩，可能构成拒绝承认和执行仲裁裁决的理由。在本案中，四川某公司声称未接获仲裁程序通知，但法院审查后认为，根据第 04/19 号仲裁内容，德国汉堡市商品交易注册协会仲裁庭通过邮寄方式向四川某公司发送仲裁文书，四川某公司拒收相关文书，文书被视为已根据《德国民事诉讼法典》（ZPO）第 179 条第 3 款被送交（对等适用）。《法律适用法》第 18 条规定："当事人可以协议选择仲裁协议适用的法律。当事人没有选择的，适用仲裁机构所在地法律或者仲裁地法律。"双方未明确约定仲裁适用的准据法，则德国汉堡市商品交易注册协会仲裁庭依据《德国民事诉讼法》采用邮寄方式送交文书并不违反我国相关法律规定。四川某公司主张依据中国在加入《海牙送达公约》时对邮寄送达方式作出保留，德国汉堡市商品交易注册协会仲裁庭不能通过邮寄方式发送仲裁文书。法院认为，《海牙送达公约》仅适用于司法文书，我国对司法文书邮寄送达方式作出的保留不能扩大适用于仲裁文书送达，我国法律对于外国仲裁机构送达文书采取邮寄送达方式并未作出禁止性规定，四川某公司的该项主张不能成立。因此，德国汉堡市商品交易注册协会仲裁庭向其发送通知的方式并不违反相关规定，也不满足《纽约公约》第5条第1款（乙）项之不予执行的规定。

其次，《纽约公约》第5条第2款规定："倘声请承认及执行地所在国之主管机关认定有下列情形之一，亦得拒不承认及执行仲裁裁决：（甲）依该国法律，争议事项系不能以仲裁解决者；（乙）承认或执行裁决有违该国公共政策者。"依照我国法律，案涉裁决所涉争议系契约性商事法律关系引起的争议，属于我国法律允许仲裁解决的事项，案涉裁决不存在违反我国公共政策的情形。

综上所述，第04/19号仲裁裁决不存在《纽约公约》第5条规定的应当拒绝承认和执行的情形，应当准许承认和执行。

**【实操分析】**

我国于1987年正式加入《纽约公约》后，对涉外仲裁司法审查案件的办理情况不仅成为涉外民商事案件审理中的重要事项，还因其关系到我国承担和履行的公约义务而引起该领域国际同行的关注。有学者统计，2000年年初至2007年年底，只有12个外国仲裁裁决被我国法院拒绝承认和执行。也就是说，除了极少数案件外，绝大多数外国仲裁裁决都得到了我国法院的承认与执行。令人费解的是，外国投资者和一些不了解真实情况的评论家认为在我国执行外国仲裁裁决通常是非常困难或者根本不可能的。这种毫无根据的认识错误不仅充斥着西方主流媒体，甚至蔓延至跨国律师界和学界。有些外国学者认为，这主要是基于《纽约公约》中的第5条第2款中关于"公共政策"和"争议事项"的"可仲裁性"在含义、范围和适用上在中国模棱两可的问题没有消除，在实践中法院可能会作出扩大解释而成为拒绝承认与执行外国仲裁裁决的依据。外界对我国在《纽约公约》背景下执行外国仲裁裁决实施水平的认可度关系到我国的仲裁形象，为此，一些学者纷纷开始关注"公共政策""争议事项"的解释研究，或是开展基于调研的实证研究，梳理我国法院对于外国仲裁裁决承认与执行的真实情况，以维护我国仲裁形象。

## 案例二 艺术某公司申请承认和执行乌兹别克斯坦工商会国际商事仲裁院仲裁裁决案[①]

**【基本案情】**

2017年9月7日,艺术某公司(以下简称艺术M公司)与宏冠公司(以下简称H公司)通过互联网签订了合同编号为MJ20170925的买卖合同,合同约定艺术M公司向H公司购买生产玻璃原材料,总金额为18268美元。合同约定货物的生产厂家和发货人为H公司,同时约定了争议解决方式为仲裁。合同中还详细列明了双方当事人的银行账户信息,包括受益人为H公司,开户行为巴克莱银行。合同中明确规定了具有印章和签名的传真或电子邮件文件具有法律约束力。合同每页底部都有H公司的盖章和"LIUSHAOQING"(以下称为刘某卿)签字确认。

2017年11月1日,艺术M公司通过银行委托付款方式向H公司的巴克莱银行账户支付了18268美元。合同签订和付款后,艺术M公司并未在合同约定时间内收到合同约定的货物,也未收到H公司的退款。同年11月22日,艺术M公司向乌兹别克斯坦工商会国际商事仲裁院提起仲裁申请,请求H公司偿还合同项下拖欠款项共21191美金。

2020年1月24日,乌兹别克斯坦工商会国际商事仲裁院作出了008号仲裁裁决,判决艺术M公司追讨21191美元债务,包括18268美元的本金和2923美元的罚款,以及仲裁费用2113348苏姆(乌兹别克斯坦流通货币)。裁决当天生效,如不执行,将根据1958年《纽约公约》进行承认和执行。同年6月26日,乌兹别克斯坦工商会国际商事仲裁院通过ASE国际速递方式向H公司发送了008号仲裁裁决副本,于同年7月6日成功投递。

艺术M公司负责人Kim表示,他在合同签订前曾多次与刘某卿进行电子邮件和聊天软件沟通,并在2014年和2017年两次访问佛山,与刘某卿会面洽谈业务。

H公司确认其为外贸企业,主要代理合作方产品的进出口,刘某卿实际是H公司合作方佛山市美晶建材有限公司的业务员。H公司表示,其在合同上的盖章并非备案的公章或合同章,只是业务章,不具法律效力。对于仲裁开庭通知和裁决等资料,由于是外文,无中文或英文翻译,即使签收也可能不予理睬。

艺术M公司所在国家乌兹别克斯坦共和国与H公司所在的中华人民共和国均为《纽约公约》缔约国,且H公司住所地为广东省佛山市南海区,本案由佛山市中级人民法院管辖,艺术M公司遂根据《民事诉讼法》第290条的规定,向广东省佛山市中级人民法院申请裁定承认并执行前述境外仲裁裁决。

---

[①] 〔2021〕粤06协外认1号裁定书。

## 【主要法律问题】

本案为申请承认和执行外国仲裁裁决纠纷，所涉仲裁裁决由乌兹别克斯坦共和国工商会国际商事仲裁院作出。我国与乌兹别克斯坦均系《纽约公约》的缔约国，根据《纽约公约》第1条之规定，本案应适用《纽约公约》判断是否承认和执行案涉仲裁裁决。为此，需要探讨两个问题：

（1）在本案中，H公司认为刘某卿并非其公司员工，无权代表H公司与艺术M公司订立案涉买卖合同，那么其代公司与艺术M公司所签仲裁协议效力如何？

（2）案涉仲裁裁决能否得到承认与执行？

## 【主要法律依据】

（1）《纽约公约》第5条。

（2）《民事诉讼法》第290条。

## 【理论分析】

1. 本案涉及的仲裁协议的效力

首先，根据H公司的确认，签订案涉合同的刘某卿，是H公司合作方之一佛山市美晶建材有限公司的业务员。H公司曾代理佛山市美晶建材有限公司产品的出口、退税等业务，双方存在长期合作关系。在案涉合同的每页底部、合同尾部以及H公司银行账户信息处除了有刘某卿签字确认外，还加盖了H公司的印章。H公司对合同的真实性没有异议，但认为合同上加盖的H公司印章只是业务章，并非备案公章，因此不具有法律效力。艺术M公司作为外国企业，不应该对其能清晰辨别中国企业的备案公章与业务章提出过高的要求。案涉合同上加盖的H公司业务章已经具备了一定的外观形式。考虑到H公司与刘某卿存在业务合作关系，以及进出口贸易的行业惯例，不能排除H公司将其业务章交给刘某卿支配、控制，并授权其订立案涉合同的可能性。因此，艺术M公司有理由相信案涉合同上所盖印章能够代表H公司的真实意思表示，因此案涉合同对其具有约束力。

其次，根据艺术M公司的陈述，其公司负责人Kim在案涉合同订立前曾多次通过电子邮件和聊天软件与刘某卿沟通相关业务。Kim在2014年和2017年两次前往佛山，在刘某卿的办公场所及工厂会面、洽谈业务，并从刘某卿处得到货物样品。艺术M公司提供了上述时段从乌兹别克斯坦前往中国广州的机票、行程单及刘某卿的聊天软件界面和护照信息予以证明，这些都得到了法院的采信。结合案涉合同约定的H公司联系地址及受益人的银行账户预留地址均是H公司工商登记及实际经营的地址，因此法院认定艺术M公司在订立合同时已经尽到了合理的注意义务。

综上所述，艺术M公司有理由相信刘某卿有权代表H公司与其订立案涉合同，因此案涉合同中的仲裁协议是成立的，其效力及于H公司。法院不支持H公司提出的双方不存在仲裁协议的主张，因为双方存在着《纽约公约》第 2 条、第 4 条规定的仲裁协议。

2. 案涉仲裁裁决能否得到承认与执行

在本案中，H 公司声称其未收到指定仲裁院和进行仲裁程序的适当通知，因此未能出庭进行申辩，符合《纽约公约》第 5 条第 1 款（乙）项的不予承认和执行情形。然而，根据法院查明的事实，乌兹别克斯坦工商会国际商事仲裁院曾于 2017 年 11 月 25 日通过联邦快递向 H 公司的工商登记地址发送了仲裁开庭通知和选定仲裁员名册，并于 2017 年 11 月 28 日成功投递。尽管 H 公司否认曾收到仲裁文件，并表示即使签收了也可能不予理睬，但 H 公司并未提供证据来推翻已签收的事实。而且，作为一家专门从事外贸进出口业务的公司，H 公司应对境外邮寄或以外文书写的文件有更高的审慎注意义务，因此由此产生的不利后果应由 H 公司承担。

综上所述，艺术 M 公司与 H 公司之间存在仲裁协议，并且 008 号仲裁裁决不符合《纽约公约》第 5 条规定的不予承认和执行的情形，因此应予以承认。

【实操分析】

《纽约公约》主要适用于对外国仲裁裁决的承认与执行。《纽约公约》同样还适用于对非本国裁决的承认与执行。而对于非本国裁决的字眼，规定在该公约第 1 条第 (1) 款第二句中："本公约对于仲裁裁决经申请承认及执行地所在国认为非本国裁决者，亦适用之。"其含义是对于那些被申请承认与执行地所在国认为"非本国裁决"的裁决的承认与执行，《纽约公约》同样应当予以适用。这里的"非本国裁决"，是指执行地国法院根据其本国法认为那些在其境内作出的不属于当地裁决的仲裁裁决。据此可以作出如下解释：构成公约项下的非本国裁决，必须同时具备两个条件，第一，裁决在裁决地国作出，裁决地国同时也是裁决执行地国；第二，裁决地国法院根据当地法律，并不认为该在法院地国作出的裁决是本国裁决。

因此，《纽约公约》适用于以下裁决的承认与执行：第一，外国仲裁裁决的承认与执行；第二，非本国裁决的承认与执行。因此，研究公约裁决在我国的承认与执行，必须结合我国现行仲裁立法与司法实践，分别研究外国仲裁裁决在我国的承认与执行和非本国裁决在我国的承认与执行。

# 思考题

P 海运公司系涉案船舶光船承租人，与 J 公司签订定期租船合同，将涉案船舶期租给 J 公司。2015 年 3 月 11 日，J 公司将涉案船舶以航次租船方式租给 ZL 美国公司，用于从美国密西西比河一个安全港口/区域至中国一个安全泊位/港口的航程。ZL 美国公司签订买卖合同向 Z 实业公司销售涉案货物，由涉案船舶承运。船代代表该船船长签发涉案指示提单,记载"与北美谷物 1973 格式航次租船合同同时使用",同时记载"运费:按照租约""租约日期:2015 年 3 月 11 日""运输条款见背面"等事项。涉案提单背面为运输条款,内含仲裁条款,其中纽约、伦敦仲裁内容并存(未删除其一)。涉案航次租船合同、定期租船合同亦均约定了争议应适用英国法在伦敦进行仲裁。

其后,涉案船舶抵达中国黄埔港并开始卸货,Z 实业公司作为提单持有人主张货物受损。2016 年 3 月,P 海运公司在英国伦敦提起仲裁;9 月,《仲裁裁决书》作出,宣告 P 海运公司不承担责任等。2017 年 1 月,P 海运公司向天津海事法院申请承认与执行前述《仲裁裁决书》。

另,Z 实业公司于 2016 年 5 月以 P 海运公司为被告向我国南方某海事法院提起诉讼,请求判令 P 海运公司赔偿损失等。P 海运公司提出管辖权异议,主张双方之间存在有效仲裁协议。该海事法院于 2017 年 10 月裁定涉案仲裁条款无效,并驳回 P 海运公司的管辖权异议,该案经 P 海运公司上诉维持原裁定。

问题:
(1) 在本案中,当事人订立的仲裁条款是否存在?效力如何?
(2) 案涉仲裁裁决能否在我国法院得到承认与执行?